Mord zwischen Messer und Gabel

Mord
zwischen
Messer & Gabel
29 Krimis 72 Rezepte

Herausgegeben von
Andrea C. Busch

Illustriert von
Bengt Fosshag

Gerstenberg Verlag

Folgende Krimis wurden von Andrea C. Busch und
Almuth Heuner aus dem Englischen übersetzt:
Claire McNab, *Talk um zehn*
Del Tinsley, *Ein blondes Wunder*
Kris Neri, *Das richtige Timing*
Charlaine Harris, *Verräterische Zutaten*
Jane Dalton Shaw, *New Orleans Red Beans*
Aimée und David Thurlo, *Auf frischer Tat*
Elizabeth Syme, *Eine Frau in den besten Jahren*
Cora J. Ramos, *Saat der Rache*
Christine Bart, *Fünf vor zwölf*
Paula Matter, *Ein altes Familienrezept*
Ann Granger, *Der Rhabarberwald*
Joanne Pence, *Alleinstehende Frau, attraktiv, gute Köchin ...*
Kate Grilley, *Karibische Weihnacht*
Sarah Andrews, *Maddies Hochzeitstorte*
Katrin Skafte, *Tödliches Picknick*
Judie Mossinger, *Maghrebinisches Mordsspektakel*

Virginie Bracs Krimi *Der Wachmann* wurde von
Christiane Filius-Jehne aus dem Französischen übersetzt.

Carmen Iarreras Krimi *Eine sture römische Köchin*
wurde von Reinhild Weskott aus dem Italienischen übersetzt.

Die Deutsche Bibliothek – CIP-Einheitsaufnahme
Mord zwischen Messer & Gabel: 29 Krimis, 72 Rezepte / hrsg.
von Andrea C. Busch. Ill. von Bengt Fosshag. – Hildesheim:
Gerstenberg, 1999
ISBN 3-8067-2504-7

2. Auflage 1999
Copyright © 1999 Gerstenberg Verlag, Hildesheim
Alle Rechte vorbehalten
Satz aus der FF Quadraat, der Today und der Prater
Gestaltung und Satz: Wilhelm Schäfer, Köln
Druck und Bindung: Spiegel Buch, Ulm
Printed in Germany
ISBN 3-8067-2504-7

Verhängnisvolle Vorspeisen

Martina Bick
Das Brotmesser 10
Sauerteigbrot und Griebenschmalz

Claire McNab
Talk um zehn 16
Australischer Eier-Brotauflauf

Regula Venske
Herzschlag auf Maiglöckchensauce 28
Badische Bärlauchsuppe

Del Tinsley
Ein blondes Wunder 34
Grüner Salat mit warmem
Ziegenkäse

Pasta Mortale

Carmen Iarrera
Eine sture römische Köchin 44
Spaghetti mit Cacio und Pfeffer,
Spaghetti vongole, Spaghetti al
burro und Spaghetti mit Trüffeln

Billie Rubin
Hochzeitstag 54
Farfalle mit Lachssahnesauce

Kris Neri
Das richtige Timing 66
Vier-Käse-Pesto-Lasagne

Höllische Hauptgänge

Charlaine Harris
Verräterische Zutaten 74
Spinatauflauf mit Pinienkernen
Spinatsalat mit Ei und Pilzen

Jane Dalton Shaw
New Orleans Red Beans 86
Eintopf mit roten Bohnen
Gumbo mit Ente, Austern und
Artischocken

Aimée und David Thurlo
Auf frischer Tat 98
Indianischer Eintopf
Pekanwels mit Maisbällchen

Anke Cibach
Klabusterbeeren 106
Töttchen

Elizabeth Syme
Eine Frau in den besten Jahren 114
Lachssteaks Alaska
Pfannkuchen mit Ahornsirup

Cora J. Ramos
Saat der Rache 124
Pfeffersteak mit Brandysauce

Christine Bart
Fünf vor zwölf 128
Feldsalat mit warmen Champignons
Hühnerfrikassee mit Austernpilzen

Sabine Deitmer
Heißkalte Liebe 140
Kaninchen in Senf
Kaninchenfrikassee in Weißwein

Virginie Brac
Der Wachmann 148
Kalbsragout

Süße Sünden und tödliche Törtchen

Mörderische Menüs

Ausgekochter Anhang

Verhängnisvolle Vorspeisen

Das Brotmesser
Martina Bick

Daß Ewald ein Schwein war, wußte ich schon lange. Schließlich war ich seit vierundzwanzig Jahren mit ihm verheiratet und kannte ihn besser als irgend jemand sonst auf der Welt.

Auch wenn unsere Gemeinsamkeit sich den überwiegenden Teil dieser Zeit auf eine abgrundtiefe Abneigung beschränkt hatte, die inzwischen bis zum körperlichen Ekel reichte.

Daß Ewald unseren Dienstmädchen nachstellte, war ebenfalls keine Neuigkeit für mich; so war es schon, solange ich zurückdenken konnte. Schon vor unserer Ehe, in den Flitterwochen, während meiner Schwangerschaften, als die Kinder klein waren und auch als die Kinder größer waren und alles mitansahen – er konnte keinen Rockzipfel in Ruhe lassen. Daß er jedoch mitten in der Küche und am hellichten Tage, während Thérès beim Brotbacken war, über sie herfiel, das war etwas Neues.

Ich kam hinzu, als er sie schwer stöhnend auf den Küchentisch preßte und sich auf sie wälzte, aber dann – ich hatte kaum begriffen, was vor sich ging – tastete Thérès in ihrer Not über die Tischplatte, griff das schwere, scharfe Brotmesser und stieß es in seinen Rücken. Kaum ein Tropfen Blut drang aus der Wunde, kein einziger Laut kam aus dem Mund meines erbleichenden Gatten. Er fiel wie ein Zweizentnersack Kartoffeln vom Küchentisch, das erschlaffende Gemächte entblößt, den erstaunten Blick

zur Decke gerichtet. Er verließ uns, ohne ein letztes Wort gesprochen zu haben. Eigentlich ein schöner Tod.

Thérès sprang vom Küchentisch. Sie taumelte. Sie war feuerrot im Gesicht, nicht vor Scham, sondern vor Angst und Wut, wegen dieses Vergewaltigungsversuchs. Geistesgegenwärtig zog ich das Brotmesser aus der Wunde und knöpfte dem Leichnam die Hose zu. Es zog sich schwer heraus, wie ein Tranchiermesser aus einem zu festen Rinderbraten. Im selben Augenblick ging die Türglocke, und ich hörte den Hausdiener die Tür öffnen.

Thérès ordnete rasch ihre Kleider. Ich drückte das Messer in den Brotlaib, den Thérès gerade geformt hatte. Es paßte genau hinein. Ich rollte den Laib noch einmal, kerbte seine Oberfläche ein und bestreute ihn mit Mehl, dann schob ich ihn in den heißen Ofen, schloß die Klappe und riß die Hintertür zum Garten auf. Gleichzeitig wurde die Küchentür geöffnet, und mein Sohn stand in voller Größe im Türrahmen, das lebende Abbild des Verblichenen. Er fiel fast über seinen toten Vater und wich zurück, als er die dünne Blutspur sah, die wie eine feine Linie über das weiße Hemd verlief, dort wo ich das Messer aus dem Leib gezogen hatte.

»Vater«, rief er. »Was ist mit Vater?« Thérès drückte sich in den Hintergrund, ich baute mich vor dem Backofen auf, die Hände an die Schläfe gepreßt.

»Ein Überfall, ein Räuber, er ist zum Garten hinaus, vielleicht findest du ihn noch!« Mein Sohn rannte in die Dämmerung.

Eine knappe Stunde später war das ganze Haus voller Polizisten. Beamte in Uniform durchsuchten unseren Garten, Kriminalbeamte in Zivil verhörten meine Familie, die Angestellten, Nachbarn und Passanten. Laborspezialisten hatten unsere Küche in Beschlag genommen und ließen niemanden hinein oder hinaus. Ich hatte Mühe, rechtzeitig das Brot aus dem Ofen zu holen, ehe es zu dunkel wurde. Ein bißchen schwarz war es schon geworden, vielleicht weil es etwas größer war als gewöhnlich. Ich legte es auf den Herd zum Abkühlen.

Gegen Mitternacht schickte ich Thérès und meine Kinder ins Bett. Thérès klagte über Kopfschmerzen, und sie war so blaß, daß ich dem armen Mädchen ein Glas Rotwein zur Stärkung mitgab. Dann richtete ich einen kleinen Imbiß für die zurückgebliebenen Kriminalbeamten, die im Wohnzimmer herumsaßen, rauchten, den teuren Whisky meines Ex-Gatten austranken und über den Fall debattierten. Man fand natürlich keine wirkliche Spur eines Räubers, geschweige denn das Tatwerkzeug, aber zum Glück hatten die Gärtner, die in der letzten Woche die Obstbäume beschnitten hatten, jede Menge Fußspuren hinterlassen, deren Auswer-

tung sicher Wochen in Anspruch nehmen würde. Ein Nachbar wollte sogar einen flüchtenden Mann über die hinteren Hecken springen gesehen haben.

Als ich den Tisch deckte, bot sich die einzige Frau unter den Beamten, eine Kriminaloberkommissarin, sehr schlank, sehr durchtrainiert, mit stecknadelkurzen Haaren, an, mir zu helfen. Typisch Frau. Ich schickte sie in die Küche, um die auf dem Tisch bereitgestellten Aufschnittplatten zu holen. Ich war müde, und die Ereignisse hatten mich durchaus nicht kalt gelassen, im Gegenteil. Ich konnte nach fast fünfundzwanzig Jahren unmittelbarster Grabenkämpfe und unter Einsatz intimster Waffen endlich einem friedlichen Leben in Wohlstand entgegensehen. Der Gegner war besiegt und lag in einem schmucklosen Zinksarg im Kühlhaus der Gerichtsmedizin. Ich war frei.

Die Kriminaloberkommissarin kam mit einer großen Aufschnittplatte in der einen und meinem frisch gebackenen Brot in der anderen Hand ins Wohnzimmer. »Selbstgebackenes Brot«, schwärmte sie. »Meine Mutter hat unser Brot auch immer selbst gebacken. Mit Sonnenblumenkernen und Leinsamen oder mit Rosinen. Es gibt nichts Besseres. Nehmen Sie auch Graham-Mehl für den Teig?«

Ich schüttelte stumm den Kopf und sagte ihr nicht, daß ich grundsätzlich das billigste Mehl aus dem Supermarkt nahm und all die Jahre diese Brote nur wegen Ewald gebacken hatte, weil seine Mutter die Brote selbst buk und er dies von seiner Frau auch verlangt hatte. Er bestrich das ofenwarme Brot dick mit Griebenschmalz, das ich ebenfalls selbst auslassen mußte und streute einen halben Zentimeter Salz darauf. Ich zwang mich, Ruhe zu bewahren, und bat die Gäste zu Tisch. Die Herren der Kriminalpolizei griffen eifrig zum fertig geschnittenen Weißbrot.

»Darf ich mir eine Scheibe abschneiden?« fragte die Kommissarin und sah mich strahlend an.

»Aber bitte«, sagte ich. »Ich werde das Brotmesser aus der Küche holen.«

»Das geht doch so«, sagte die fesche Beamtin und fing an, den besonders harten Brotlaib mit einem stumpfen Messer zu bearbeiten. Erfolglos. Sie glitt ab und hätte sich fast verletzt.

»Ich hole rasch das Brotmesser aus der Küche«, entschuldigte ich mich.

Ich eilte in die Küche und lehnte mich für einen Augenblick an die Hintertür, sandte ein kleines Stoßgebet in den Äther und kehrte ins Wohnzimmer zurück. »Ich kann es nicht finden«, stammelte ich. »Das Brotmesser ist verschwunden.« Alle Gesichter wandten sich mir zu. Das Erstaunen schlug rasch um in Begeisterung.

»Das muß die Tatwaffe sein!« – »Wann haben Sie das Messer zuletzt

gesehen?« – »Wie sieht es aus?« – »Wo haben Sie es gekauft?« – »Würden Sie es wiedererkennen?« Die Herrschaften überschlugen sich förmlich.

Die Kommissarin hatte sich inzwischen auch vom Weißbrot genommen. Der steinharte Brotlaib lag achtlos, aber unversehrt, wie ein Schatzkästchen mit seiner kostbaren Leibesfracht, im Brotkorb. Ich setzte mich still zu meinen Gästen, die in heftige Debatten um die Rangordnung der Bedeutung von Tatwerkzeugen, Spuren und Zeugenaussagen vertieft waren, und nippte an meinem Wein. Ich würde den Brotlaib in der Speisekammer beim alten Brot hart werden lassen, härter als Stein. Irgendwann könnte ich ihn dann einfach fortwerfen. In großen Familien wird manchmal Brot alt.

In meiner Familie, beschloß ich, würde ich alt werden.

Ewalds Lieblingsspeisen

Sauerteigbrot

600 g	Weizenmehl
600 g	Roggenmehl
1 TL	Salz
½ l	Wasser
1	Würfel Hefe
250 g	Sauerteig
1 TL	Zucker

Mehl in eine große Schüssel geben. Eine Vertiefung in die Mitte drücken und Hefe hineinbröckeln. Zucker darüberstreuen und mit etwas Wasser verrühren. Abdecken und 15 Minuten gehen lassen.

Salz, Sauerteig und restliches Wasser zufügen und einen nicht zu klebrigen Teig schlagen. Warm stellen und über Nacht gehen lassen. Unter Mehlzusatz erneut durchkneten, zum Laib formen und noch einmal 60 Minuten gehen lassen. Bei 200–220° C 40–50 Minuten – nicht zu kurz! – backen.

Griebenschmalz

1 kg	Schweineflomen, gewürfelt
500 g	Gänseflomen (Bauchfett), gewürfelt
200 g	Zwiebeln, gewürfelt
2	Äpfel, gewürfelt
1 TL	Majoran

Die Fettlappen würfelig schneiden und unter ständigem Rühren in einem großen Topf bei schwacher Hitze auslassen, bis die Grieben goldgelb sind. Zwiebel- und Apfelwürfel kurz vor Ende der Auslaßzeit hinzufügen und mit dem Teelöffel Majoran würzen.

Talk um zehn
Claire McNab

»… und außer Detective Inspector Carol Ashton haben wir als weitere Gäste bei ›Talk um zehn‹ Grassmere Collins, den herausragenden Sprecher der Bewegung ›Mehr Moral‹, und die engagierte Aktivistin Tanja Haller.«

Beim Klang ihres Namens blickte Carol hoch zu dem Monitor im Schminkraum des Fernsehsenders. Auf dem Bildschirm wurde ihr Gesicht gerade durch das des Gastgebers Hugo North ersetzt. »Wir seh'n uns um zehn!« sagte er mit tiefer, volltönender Stimme und lächelte. Er besaß jungenhaften Charme, dichte blonde Haare und ein verschmitztes Grinsen.

Im Sessel neben Carol schnaubte Tanja Haller. »Hugo sieht besser aus, als gut für ihn ist.« Ihr verkniffener Mund zog sich an den Winkeln nach unten. Sie stieß die Frau, die ihrem blassen Gesicht Farbe verleihen wollte, beiseite und beugte sich zu Carol.

»Ihr gutaussehenden Leute interessiert euch doch bloß für euch selbst«, zischte sie. »Oberflächlich – was anderes ist Schönheit doch gar nicht.« Sie strich mit einer schmalen Hand über ihre streng frisierten grauen Haare. »Und echte Persönlichkeit steckt auch nicht dahinter – schließlich brauchen Sie das auch gar nicht, weil Sie alles auf einem silbernen Tablett serviert bekommen.«

Die Visagistin lachte. »Ich würde mein Aussehen sofort mit Ms. Ashton tauschen, und Persönlichkeit kann mir gestohlen bleiben!«

Tanjas harte Kieselsteinaugen beobachteten Carol im Spiegel, der sich die ganze Wand entlangzog, aber Carol machte sich nicht die Mühe, irgend etwas zu erwidern. Tanja Haller war berüchtigt dafür, daß sie sagte, was sie dachte, egal wieviele Leute sie vor den Kopf stieß, und sie genoß offensichtlich die heftigen Diskussionen, die sie verursachte.

Die Tür flog auf, und eine wuchtige Gestalt füllte den Rahmen aus. »Meine Damen!« brüllte Grassmere Collins. Sein Blick fiel auf Tanja, und sein Lächeln verwandelte sich in eine Grimasse. »Und eine Zicke, wie ich sehe.«

»Mistkerl!« fauchte Tanja.

Grassmere wackelte herein und stopfte sich dabei den Rest eines Schokoriegels in den Mund. Seine Kieferbewegungen ließen die Falten seines Specknackens erzittern.

»Wo ist das Essen?« wollte er wissen. »Hugo hat uns für heute abend etwas Besonderes versprochen.« Keuchend zwängte er seine Körpermasse in einen Sessel. »Nett, Sie wiederzusehen, Inspector.« Er blickte an Carol vorbei zu Tanja. »Kann nicht sagen, daß das auch für die da gilt. Für Publicity würde sie alles tun.«

Carol verbarg ein Lächeln. Bei einer Veranstaltung der Mehr-Moral-Bewegung in Melbourne vor drei Wochen hatte Grassmere eine Rede gehalten, in der er die gefährlichen Radikalen attackierte, die seiner Meinung nach das moralische Rückgrat der Gesellschaft zerstörten. Während er berufstätige Mütter, Verhütung, Abtreibung und Sex außerhalb der Ehe verdammte, hatte Tanja Haller sich an den Sicherheitsleuten vorbei auf die Bühne geschlichen und war handgreiflich geworden.

Die Fernsehkameras hatten jedes peinliche Detail erfaßt, und alle Nachrichtensendungen hatten die Aufnahmen gezeigt. Tanja hatte sich als Moralistin getarnt und ein Schild mit der Aufschrift »Ewige Enthaltsamkeit!« geschwenkt. Mit diesem Schild hatte sie auf ihn eingedroschen, bis sie weggezerrt wurde, und dabei geschrieen: »Bigottes Arschloch! Scheinheiliger!«

Carol betrachtete die beiden im Spiegel. Tanja war klapperdürr und sprach knapp und entschlossen; Grassmere war in jeder Hinsicht überdimensioniert – er war fett, sein Appetit ungeheuer, und die gesellschaftlichen Mißstände, die er brandmarkte, umfaßten jeden Fortschritt der vergangenen fünfzig Jahre.

Tanja war Vegetarierin und wandte sich nicht nur strikt gegen den Verzehr von Fleisch, sondern auch gegen Zucker, künstliche Farbstoffe und alle anderen Zusatzstoffe, die ihrer Meinung nach Allergien hervorriefen und zu irrationalem und unsozialem Verhalten führten. Sie verachtete Religion jeder Art, konservative Werte und Zensur.

Grassmere zog Tanjas liberale Ansichten ins Lächerliche und erklärte, daß die Gesellschaft verfiel, weil sie sich nicht nach den Wertvorstellungen seiner Moral-Bewegung richtete. Er glaubte an noch mehr Vorschriften und strengere Regelung des Zusammenlebens und trat für Unterstützung der traditionellen Familienstruktur ein.

Grassmere runzelte die Stirn und sah sich um. »Wo ist das Mädchen für mein Make-up? Ich habe Hugo doch gesagt, daß ich die Hübsche will.«

»Es heißt: Frau«, fauchte Tanja. »Für eine Erwachsene ist es erniedrigend, als Mädchen bezeichnet zu werden.« Sie knurrte angewidert. »Und ausgerechnet Sie wollen über Gewalt in der Familie diskutieren! Das ist doch lächerlich!«

Carol seufzte innerlich. Sie hatte an dieser Talksendung nicht teilnehmen wollen, aber ihr Vorgesetzter hatte darauf bestanden. »Sie haben ein gutes Medienprofil, also gehen Sie hin, erzählen etwas über die Statistik, schockieren alle ein bißchen und heben hervor, was die Polizei gegen häusliche Gewalt unternimmt.«

»Guten Abend, meine sehr verehrten Gäste!« Hugo North kam lächelnd herein. Er wedelte mit der Hand in Richtung der drei weißbemützten Leute mit Ebenholztabletts hinter ihm. »Ihre Erfrischungen. Ich habe mir erlaubt, für jeden von Ihnen genau das auszuwählen, wovon ich glaube, daß es ihm oder ihr am besten schmeckt.«

Diese Tradition hatte Hugo begonnen, als sein erstes Kochbuch »Mittags bei Hugo« herauskam. Die Gäste seiner Show erhielten Kostproben nach seinen Rezepten aus der hypermodernen Küche des Fernsehsenders, die Hugo der Geschäftsleitung abgeschwatzt hatte.

»Für Sie, Carol: frische Meeresfrüchte. Sie werden die überbackenen Austern, den sautierten Hummerschwanz und die Häppchen von gebratenem Tintenfisch mögen. Und natürlich ein Glas guter Weißwein zum Hinunterspülen.«

Bei Tanja war er nicht so überschwenglich. »Für Sie vegetarisch und importiertes Mineralwasser. Keine große Herausforderung, um ehrlich zu sein, aber wenn Sie das mögen ...«

Sie blickte mißtrauisch auf das Tablett. »Ist das auch alles aus organischem Anbau? Chemie vertrage ich nicht.«

Der Mann mit dem Tablett wirkte verwirrt. »Aber Sie haben doch schon darum gebeten ...«

Tanja unterbrach ihn mit einer ungeduldigen Handbewegung. »Stellen Sie es einfach hier hin.«

Grassmere beobachtete aufmerksam, wie Carol und Tanja die Tabletts, jedes geschmückt mit einer Rose in silberner Vase, vorgesetzt bekamen.

»Und was gibt es Leckeres für mich?« fragte er schmatzend. »Hoffentlich sättigt es auch, ich bin hungrig.«

»Natürlich habe ich etwas ganz Besonderes für Sie, Grassmere. Ein Rezept aus meinem neuen Buch *Frühstück bei Hugo*. Dazu noch mein einzigartiger Mokka und eine Auswahl von Häppchen wie Minibrötchen mit Känguruh und Kohl und Straußenfrikadellchen.«

Grassmere betrachtete den dampfenden Teller vor sich. »Sieht gut aus. Was ist das?«

Schwungvoll verteilte Hugo Pergamentblätter. »Meine Urgroßmutter war eine fantastische Köchin. Das Rezept für diesen Eier-Brotauflauf wurde von Generation zu Generation weitergereicht.«

Tanja warf ihr Blatt beiseite. »Wirklich?« sagte sie. »Ich habe das Gerücht gehört, das Grassmere verbreitet. Alle Ihre Rezepte sollen abgekupfert sein, auch in Ihrem neuen Buch.« Ihre Augen blitzten bösartig auf. »Er hat auch angedeutet, daß Sie sich von Ihrer Frau trennen wollen. Stimmt das?«

Hugos Gesicht wurde rot vor Zorn. Mit einem wütenden Seitenblick auf Tanja wandte er sich aufgebracht an den Dicken. »Das sieht Ihnen wieder mal ähnlich, Grassmere. Haben Sie schon wieder Lügen über mich erzählt?«

Grassmere schaufelte bereits das Essen in sich hinein. »Mpf«, sagte er undeutlich und schluckte. »Bißchen salzig.«

Hugo funkelte ihn an und ging dann zur Tür. »In ein paar Minuten müssen alle im Studio sein.«

»Nicht schlecht«, meinte Grassmere mit vollem Mund. »Aber zuviel Salz.«

Tanja betrachtete ihn angeekelt, als er den Kaffee hinunterstürzte und heftig nieste.

Er zog eine Handvoll Tücher aus der Schachtel auf der Ablage und schneuzte sich. »Verdammte Allergie! Wird immer schlimmer.«

»Sie fetter, gieriger Narr!« knurrte Tanja. »Wie oft habe ich Ihnen schon gesagt, daß das an den Konservierungsstoffen liegt! Der Schinken, den Sie gerade gegessen haben, strotzt nur so davon. Essen Sie Obst und Gemüse aus organischem Anbau, dann verschwindet die Allergie.«

»Kümmern Sie sich um Ihren Kram.« Er rülpste, schob sich noch eine Gabel voll in den Mund und warf einen verächtlichen Blick auf Tanjas Tablett. »Sie wissen ja gar nicht, was eine gute Mahlzeit ist. Sie essen bloß Kaninchenfutter.«

Carol hatte keine Lust mehr, dem Streit zuzuhören, und schob ihren Stuhl zurück. »Bis nachher auf dem Set.«

Als sie die schwere Tür zu Studio Eins öffnete, wuselte dahinter alles

geordnet durcheinander. Ein Teich aus grellem Licht umgab die Polstersessel, auf denen sie alle später sitzen würden. Den Hintergrund bildete eine Zeichnung von Sydney mit dem geschwungenen Dach der Oper und den Stahlstreben der Harbour Bridge.

Um den Set herum drängten sich Kameras und Ausrüstung. Dicke schwarze Kabel schlängelten sich über den Boden, und von der Decke hingen klobige Scheinwerfer. Das Publikum auf den ansteigenden Sitzreihen murmelte.

Sie winkte Brian Power zu. Der Regisseur war Hugo Norths Schwager. »Hallo, Brian. Wie geht's Cindy?«

Er kam zu ihr. »Haben Sie's noch nicht gehört? Meine Schwester hat Hugo rausgeworfen und will sich scheiden lassen. Sie sagt, Hugo hätte sie geschlagen, und das nicht zum ersten Mal.« Er lächelte grimmig angesichts Carols Überraschung. »Ganz schön ironisch, was, daß es heute um Gewalt in der Familie geht.« Er verzog das Gesicht. »Und Hugo hat sich schon gerächt. Er hat mich gefeuert. Das hier ist meine letzte Show.«

Ein junger Mann näherte sich mit einer Kristallkaraffe und Gläsern.

»Stell die auf den Tisch neben Hugos Platz«, sagte Brian. »Du weißt, welchen Wert er auf sein Eiswasser legt.«

Tanja kam auf den Set marschiert, wie üblich im Takt zu den Klängen einer Blaskapelle, die nur sie hören konnte. »Ich habe gehört, daß Sie gefeuert wurden«, rief sie Brian Powers zu. Er antwortete nicht. »Und es geht das Gerücht, daß Ihre Schwester dank Hugo ein blaues Auge hat«, fuhr sie fort. »Stimmt das?«

»Ich tratsche nicht.«

Tanja röhrte vor Lachen. »Aber ich.« Sie nahm die Karaffe und hielt sie ans Licht. »Bleikristall. Ein Gesundheitsrisiko – das Blei geht auf den Inhalt über. Wußten Sie das?« wandte sie sich an Carol.

Powers blickte auf die Studiouhr. »Gehen Sie schon mal auf Ihre Plätze. Hugo kommt gleich.« Er verschwand in einem verglasten Kontrollraum.

Das Publikum wurde lauter, als Hugo ins Studio kam, gefolgt von dem noch kauenden Grassmere. »Meine Damen und Herren! Herzlich willkommen auch alle, die nicht in diese Kategorien fallen!«

Das Publikum lachte gehorsam. Carol konnte Hugo nicht leiden, aber sie bewunderte seine Professionalität. Man konnte sich kaum vorstellen, daß seine Karriere im Goldbergbau und auf Ölfeldern begonnen hatte. Jetzt verströmte er urbanen Charme und hatte sein Studiopublikum völlig in der Hand.

Er überließ es einem Assistenten, zu erklären, wie und wann geklatscht werden sollte, und begab sich zu seinem Sessel. Dann übernahm er wieder.

»In Kürze senden wir live. Heute beschäftigen wir uns mit der Gewalt in den eigenen vier Wänden. Dem Schrecken hinter der Fassade der Normalität.« Er beugte sich mit tief betroffener Miene vor. »Schläge und Vergewaltigungen – das verbirgt sich wirklich hinter dem Ausdruck ›Gewalt in der Familie‹«.

»Sechzig Sekunden«, sagte der Assistent.

Sie saßen im Halbkreis: Grassmere, Hugo, Tanja und Carol.

Das Publikum wurde still, der Assistent zählte stumm die letzten Sekunden per Handzeichen, dann leuchtete ein rotes Lämpchen an der Kamera auf, und Hugo sprach mit eingeübter Gelassenheit ins Objektiv. »Das Thema heute abend ist die Gewalt, die unsere Gesellschaft im Verborgenen zerfrißt. Die Schläge, die sexuellen Angriffe, die Verzweiflung ...« Er senkte den Blick, schien das Ausmaß des Problems zu überdenken und sah dann wieder in die Kamera. »Heute abend fragen wir nach dem Warum. Warum tun Männer und manchmal auch Frauen das gerade denen an, die sie angeblich lieben?«

Gekonnt stellte er Carol und Tanja vor. Dann schlich sich ein ironischer Ton in seine Stimme. »... und besonders freue ich mich, Grassmere Collins, den Gourmet und Gesellschaftskritiker, begrüßen zu dürfen.«

Die anschließende Diskussion hatte Hugo mühelos im Griff; mit einem Kommentar oder einer Frage hob er die sensationellen Aspekte hervor. Carol lieferte Zahlen zur Gewalt in der Familie und beschrieb, welche Ausbildung und welche Hilfen der Polizei bei diesem ernsten Problem zur Verfügung standen.

Sie war die Stimme der Vernunft. Tanja und Grassmere, die beide von Sympathisanten und Störern im Publikum lautstark angefeuert wurden, fielen mit heftigen Worten übereinander her. Grassmere schwitzte im Scheinwerferlicht und nieste ständig, schwoll aber bei jedem Wort von Tanja vor Entrüstung an. »Weib!« donnerte er einmal. »Zurück auf deinen Platz!«

Selbst in der Werbepause stritten sie weiter, mit Hugo als Schiedsrichter und Zurufen aus dem Publikum. Carol fand, daß es Hugo wirklich gut gelang, die beiden in Wut zu halten, aber nicht so sehr, daß sie tatsächlich aufeinander losgingen.

Der Assistent hob die Finger zum Countdown, das rote Licht an der Kamera leuchtete auf, und die Diskussion ging weiter.

Nun folgten Fragen aus dem Publikum, und während Hugo einem besonders streitlustigen Mann antwortete, bemerkte Carol, wie Grassmere sich die trockenen Lippen leckte und sich nach etwas zu trinken umsah. Zwischen Carol und Tanja standen ein Wasserkrug und zwei Gläser, aber

die Kristallkaraffe neben Hugo war näher. Grassmere ergriff sie, goß sich ein Glas voll und stürzte es hinunter.

Kurz darauf keuchte er erstaunt und riß entsetzt die Augen auf. Das Glas zersprang auf dem Boden.

»Ich hatte schon immer vermutet, daß Hugo Gin darin hat«, meinte Tanja zu Carol. Ihre Heiterkeit verwandelte sich in Erstaunen, als Grassmere sich mit starrem Blick hochwuchtete. Aus seinem Mund kamen unzusammenhängende Laute. Er stieß an den Tisch, und die Karaffe fiel um. Ein im Licht funkelnder Strom ergoß sich auf den Boden.

Grassmere umklammerte seinen Hals und taumelte ein, zwei Schritte. Vergeblich versuchte er zu sprechen, stolperte, stürzte aufs Gesicht und wand sich am Boden. Nach einem letzten Keuchen blieb er reglos liegen.

Erst war alles wie erstarrt, dann brach im Publikum Lärm aus. Carol lief zu Grassmere. »Unterbrecht die Sendung! Sofort ein Arzt!« schrie Hugo.

»Das ist typisch Grassmere Collins, der stiehlt allen die Show, selbst wenn er dafür einen Herzinfarkt bekommen muß«, meinte Tanja.

Carol untersuchte ihn und stand auf. »Er ist tot – wahrscheinlich vergiftet. Ich will, daß hier alles abgesperrt wird und die Leute da bleiben.«

»Gift?« sagte Hugo. »Das muß in meiner Karaffe gewesen sein. Mich wollte jemand umbringen, nicht ihn.«

»Armer Kerl«, meinte Detective Sergeant Mark Bourke und betrachtete die von Experten der Spurensicherung umringte Leiche.

»Sie glauben nicht, daß er das Opfer sein sollte?« fragte Carol.

Bourke hob die Augenbrauen. »Ziemlich unwahrscheinlich. Der Mörder konnte nicht sicher sein, daß er aus Hugo Norths Karaffe trinken würde. Bestimmt ist jetzt irgendwo jemand sehr enttäuscht darüber, daß Grassmere Collins zur besten Sendezeit hops gegangen ist.«

»Jedenfalls war es eindeutig Blausäure.«

Bourke nickte. »Schade, daß er den typischen Bittermandelgeruch nicht gerochen hat, aber das können nicht alle.«

»Grassmere hatte eine verstopfte Nase wegen seiner Allergie.«

»Wie günstig«, meinte Bourke.

»Inspector!« Hugo North winkte ihnen von der Studiotür aus zu. »Kann ich Sie in meinem Büro sprechen?«

Als Carol und Bourke Hugo in sein fürstliches Büro folgten, saß dort Tanja Haller, was Hugo gar nicht gefiel. »Ich muß mit der Polizei sprechen. Bitte verlassen Sie das Büro.«

Tanja rührte sich nicht. »Ich bin eine Zeugin. Ich bin sicher, daß die Polizei mich dabeihaben möchte.«

Er funkelte sie an und wandte sich dann an Carol. »Ich brauche Schutz. Jemand will mich umbringen, wahrscheinlich diese Frau da.«

»Was ist mit Ihrem Schwager?« fragte Tanja grinsend. »Oder der armen Cindy? Oder all den Leuten, denen Sie die Rezepte gestohlen haben? Wenn Sie mich fragen, gibt es unzählige mögliche Verdächtige.«

»Wer hatte Zugang zu der Karaffe?« fragte Bourke.

Hugo sank in den blauen Ledersessel hinter seinem riesigen Schreibtisch und fuhr sich mit der Hand übers Gesicht. »Gift«, sagte er. »Ich kann's gar nicht fassen.« Er sah auf.

»Jeder im Sender hätte darankommen können. Sie stand im Kühlschrank in der Küche, wie immer. Dauernd gehen Leute rein und raus. Ich trinke es nur im Studio«, fuhr er kopfschüttelnd fort. »Wie leicht hätte es mich und nicht den armen Grassmere treffen können.«

Carol fand, daß seine Stimme etwas selbstgefällig klang, obwohl er ernst wirkte. »Es sollte ein sehr öffentlicher Tod werden«, sagte sie.

Er blickte sie überrascht an. »Öffentlich?«

»Vor all Ihren Zuschauern.«

»Das haben Sie gut hingekriegt«, sagte Tanja begeistert. »So sind Sie Grassmere los und bekommen höhere Einschaltquoten. Großartig.«

»Ich habe Grassmere nicht umgebracht.«

Tanja lächelte verkniffen. »Es war Blausäure. Ich habe es gerochen. Und Sie kennen sich mit Blausäure gut aus.«

»Ich habe keine Ahnung davon.«

»Sie haben im Goldbergbau gearbeitet«, meinte Carol zu Hugo.

Tanja klatschte in die Hände. »Sehr gut, Inspector! Sie wissen also, daß Gold mit Blausäure aus dem Erz gelöst wird.«

Hugo fuchtelte ungeduldig herum. »Das ist doch Jahre her. Das hab' ich alles vergessen.« Er beugte sich drohend vor. »Tanja, versuchen Sie nicht, mir das anzuhängen. Vergessen Sie nicht, daß das Wasser eigentlich für mich bestimmt war.«

»Ja, aber Grassmere Collins hat es getrunken.« Tanja deutete mit einem knochigen Finger auf ihn.

Hugo wandte sich an Carol. »Inspector, wie hätte ich denn Grassmere dazu bringen können, davon zu trinken?«

»Sie konnten ihn durstig machen«, sagte Carol.

»Wie meinen Sie das?«

»Grassmere hat sich beschwert, daß der Auflauf zu salzig war.«

»Na und?«

Carol breitete die Hände aus. »Er aß das salzige Gericht und hatte nur eine Tasse Kaffee dazu. Direkt danach saß er im warmen Scheinwerfer-

licht. Früher oder später mußte er etwas trinken, und das einzige Wasser in seiner Nähe war in Ihrer Karaffe.«

Bourke trat einen Schritt auf den Schreibtisch zu. Hugo wurde bleich und wich zurück. »Das darf doch nicht wahr sein! So was würde ich nie tun.«

»Das ist ja ein Ding!« Tanja grinste breit. »Wie dumm von Ihnen, Hugo, daß Sie dachten, damit durchzukommen, und das direkt vor der Nase einer Spitzenpolizistin. Herzlichen Glückwunsch, Inspector.«

Carol lächelte zurück. »Sie waren in der Küche, bevor Sie in die Maske kamen.«

Tanjas Grinsen verschwand, und sie setzte sich auf.

»Der junge Mann mit Ihrem Tablett hatte bereits mit Ihnen über das organische Gemüse gesprochen, das Sie bekommen sollten«, fuhr Carol fort.

»Ich prüfe eben alles zweimal nach. In der Küche war ich nur ganz kurz.«

»So kurz nun auch wieder nicht«, sagte Carol. »Wenn wir nachforschen, werden wir wahrscheinlich herausfinden, daß Sie sich sehr für das interessierten, was für Grassmere vorbereitet wurde. Sie wußten schon, daß in dem Rührei Schinken war, ohne daß Sie das Rezept gelesen hatten, das Hugo uns gegeben hatte.«

Tanja leckte sich über die Lippen. »Was soll das schon heißen? Grassmere wurde mit Wasser vergiftet, nicht mit seinem Essen.«

»Sie wußten, daß er gierig war und alles verschlingen würde, ob es nun seine Allergie förderte oder nicht«, sagte Carol. »Aber Sie mußten sichergehen, daß er durstig wurde. Sie hatten die Gelegenheit, noch mehr Salz auf sein Gericht zu streuen.«

»Das können Sie nicht beweisen.«

»Ich glaube nicht, daß Sie in der Küche mit Handschuhen hätten auftauchen können, ohne daß es jemandem aufgefallen wäre«, sagte Bourke. »Ich frage mich, ob Sie daran gedacht haben, den Salzstreuer abzuwischen?«

Tanja antwortete nicht. Zum ersten Mal wirkte sie unsicher.

»Bei der Karaffe waren Sie schlau«, sagte Carol. »Sie wollten, daß ich sehe, wie Sie sie auf dem Set in die Hand nahmen. So gab es einen guten Grund, warum Ihre Fingerabdrücke darauf waren. Sie haben jedoch einen Fehler gemacht.«

»Welchen?« Tanja hatte die Fassung wiedergewonnen und starrte Carol kampflustig an.

»Sie haben den Stöpsel nicht berührt, aber ich glaube, wir werden Ihre Fingerabdrücke darauf finden, weil Sie ihn herausnehmen mußten, als Sie in der Küche die Blausäure einfüllten.«

Hugo lachte erleichtert. »Tanja war es also. Nicht ich.« Er fuhr sich lächelnd übers Haar. »Ich bin froh, daß nicht ich ermordet werden sollte.«

Tanja lächelte ihn schief an. »Meine Verhandlung bietet sicher eine Menge Öffentlichkeit. Ich werde genau erklären, warum ich im Recht bin, Bestien wie Grassmere auszurotten, die mit giftigen Worten Menschen zerstören.«

»Sie hätten den Falschen erwischen können«, sagte Bourke und nahm ihren Arm.

Tanja zuckte die schmalen Schultern. »Das wäre mir auch recht gewesen«, meinte sie zu Carol. »Sie können das sicher verstehen. Wer von den beiden auch vor allen Zuschauern gestorben wäre, die Welt ist ohne ihn besser dran.«

Sie drehte sich um zu Hugo, der hinter seinem Schreibtisch saß. »Viel Spaß noch mit Ihrer Kocherei und all den Kräutern, Gewürzen und anderen Zutaten«, sagte sie und schwieg dann kurz. »Gifte sind sehr interessant, finden Sie nicht auch? Einige wirken sogar sehr langsam, da weiß man gar nicht, daß man schon stirbt.«

Er starrte sie entsetzt an. »Wie meinen Sie das?«

Ihre schmalen Lippen lächelten. »So überaus passend, da müssen Sie mir doch zustimmen, daß der gierige Grassmere und Sie, ein Gourmet und Talkmaster, beide mundtot gemacht werden ...«

Greatgrandmother North's Egg Delight
Urgroßmutter Norths australischer Eier-Brotauflauf

Zutaten für 6 Personen:

10 Scheiben	Weißbrot
3 EL	Butter
240 ml	Milch
120 ml	Sahne
7	Eier
4 TL	Dijonsenf
¼ TL	Salz
½ TL	grob gemahlener schwarzer Pfeffer
400 g	geriebener Käse (zum Beispiel Jarlsberg)
250 g	gekochter Schinken, gewürfelt

Brot toasten und mit Butter bestreichen. In mundgerechte Stücke schneiden. In einer Schüssel Milch, Sahne, Eier, Senf, Salz und Pfeffer verquirlen.

Die Hälfte der Brotstücke schichtförmig in eine mittelgroße Auflaufform geben. Darauf die Hälfte des Käses und des Schinkens schichten. Restliche Brotstücke auflegen und mit restlichem Käse und Schinken bedecken. Eiermischung darübergießen. Mit Alufolie bedeckt über Nacht im Kühlschrank ruhen lassen.

Backofen auf 175° C vorheizen. Form (mit Folie) 45 Minuten backen. Folie entfernen und weitere 10 Minuten backen, bis der Auflauf gebräunt ist.

Zum Frühstück mit Saft, Kaffee und Obst, als leichtes Mittag- oder Abendessen mit Salat und knusprigem Baguette reichen.

Herzschlag auf Maiglöckchensauce
Regula Venske

Anfang April wird sie noch nicht mit Maiglöckchen rechnen, sie denkt noch nicht an den Mai. Dafür lebt Puppa zu bewußt – besser gesagt, zu brav – im Kreislauf des Jahres.

Ostern ist gerad' erst vorbei, überall prangen leuchtend und dick die gelben Narzissen. Auf einen kleinen Aprilscherz ist sie eventuell noch gefaßt, aber natürlich nicht auf solch einen Coup. Ich habe Vorbereitungen getroffen, sie endlich ins Gras beißen zu lassen, und das ist fast wörtlich gemeint.

Wer wüßte, was ich vorhabe, würde mir ermutigend auf die Schulter klopfen und wünschte mir gutes Gelingen. Wer sie kennt, wundert sich allenfalls, warum ich sie nicht schon längst aus dem Weg geräumt habe. Beziehungsweise aus unserem Haus. Bin ich etwa deswegen frühzeitig Witwe geworden, um den Rest meines Daseins mit meiner Schwiegermutter zu fristen? Und konnte ich ahnen, wie zählebig sie ist? Achtundsiebzig und kurzsichtig und herzleidend seit Jahren; sie hatte wirklich genügend Gelegenheit, um freiwillig abzutreten.

Natürlich mußte ich nach Leonhards Tod eine gebührende Schonfrist verstreichen lassen, zu rasche Todesfälle hätten womöglich die Aufmerksamkeit der Kriminalpolizei erregt. Nicht, daß man mir etwas hätte nachweisen können. Dafür gehe ich zu vorsichtig vor. Habe ich Leo etwa ver-

giftet? Nein, das habe ich nicht. Mein Gewissen ist rein – annähernd rein. Abgeschnittene Haarspitzen sind schließlich kein Gift. Abgeschnittene Haarspitzen sind ein Teil von mir selbst. Fast eine Liebesgabe.

Andere Männer tragen eine Locke ihrer Geliebten an ihrer Brust; ich habe meinem Mann lediglich ein paar Haarspitzen ins Essen gerieben. Und die waren spitz, wie die Bezeichnung schon sagt. Und fein waren sie auch, Leonhard hat sie gar nicht bemerkt. Monatelang hat er nicht das Geringste gespürt; ich zweifelte allmählich an der Wirksamkeit meiner Methode. Aber endlich fing er an, über eine Magenreizung zu klagen. Eine Magenverstimmung, so nannte er die Unpäßlichkeit erst. Anfangs schmerzte sie nur ein wenig, dann immer mehr. Aus der chronischen Magenreizung war eine Magenblutung geworden. Da war es mit meinem Mann fast vorbei. Beziehungsweise mit seinem Magen, durch den keine Liebe mehr ging.

Ein todsicheres Verfahren war das. Nur Geduld braucht man dazu, aber die habe ich ja. Hätte ich es etwa sonst jahrelang unter einem Dach mit Puppa aushalten können? Andere an meiner Stelle hätten vermutlich auf das Häuschen am See verzichtet und wären lieber arbeiten gegangen. Aber das sah ich nicht ein. Das Haus gehörte auch mir. Dumm nur, daß Leonhard es seiner Mutter und mir zu gleichen Teilen vermachte. Aber er ahnte eben nicht, daß er so früh würde Abschied nehmen müssen. Und daß seine Mutter ihn so lang – oder überhaupt – überlebt. Es war nur Sohneshöflichkeit, daß er Puppa in seinem Testament mit bedachte; es war ganz gewiß kein Affront gegen mich. An Leonhards Henkersmahlzeit, wenn man so will, erinnere ich mich genau. Eine badische Bärlauchsuppe, frei nach Peter C. Hubschmid erfunden, sie gilt als eine meiner Spezialitäten. Ich verfeinerte dies delikate Süppchen ganz zum Schluß nämlich noch mit zwei, drei Eßlöffeln Sahne, geschlagener Sahne, versteht sich, damit das Süppchen schön samtig und schaumig war. Ganz so, wie Leo es liebte. Und dann noch eine Prise fein geschnittener Haarspitzen darübergestreut.

Eigenartig, daß jetzt wieder Bärlauch im Spiele ist. Ist es bloß Zufall, oder soll man an Schicksal glauben? Vielleicht sind nur meine Sinne für dieses Kraut besonders geschärft? Als ich vor einigen Jahren beim Friscur lustlos in einer Frauenzeitschrift blätterte, sprang mir ein unscheinbarer Leserbrief aufdringlich ins Auge: BÄRLAUCH! warnte Sieglinde O. aus Ennepetal. In Österreich sei vor einiger Zeit jemand gestorben, weil er Maiglöckchenblätter statt Bärlauch aß, aus Versehen, natürlich. Maiglöckchen aber dufteten nicht nur blumig-süß: Sie seien hochgiftig!

Inzwischen habe ich mich gründlich informiert. Ich gebe zu, es gibt giftigere Gifte als Convallariaglykoside. Aber für eine alte Dame, deren Herz-

schlag nicht mehr der regelmäßigste ist, dürften sie ausreichend sein. Auch das Drumherum muß ich ja im Auge behalten. Zum Beispiel würde der Trick mit den Haarspitzen für Puppa nicht taugen: Sie ist es, die kocht. Schon allein das ist ein Grund, dafür zu sorgen, daß sie endlich den Löffel abgibt. Digitalis wäre giftiger, aber vielleicht zu klassisch, zu geradeheraus? Eventuell muß ich den Kriminalbeamten dieses Mal doch eine Geschichte auftischen; da kommen mir Maiglöckchen gerade recht, Maiglöckchen im April. Mit denen rechnet man nicht.

Ich habe sie in einem Edel-Blumenladen in Schwabing gefunden; daß mich dort jemand wiedererkennt, befürchte ich nicht. Bei uns in Feldafing sind Maiglöckchen noch nicht auf dem Markt. Aber der Bärlauch wächst frei. Da Puppa von Leos Henkersmahlzeit nichts weiß, sind wir gestern Bärlauch pflücken gegangen. Das machen wir jedes Jahr um diese Zeit. Arglos hat sie das Kraut auf die Fensterbank in der Küche gelegt, und von dort aus hat sich sein Geruch über Nacht im ganzen Hause verbreitet. Auf gut deutsch gesagt, es stinkt wie die Pest. Auch die Maiglöckchen duften, aber das riecht Puppa nicht mehr, genausowenig wie ich.

Seit gut anderthalb Jahren trage ich Maiglöckchenparfum; bei meinem Urlaub in Devon vor zwei Jahren habe ich es in großen Mengen besorgt. Anfangs litt ich schrecklich unter dem süßlichen Duft, irgendwann aber bemerkte ich, daß ich das Parfum nicht mehr roch. Nur mein Verstand wußte es all die Monate über besser. Und nun zahlt meine Geduld sich bald aus. Puppa konnte die Maiglöckchenblätter nicht riechen, die ich ihr untergejubelt habe. Der Bärlauch wartet unterdessen im hintersten Schrankfach. Und ich warte hier, auf einer Bank am Ufer des Sees. Ich gehe auf Nummer sicher, nicht, daß ich sie vorzeitig finde und ins Krankenhaus bringen muß. Ein paar Stunden gebe ich ihr. Und später werde ich ganz einfach so tun, als ob ich mich in diesem Krimi festgelesen hätte, der am Starnberger See spielt. Falls man mich überhaupt fragt.

Inzwischen dürfte sie mit der Zubereitung des Essens befaßt sein. Von einer Bärlauchbutter hat sie gestern abend geschwärmt, mit der sie den Teller ausspiegeln würde, um darauf Fisch anzurichten. Beim bloßen Gedanken daran läuft mir das Wasser im Munde zusammen, aber Geduld! Nur Geduld! Vorsorglich habe ich ein Tütchen Salzstangen und ein Stückchen Bergkäse gekauft. Ich halte durch. Für jeden Spaziergänger starre ich scheinbar unverwandt auf die vor mir aufgeschlagenen Seiten. Vor meinem inneren Auge sehe ich sie. Wie sie soeben sechs Schalotten feinhackt. Wie sie sie in einer Sauteuse mit einem Viertelliter Weißweinessig und einem Drittelliter leichter Gemüsebrühe aufkocht. Wie sie wartet, daß sich die Flüssigkeit um zwei Drittel reduziert. Ein halbes Pfund gesalzene kalte

Butter sehe ich sie in feine Würfel schneiden. Emsig nimmt sie die Kasserolle vom Herd und rührt die Butter mit dem Schneebesen ein. Ich würde den Elektro-Mixstab dafür nehmen, aber solch ein Gerät lehnt Puppa ab. Deshalb hat sie mir ja auch verboten, in ihrer Küche zu kochen. »Du machst es nicht richtig! Das taugt alles nichts!«

Ihre Küche! Damit ist es bald endlich vorbei! Hat sie soeben vom Bärlauch genascht? Hat sie von den Maiglöckchen gekostet? Todsicher, auf ihre Gefräßigkeit ist Verlaß. Zuletzt fünfzig Gramm feingehackten Bärlauch einschwenken! So steht's im Rezept. Wieviel Gramm Maiglöckchenblätter hat sie inzwischen gekaut? Brechdurchfall und ernstere Herzrhythmusstörungen folgen bald nach. Puppa, bald bist du vereint mit deinem Sohn, deinem herzliebsten Mutterglück. Und euer Haus gehört mir.

Ein Jammer nur um den Zander auf dem Maiglöckchenspiegel, den ich wegwerfen muß. Aber sobald ich ihr Erbrochenes weggewischt habe, werde ich ein Seezungenfilet verputzen. Mit Bärlauchcoulis.

Badische Bärlauchsuppe

Zutaten für 4 Personen:

60 g	Butter
100 g	Zwiebeln, in feine Ringe geschnitten
500 g	mehlige Kartoffeln, in dünne Scheiben geschnitten
1–2	Knoblauchzehen, feingehackt
½ l	Milch
½ l	Gemüsebrühe
	Salz, Pfeffer, Muskatnuß
60 g	Bärlauch, in feine Streifen geschnitten
	ein Schuß Sahne
2–3 EL	Sahne, geschlagen

Butter bei sanfter Hitze schmelzen. Zwiebeln und Kartoffeln darin mit ein oder zwei Knoblauchzehen anschwitzen. Milch und Gemüsebrühe angießen und das Gemüse darin weichgaren lassen. Die Suppe mit einem Mixstab pürieren und mit Salz, Pfeffer und geriebener Muskatnuß abschmecken.
Bärlauchstreifen in die Suppe geben und 2–3 Minuten ohne Kochen darin ziehen lassen. Sahne einrühren. Kurz vor dem Servieren geschlagene Sahne unterziehen.

Ein blondes Wunder
Del Tinsley

Blondinen bevorzugt? Von wegen. Vielleicht vor der Hochzeit, dachte Meredith, die jetzige Mrs. Worth Ayrington III.

Meri war der Augenstern ihrer Eltern gewesen. Die beiden verwöhnten sie furchtbar. Und eines begriff sie schon ziemlich früh: Sobald sie lieb, unschuldig und dumm tat, eilte die halbe Welt ihr zur Hilfe. Dem süßen Schatz, dem niedlichen blonden, blauäugigen Engelchen.

Die Schule erledigte sie mit links. Die Jungs machten ihre Hausaufgaben, brachten sie nach der Schule heim und trugen ihre Schultasche. Sie tat gerade mal das Nötigste. Als sie älter wurde, fuhren die Jungs sie mit ihren nagelneuen Autos herum, luden sie ins Kino oder zum Essen ein.

Soweit war alles geritzt. Jeder wollte mit ihr, dem süßen Cheerleader, der Königin des Abschlußballs, der kleinen Miss Vollkommen, ausgehen. Vollkommenes Haar, vollkommenes Gesicht, vollkommene Figur, und natürlich durch Übung perfektionierte Hilflosigkeit. Wieviele Mädchen hätten sich mit dieser Masche ein bequemes Leben machen können und rissen sich trotzdem ein Bein aus? Sie verstand einfach nicht, warum einige ihrer Freundinnen ständig lernen und sich so anstrengen mußten, halbwegs passabel auszusehen. Eigentlich taten sie ihr sogar leid. Manchmal jedenfalls. Nicht oft. Wie um alles in der Welt kamen häßliche Mädchen bloß zurecht?

An der High-School kam zu der süßen, unschuldigen und dummen Mädchenmasche etwas hinzu – Sex. Sie war clever genug, sich selbst dabei noch süß, unschuldig und dumm anzustellen. Sie warf nur so um sich mit »Ich habe so was noch nie gemacht« und »Mache ich das auch richtig?« Außerdem ließ sie jeden Jungen Stillschweigen schwören. Zu ihrer Überraschung hielten sich die blöden Kerle tatsächlich daran. Jeder bildete sich ein, er sei der Einzige! Der Mythos von Meris Unschuld blieb bestehen. Die Jungs verteidigten ihre Ehre bis aufs Messer. Sie schrieben nicht einmal ihren Namen auf die Wände im Umkleideraum. Dabei waren dort sogar Mädchen verewigt, die es nie taten. Da sieht man's mal wieder.

Unschuld, kombiniert mit einigen »Ohs« und »Ahs« an der richtigen Stelle, das war Meris Kapital. Sie war beliebter denn je. Auf dem College war es ähnlich. Aber in ihrem Abschlußjahr wurde es langsam Zeit für sie, sich nach einem passenden Ehemann umzusehen. Schließlich war sie in erster Linie deshalb aufs College gegangen.

Von all den Jungs, die Meri zu Füßen lagen, kamen eigentlich nur zwei in Frage. Joe, der Footballspieler: gut im Bett, witzig und mit einer vielversprechenden Zukunft. Doch wie leicht konnte der sich verletzen – besser nicht. Und Worth, dessen Vater Mr. Ayrington II mit Software ein Vermögen verdient hatte. Worth war schmächtig, allergisch gegen alles, was beißen oder stechen konnte, und bekam einen Asthma-Anfall, wenn er eine Erdnuß auch nur von weitem sah. Sein Haar zeigte bereits erste Ausfallerscheinungen, und er hatte soviel Persönlichkeit wie eine Qualle. Doch – er betete Meri an. Er verehrte den Boden unter ihren Füßen. Von der Grundschule über die High-School bis zum College war er ihr nachgelaufen wie ein Hund. Immer war er hilfsbereit, nahm sie mit, kaufte ihr was. Wenn sie an einem Geschäft vorbeigingen, brauchte sie nur auf etwas zu zeigen, und schon kaufte er es für sie. Er war auf Geld gebettet; was gab's da eigentlich noch zu überlegen?

Die Hochzeit wurde ein Riesenfest. Als Joe die Braut küßte, flüsterte er ihr ins Ohr: »Das wird dir noch leid tun, das verspreche ich dir.« Meri verschwendete keinen Gedanken daran. Ha! Was konnte Joe ihr schon tun? Sie verbrachten wunderbare Flitterwochen in Südfrankreich, aber nur, weil sie einen hysterischen Weinkrampf bekam, als Worth ihr sagte, er wolle die Flitterwochen in der Berghütte seines Vaters verbringen, eine Stunde von der Stadt entfernt. Also wirklich! Dort gab es nicht einmal fließendes Wasser. Sie hörte Worth gar nicht richtig zu, als er immer wieder von Haushaltspflichten sprach. Kochen, Putzen, Waschen und Bügeln hatte immer ihre Mama für sie erledigt. Über so was mußte sie sich doch wohl nicht ihren hübschen Kopf zerbrechen? Aber der frischverheiratete Worth ent-

puppte sich als Geizhals; ein sparsamer junger Mann, außerdem überaus praktisch veranlagt. Er bestand darauf, daß die zukünftige Mutter seiner Kinder – Meri hatte noch nie einen Gedanken an Kinder verschwendet – all diese lästigen Pflichten übernehmen sollte.

Worths Vater hatte ihnen zur Hochzeit ein vollständig möbliertes Stadthaus geschenkt. Ohne Hausmädchen, ohne Köchin! Plötzlich war Meris Leben eine einzige Hölle. Sie wußte nicht, was sie tun sollte. Wahrscheinlich hätte sie in der Schule doch den einen oder anderen Hauswirtschaftskurs belegen sollen. Oder darüber nachdenken sollen, wie das Leben nach den Flitterwochen aussah. Nicht, daß das was genützt hätte. Wenn sie mit ihren alten Freundinnen sprach und tief genug sank, sie um Rat zu fragen, lachten die bloß oder, noch schlimmer, erklärten ihr alles falsch. Warum bloß? Was hatten sie denn gegen sie?

Mama? Mama hatte sich die denkbar schlechteste Zeit für ihren Auslandsaufenthalt ausgesucht. Wenn sie hier wäre, würde sie ihr sicher helfen, diesen Glückliche-kleine-Hausfrau-Scheiß zu erledigen. Meri versuchte es mit Waschen. Was sollte daran schon schwierig sein? Klamotten in die Maschine, Waschmittel drauf, Wasserhahn aufdrehen, und los geht's. Als Worth von der Arbeit kam, wischte sie gerade eimerweise schaumige Waschlauge auf. Sie hatte zuviel Waschmittel genommen. Na und? »Meri, was machst du denn da?«

»Wonach zum Teufel sieht es denn aus? Ich wasche deine verdammte Wäsche.«

»Du dummes Häschen, hast du denn die Anleitung auf der Packung nicht gelesen?« Er hielt ihr die Schachtel unter die Nase. »Hier. Da steht's. Das ist ein Konzentrat. Was um alles in der Welt hast du eigentlich im Kopf?«

Sie konnte auch nicht verstehen, warum er sich so über seine rosa Unterwäsche aufregte. Schließlich trug sie doch auch Rosa. Außerdem, wer bekam seine Unterwäsche denn schon zu sehen? Niemand, der noch alle Tassen im Schrank hatte, würde darauf Wert legen. Und selbst wenn, sie war sauber. Reichte das nicht?

Meris nächstes Experiment war Bügeln. Sie brauchte mindestens eine halbe Stunde, bis das Bügelbrett stand. Dieses Mistding mußte jetzt einfach stehenbleiben. Sie wollte sich nicht noch mal mit dem Aufbau abquälen. Egal, wie sie das Bügeleisen einstellte oder wieviel Stärke sie auf die Hemden sprühte, sie wurden einfach nicht glatt. Als Worth nach Hause kam und das zerknitterte, versengte Hemd am Schrank hängen sah, bekam er einen Tobsuchtsanfall.

Nein, sie war keine Vollidiotin! Sie würde ein paar seiner Hemden auch rosa färben, das würde ihm sein kindisches Gehabe schon heimzahlen.

Danach würde der Geizknochen seine Hemden in die Wäscherei geben, wetten? Dieser ganze Hausfrauenscheiß trieb Meri die Wände hoch. Als sie Worth mitteilte, daß sie sich einen Job suchen wolle, mußte sie einen halbstündigen Vortrag mit dem Thema »Meine Frau hat es nicht nötig, arbeiten zu gehen. Der Platz einer Frau ist in ihrem Heim« über sich ergehen lassen. Meri hatte die Schnauze gestrichen voll.

Ihr nächstes Heimabenteuer fand unter Mitwirkung der Feuerwehr statt. Auf dem Pizzakarton stand *eindeutig*, Form einfetten, aber nicht, welche Seite der Form. Also fettete sie die gesamte Form ein, die Innen- und die Außenseite. Woher hätte sie es denn besser wissen sollen? Also gut, es würde Worth ein paar Dollar kosten, die Küche renovieren zu lassen. Na und? Er hatte doch genug Geld. Deshalb brauchte er ja nicht gleich aus der Haut zu fahren und sie vor den Feuerwehrleuten runterzuputzen. Der Spruch mit der dummen Blondine ging entschieden zu weit. Sie hätte sich ohne mit der Wimper zu zucken scheiden lassen, wenn sein Paps nicht auf Gütertrennung bestanden hätte.

Meris nächster Versuch in Sachen Haushaltskunst war ein Kuchen. Wahrscheinlich hätte sie zu einem der hunderttausend Kochbücher greifen sollen, die sie zur Hochzeit geschenkt bekommen hatte, aber sie entschied sich für den leichteren Weg und nahm eine Fertigpackung. Auf der Schachtel stand: mit Mehl bestäuben. Diese Schachteln, immer waren es diese Schachteln, die den ganzen Ärger verursachten. Worths Reaktion auf die weiße Küche ließ jede Menge zu wünschen übrig. Seinen Tod, zum Beispiel. Ein dummes Huhn? Eine gehirnamputierte blöde Kuh? Sie würde es ihm schon zeigen. Ein paar Nächte auf der Couch würden ihn bestimmt zur Vernunft bringen.

Meri brauchte dringend etwas Abwechslung. Ausgehen, ein Abend in der Stadt. Es erforderte einiges an Überredungskunst, bis Worth ihr schließlich versprach, sie zur Valentinstagsparty in seinen Club mitzunehmen. Als sie ein paar sexuelle Freuden in Aussicht stellte, deren Existenz er bis dahin nicht einmal geahnt hatte, wurde er weich. Nur im übertragenen Sinn, natürlich. Sie schlüpfte in ein hautenges rotes Cocktailkleid mit tiefem Ausschnitt. »Worth, komm mal her und mach mir den Reißverschluß zu.« Er war noch nicht richtig im Zimmer, als er sie auch schon anschnauzte. »Damit gehst du mir nicht aus dem Haus!«

»Warum nicht?« Wollte er ihr jetzt auch noch vorschreiben, was sie anzuziehen hatte?

»Weil ... weil du darin aussiehst wie ein Flittchen.«

Ein Flittchen? Meri sagte nichts dazu. Bloß keinen Streit, sonst gingen sie womöglich doch nicht aus. Das hochgeschlossene schwarze Abend-

kleid mit den langen Ärmeln, das sie statt dessen anzog, saß wie eine zweite Haut. Es wirkte viel erotischer als das rote. Aber was wissen Ehemänner denn schon?

Die Party im Club erinnerte an die guten alten Zeiten. Meri amüsierte sich prächtig. Sie tanzte und flirtete mit allen und jedem. Worth sah aus, als würde ihm gleich Dampf aus Nase und Ohren kommen. Das gab ihr ein wunderbares Gefühl. Als Meri von der Toilette kam, belauschte sie zufällig ein Gespräch. Jemand sagte zu Worth, wie wunderbar es sein mußte, mit so einer blonden Schönheit wie Meri verheiratet zu sein.

»Schön ist sie«, erwiderte Worth. »Aber dumm wie Bohnenstroh. Nicht, daß ich einen weiblichen Einstein erwartet hätte. Aber daß Blondinen tatsächlich so dumm sein können, hätte ich nicht gedacht. Wenn sie nicht so gut im Bett wäre ...«

»Oh, oh, was Alkohol so alles bewirkt«, dachte Meri. Sie ging zurück auf die Tanzfläche. »Bis daß der Tod uns scheidet, ja?« dachte sie. »Na gut, Mr. Worth Ayrington III, du wirst schon sehen, wie dumm ich bin.«

Worth bemühte sich zwar nicht besonders um seine Ehe, aber eines mußte man ihm lassen: Meri blieb genug Zeit zum Nachdenken. Was sollte sie auch sonst mit dem lieben langen Tag tun? Süßigkeiten essen und in Zeitschriften blättern? Wenn Worth aus der Firma nach Hause kam, bemerkte er einige Male einen verbrannten Geruch in der Küche. Manchmal roch es auch sehr gut. Aber er bekam nie etwas zu sehen oder zu essen. Wenn er nachfragte, wich Meri ihm immer aus. »Ach, ich habe bloß versucht zu kochen, und alles ist angebrannt.« Oder: »Ich habe Kochen geübt, aber etwas ist schiefgegangen.« Er lachte. Brachte Sprüche wie: »Kochen? Das lernst du doch im Leben nicht!« Worth wußte nicht, daß Meri Kochunterricht nahm. Sie würde es seiner Hoheit schon zeigen. Und er würde erst dann etwas Selbstgekochtes von ihr bekommen, wenn ihr Menü absolut vollkommen war.

Meri ging kein Risiko ein. An ihrem Hochzeitstag bereitete sie mit äußerster Sorgfalt zwei Variationen jeder Speise ihres Menüs vor. Zwei Tassen Zwiebelsuppe. Die Zwiebeln der einen Tasse waren in Sonnenblumenöl sautiert, die der anderen in Erdnußöl. Zwei Salate. Der eine wurde mit einem Dressing aus Sonnenblumenöl angemacht, der andere mit Erdnußöl. Genauso das pfannengerührte chinesische Hauptgericht. Die Schokoladentörtchen stammten aus einer Backmischung. Eines war mit Sonnenblumenöl zubereitet, das andere mit Erdnußöl. Meri deckte den Tisch mit den Kristallgläsern, dem Silberbesteck und Porzellan, das sie zur Hochzeit bekommen hatten. Als sie Worths Wagen in der Einfahrt hörte, goß sie rasch zwei Gläser Champagner ein, zündete Kerzen an und

schlüpfte in das rote Damit-gehst-du-mir-nicht-aus-dem-Haus-Kleid. So begrüßte sie Worth an der Haustür.

»Alles Liebe zum Hochzeitstag, Schatz.«

Diese Pfeife hatte es vergessen.

Ihm fielen fast die Augen aus dem Kopf, als er begriff, daß Meri das gesamte Menü selbst zubereitet hatte.

Bildete sie sich das nur ein, oder kratzte sich Worth tatsächlich am Hals? Er sah ein wenig bleich aus – und irgendwie aufgedunsen. Kurz nach dem Salat stand er auf.

»Mir geht es nicht besonders. Eine von meinen Allergien macht sich wieder bemerkbar. Ich leg' mich besser hin. Hol' mir bitte eine Allergietablette.«

»Hol sie dir doch selbst«, dachte Meri diesmal nicht. Sie lächelte, summte sogar leise vor sich hin, als sie ihm ein rosafarbenes Pfefferminzbonbon reichte. Sah es nicht fast so aus wie seine Allergietablette? Mit etwas Wasser runtergespült, und Worth würde den Unterschied nicht bemerken. Meri beobachtete, wie Worth sich immer mehr kratzte und immer weiter anschwoll. Er faßte sich an den Hals. Sein Atem wurde flacher und flacher. Schließlich hörte er ganz auf.

Als es soweit war, ging Meri in die Küche und warf alles, was von dem Erdnußölessen übrig war, in den Abfallzerkleinerer. Das Essen mit dem Sonnenblumenöl füllte sie in Plastikdosen und stellte es in den Kühlschrank. Dann spülte sie das ganze Geschirr und stellte es weg.

Nachdem all diese wichtigen Haushaltspflichten erledigt waren, zog sich Meri ein Paar Einmalhandschuhe an, nahm eine seiner Allergietabletten und schob sie durch Worths weit offenstehenden Mund tief in den Hals. Danach spülte sie die Handschuhe in der Toilette hinunter und ging ins Bett. Vor einiger Zeit hatte sie im Fernsehen einen Bericht über Allergien gesehen. Das mußte ein Zeichen gewesen sein. Wo sonst sollte ein dummes Huhn wie sie etwas über den anaphylaktischen Schock erfahren? Fernsehen bildet eben doch.

Um ganz sicher zu gehen, wartete Meri bis zum nächsten Morgen, bevor sie den Notruf wählte.

»Hier ist Mrs. Worth Ayrington III. Ich habe heute morgen meinen Mann tot aufgefunden.«

Mit dem Notarzt betrat auch Joe, der Polizist, das Haus. Joe, der Ex-Footballspieler. Meri hatte noch nie zuvor ein menschliches Wesen so breit grinsen sehen. Plötzlich beschlich sie das dumme Gefühl, daß ihr gleich jemand in die Suppe spucken würde.

Grüner Salat mit warmem Ziegenkäse

Zutaten für 4 Personen:

8	Scheiben Ziegenkäse à 40 g
1 TL	frischer Thymian, gehackt
180 ml	Sonnenblumen- oder Erdnußöl
1	Eigelb
1 TL	Dijon-Senf
1½ EL	weißer Balsamessig
1 TL	gehackter frischer Rosmarin
	Salz, frisch gemahlener Pfeffer
500 g	gemischter Salat, sehr knackig,
	z. B. Kopfsalat, Lollo verde, Eichblatt
	Walnußkerne nach Geschmack

Käsescheiben in eine flache Schale legen. Mit Thymian bestreuen und mit 4 EL Öl beträufeln. Abdecken und über Nacht im Kühlschrank ziehen lassen.

Eigelb, Senf, Balsamessig und Rosmarin glattrühren. Nach und nach das restliche Öl angießen und mit Salz und Pfeffer abschmecken.

Salatblätter in mundgerechte Stücke zupfen und in eine große Schüssel geben. Salatsauce darübergeben und mischen.

Aus der Käseschüssel 2 EL Öl entnehmen und in einer großen Pfanne bei milder Hitze erwärmen. Käsescheiben hineingeben und vorsichtig erhitzen.

Salat auf Servierteller geben und mit je 2 Scheiben Käse belegen. Mit Walnußhälften garnieren.

Pasta Mortale

Eine sture römische Köchin
Carmen Iarrera

Von Anfang an? Mein Gott, na gut, wenn ich alles von Anfang an erzählen muß, dann sage ich Ihnen zuerst einmal, was für eine Person meine Frau war, sonst werden Sie niemals begreifen, wie das passieren konnte.

Sie war eine intelligente Frau, voller Tatendrang und Arbeitseifer, und sie konnte schön und sanft sein, wenn sie wollte. Aber sie war auch fürchterlich ordentlich, pedantisch und vor allem dickköpfig. Wenn sie sich etwas in den Kopf gesetzt hatte, konnte man sie nicht davon abbringen, glauben Sie mir. Aber manchmal konnte ich diese Dickköpfigkeit wirklich nicht ertragen, und wir hatten eine Auseinandersetzung, und wie alle Dickköpfe haßte meine Frau jeden Widerspruch, wurde wütend und hysterisch.

Fürchterliche Streitereien, Commissario. Wie einmal, als sie in irgendeinem Ordnungswahn die Bücher und Schallplatten in alphabetischer Reihenfolge geordnet hatte und ich gar nichts mehr finden konnte. Für mich war es absurd, daß sie Count Basie unter B einsortiert hatte, wie Basie Count, erst der Familienname, dann der Name; noch schlimmer, daß sie Beethoven, den sie, penibel wie sie ist, immer Van Beethoven nennt, ins V geräumt hatte, wo ich ihn nie im Leben gesucht hätte. Und die Bücher, du meine Güte … »Il Milione« stand bei P für Marco Polo, können Sie sich das vorstellen? Hätten wir eine Bibel besessen, hätte sie sie wahrscheinlich unter DA, für diverse Autoren, gesteckt.

So war sie nun einmal, da war nichts dran zu machen. Ich müßte scharf nachdenken, wann wir den großen Schritt gewagt haben. Ja sicher, ganz von allem abgesehen, war das wirklich ein großer Schritt für uns, dieses kleine Restaurant aufzumachen. Wir hatten kaum Geld, Schulden bei der Verwandtschaft, den Banken, überall. Aber wir hatten so eine Lust darauf, seit Jahren hatten wir an nichts anderes gedacht und Pläne geschmiedet. Tatsache ist, daß ich einige Erfahrung hatte, weil ich einmal Leiter eines Restaurants war, und sie ... nun, mit Kochtöpfen konnte sie umgehen, sie war tüchtig, wirklich tüchtig. Es war ganz klar, daß wir auf die Idee kamen, mit einem eigenen Lokal unser Glück zu versuchen. Um so klarer, weil wir uns bestens hier in Rom auskannten. Die Restaurants sind immer voll, auch wenn überall das gleiche Menü angeboten wird, man schlecht speist, der Service grauenvoll ist und man viel zu viel bezahlt.

Ein winziges Restaurant, sehr gepflegt, mit wenigen Tischen, einer hervorragenden Küche und anständigen Preisen mußte einfach ein großer Erfolg werden. Man mußte nur Mut und Lust zum Arbeiten haben, und das hattten wir alle beide. Wir haben also bechlossen, uns auf dieses Abenteuer einzulassen, und sofort haben wir angefangen zu streiten. In den Vororten würde es hervorragend laufen, sagte ich. Im Zentrum, sagte sie, weil die Leute ins Zentrum kommen, wenn sie sich einen schönen Abend machen wollen. Dem Restaurant um die Ecke würden sie nicht trauen. Natürlich hat sie gewonnen, auch wenn wir fast ein halbes Leben lang suchen mußten, bis wir das geeignete Lokal fanden, wenige Schritte vom Pantheon entfernt, und auch wenn es tausendmal mehr kostete als eins in den Vororten. Um etwas zu sparen, haben wir es selbst renoviert. Tag und Nacht haben wir gearbeitet, die Wände neu gestrichen, die Decken, Türen, Fenster ... Eine zermürbende Arbeit, Commissario, vor allem, weil meine Frau wie immer alles perfekt haben wollte, mehr als perfekt.

Ich sage Ihnen lieber nicht, was wir für das Geschirr ausgegeben haben, das Besteck, die Tischwäsche und die Pfannen und Töpfe. Das mußten natürlich diese guten schweren sein, weil meine Frau sagte, daß sonst das Essen nicht so richtig gelingen würde ... Ein Berg Schulden, Commissario, ein erdrückender Berg, nachts konnte ich nicht schlafen, und tagsüber ging es mir schlecht. Allein der Gedanke, daß wir bald eröffnen würden, konnte mich noch trösten, und daß das Lokal gut laufen würde. Warum sollte es auch nicht gut laufen? Es lag in einer optimalen Gegend, strahlte eine saubere und einladende Atmosphäre aus, und es gab eine abwechslungsreiche und interessante Speisekarte. Alle Grundgerichte standen immer zur Auswahl, wie Tagliolini mit frischen Tomaten und Basilikum und Tagliolini mit Cacio und Pfeffer. Oder Schmorfleisch al Barolo und

gesottenes Lamm und anderes, was wir entsprechend der Tradition täglich wechselten. Zum Beispiel gab es donnerstags Gnocchi und samstags Trippa. Alles wurde mit Zutaten von höchster Qualität zubereitet, mit kaltgepreßtem Olivenöl, das ich eigens aus der Toskana holte, und das Fleisch kaufte ich außerhalb von Rom, auf dem Land. Es wurde nach allen Regeln der Kunst gekocht, Commissario, meine Frau war nämlich eine phantastische Köchin, geradezu übergenau. Sie arbeitete gewissenhaft und benutzte nur *wahre* Rezepte, wie sie sie nannte, solche, die über Jahrhunderte hinweg entwickelt wurden, nicht diese neu erfundenen, die man in den Zeitschriften sieht ... Da gab es für sie keine Kompromisse.

Wie ich Ihnen schon sagte, die Voraussetzungen, es zu schaffen, waren alle gegeben. Aber statt dessen ... oh, mein Gott, mein Gott ... ein Fluch. Dieser Ort mußte verflucht sein, ich kann es mir nicht anders erklären. Die Leute spazierten am Restaurant vorbei, aber es kam ganz einfach niemand rein. Oder es kam mal ein Paar, vielleicht auch zwei, aber jeder weiß, wie trostlos, wie wenig einladend ein halbleeres Lokal ist, auch wenn alles gepflegt ist, das Licht gedämpft ist und die Tischdecken schneeweiß, und das Besteck im Schein der angezündeten Kerzen auf den Tischen funkelt. Wenn Sie wüßten, Commissario, was mich allein diese verfluchten Kerzen gekostet haben. Meine Frau versuchte, mir Mut zu machen, und sagte, wir müßten Geduld haben, daß unsere Gäste, auch wenn es wenige wären, gut bei uns essen würden und einen angemessenen Preis bezahlten. Wenn sie einmal zufrieden wären, würden sie uns durch Mundpropaganda bestimmt andere bringen, und bald müßten wir Kellner einstellen und könnten nur noch Vorbestellungen annehmen.

Aber einstweilen mußte man sich täglich mit Lebensmitteln eindecken und kochen, als ob das Lokal bis zum letzten Gedeck voll würde, und das Geld zerrann mir zwischen den Fingern. Ich wußte nicht mehr weiter, und irgendwann habe ich versucht, meine Frau davon zu überzeugen, gewisse Einsparungen vozunehmen, zumindest die Hauptgerichte einzufrieren ... hilf mir der Himmel. Das Restaurant mußte einen hohen Standard haben, alles mußte frisch sein, perfekt, von bester Qualität. Sonst würden wir ihrer Meinung nach alles sofort ruinieren. Hatten wir nicht beschlossen, nach vielem Hin und Her, ein erstklassiges Restaurant aufzumachen? Jetzt mußten wir konsequent sein.

Und meine Frau *war* es in der Tat, als ... Stellen Sie sich vor, einmal wollte ein Tourist Ketchup zu den Kartoffeln. Ketchup zu Holzkohlenkartoffeln mit Knoblauch und Öl und Rosmarin, können Sie sich das vorstellen? Meine Frau ist aus der Haut gefahren. Sie hat sich die Schürze ausgezogen und ist ins Lokal gekommen. Noch bevor ich sie irgendwie aufhalten

konnte, war sie schon am Tisch dieses Unglückseligen und erklärte ihm, warum und wieso sein Wunsch absurd sei, unkultiviert und beleidigend. Sofort danach hatte sie ein schönes Schild in englischer Sprache verfaßt: »Don't come in! We haven't got any ketchup!« und es an die Tür geklebt. Solche Kunden, sagte sie, brauchen wir wirklich nicht.

Verstehen Sie jetzt, Commissario, was für ein Mensch diese Frau war? Stur, anders kann man sie nicht beschreiben. Ja, stur und nochmal stur. Wer weiß, vielleicht hatte sie ja recht, und man mußte hart bleiben, ich behaupte ja nicht das Gegenteil. Aber die Kasse verwaltete ich, und ich wußte genau, wenn das Restaurant nicht bald florieren würde, müßten wir schließen. Irgend etwas mußte passieren, man mußte sich irgend etwas einfallen lassen. Ich habe vorgeschlagen, einen kleinen Werbezettel in den umliegenden Straßen zu verteilen. Meine Frau war dagegen. So etwas könne man für einen Zirkus machen, aber auf gar keinen Fall für ein gutes Restaurant. Eine große Besprechung in der Presse schon eher, vielleicht war das eine gute Idee. Also habe ich alle römischen Zeitungen gekauft und alle bekannteren nationalen Illustrierten, und mit einer Engelsgeduld habe ich alle Journalisten angeschrieben, die Restaurants empfehlen, und sie eingeladen, unsere Küche zu probieren. Sie könnten offiziell oder inkognito kommen, ganz wie sie wünschten, weil das, was die Köchin zubereitete, sowieso immer von höchster Güte war.

Keiner unserer wenigen Kunden stellte sich als Journalist vor, und es kann auch keiner inkognito gekommen sein, weil ich wochenlang jeden Tag alle Zeitschriften gekauft habe, aber über uns habe ich niemals auch nur eine einzige Zeile entdeckt. Meine Frau kochte eifrig weiter, ich machte eifrig die Bilanz, beriet mich mit meinen Geldgebern und raufte mir die Haare. Noch wenige Tage, und nur ein Wunder hätte uns noch vor dem Ruin retten können.

Wenige Tage ... aus Angst trieb ich mich stundenlang vor dem Lokal herum, ich beobachtete die Leute, die vorbeiliefen, so, als ob ich sie allein mit der Kraft meiner Gedanken zwingen könnte, einzutreten. Oder mit meiner Verzweiflung, das war zu diesem Zeitpunkt schon irgendwie das gleiche.

Heute abend dann, als ich so vor der Tür des leeren Lokals stand und meine Angst zu bändigen versuchte, indem ich erst auf dem einen Fuß, dann auf dem anderen balancierte, sehe ich eine ganze Schar von Leuten, es werden so um die zwanzig Personen gewesen sein, in das gegenüberliegende Restaurant reingehen und bald wieder herauskommen, sie waren schlechter Stimmung und beschwerten sich lauthals über die Unfähigkeit der Kellner. Sie sind ein bißchen hektisch, vor allem diese Frau, die alle

Aufmerksamkeit auf sich zieht und auf ihren turmhohen Hacken rumzustampfen scheint. Wie vom Donner gerührt erkenne ich sie.

Das ist sie, Valeria Lilli, die berühmteste Soubrette aus dem Fernsehen, die, die von Männern und Frauen angehimmelt wird, von Omas und Enkeln, die in allen Zeitschriften auftaucht, die immer einen Schwarm von Photographen hinter sich herschleppt, zu jedem ereignisreichen Fest eingeladen wird, die den Trend angibt, den alle nachahmen, und die die Mode bestimmt. Ist Ihnen das klar, Commissario?

Ein Photo in irgendeinem Revolverblatt. Sie wissen, wie das läuft. Ein einziges Photo mit Valeria Lilli in meinem Restaurant, und das Lokal wäre voller Gäste. Und wenn sie dann noch mit dem Essen zufrieden gewesen und wiedergekommen wäre und vielleicht etwas davon rumerzählt hätte, dann ... ja, dann wären vielleicht Leute gekommen, die hofften, sie wiederzusehen oder die es glücklich machte, dahin zu gehen, wo sie hinging, und das Lokal wäre immer voll, und die Zeitungen würden davon Notiz nehmen und über uns gut berichten, und wir würden berühmt werden. Es wäre ein Traum.

Ich reiße die Tür zu meinem Lokal auf und flehe alle Heiligen des Paradieses an, daß sie mir zur Hilfe kommen mögen, und mit angehaltenem Atem bleibe ich stehen. Und das Wunder geschieht. Einer aus der Gruppe blickt sich um, nimmt das Lokal wahr, zeigt es den anderen, die sich gegenseitig angucken, tuscheln, zustimmend mit dem Kopf nicken und sie anblicken. Sie gibt ein Zeichen des Einverständnisses. Geschafft!

Ich bitte sie, Platz zu nehmen, dann eile ich, meiner Frau diese Nachricht zu bringen, ich umarme und küsse sie und kehre eiligst in den Speisesaal zurück, um den Aperitif des Hauses zu servieren. Prosecco mit frisch gepreßtem Mandarinensaft, um genau zu sein. Ich bin außer mir. Ich bin euphorisch. Ich bin glücklich.

Ich nehme die Bestellungen auf und kehre in die Küche zurück. Sie wollten von allem etwas: Schinken mit Melone, echte Büffel-Mozzarella, Crostini mit Leber, kleine in Fett gebackene Pizze. Und dann Tagliatelle mit Ragout, Ravioli mit Ragout, Ravioli mit Butter und Salbei. Und als Hauptgericht Schmorbraten al Barolo, Costoletta alla milanese, Filetspitzen mit aromatischen Kräutern, Salat, Gemüse vom Grill, gebackene Kartoffeln. Meine Frau hat gut zu tun, aber sie beschwert sich nicht, sie arbeitet wie der Blitz, mit einem Strahlen im Gesicht. Mit den Vorspeisen war alles in Ordnung. Die kleinen in Fett gebackenen Pizze sind heiß begehrt, ich bringe ihnen noch welche. Alle lächeln und sind mit dem gelungenen Abend zufrieden. Einer bittet mich um Angaben zu dem Lokal, das scheint wirklich ein Journalist zu sein, ich hoffe es zumindest. Ich bringe den

ersten Gang. Hochachtung und Komplimente für die Köchin. Valeria Lilli ruft mich zu sich. Sie hat Spaghetti mit Cacio und Pfeffer bestellt. Meine Frau macht sie hervorragend, perfekt, al dente, mit diesem äußerst schwierigen Mengenverhältnis aus Nudelwasser und dem Pecorino, daß nicht einmal ein Zauberer ... Sind sie nicht gut, frage ich besorgt. Nein, ich bitte Sie, erwidert sie, sie sind ausgezeichnet, nur hätte ich gerne noch etwas Tomatensauce darauf ...

Tomate auf Cacio und Pfeffer? Das ist ein Ding, das gibt es nicht im Himmel und nicht auf Erden, das wissen Sie, Commissario. Aber ich zucke mit keiner Wimper und bringe den Teller in die Küche zurück.

Wie soll ich das meiner Frau beibringen? Ich darf keine Zeit verlieren. Ich sage es ihr, und fertig. Glauben Sie mir, Commissario, sie ist bleich wie ein Bettlaken geworden. Und gleich darauf rot, violett. Tomatensauce auf meinen Cacio und Pfeffer? fährt sie mich an. Ist sie verrückt? Verrückt oder nicht, was kümmert es dich, sage ich, es ist Valeria Lilli, die, wenn es gut läuft, uns das Lokal rettet. Tu schon Tomate drauf, mach, sonst wird es kalt. Sie verschränkt die Arme vor der Brust und sieht mich mit ihrem herausfordernden Blick an. Einer dieser Blicke, die mir immer das Blut in den Kopf schießen lassen, das weiß sie. Tomate auf Cacio und Pfeffer, das geht nicht, und ich werde nichts drauftun.

Dann tue ich es eben drauf, sage ich mit hartem Gesicht, knalle den Teller auf die Arbeitsplatte und will nach dem Tomatenlöffel greifen. Sie versetzt mir einen Hieb, einen vernichtenden Stoß, voller Bosheit, der mich fast zu Boden streckt. Das ist zuviel. Niemals, Commissario, niemals habe ich meine Hand gegen meine Frau erhoben, niemals gegen irgendeine Frau in meinem ganzen Leben, ich schwöre es Ihnen. Ich weiß nicht, was über mich gekommen ist, es war gerade so, als ob sich diese Ohrfeige meinen Händen entrissen hätte. Ich habe sie ihr mit all der Wut verpaßt, die ich in diesen Monaten angesammelt hatte, mit all der Enttäuschung, die in mir steckte. Fünf Finger mitten ins Gesicht, mit Bosheit. Eine richtige Ohrfeige, die ihren Kopf von einer Seite zur anderen herumfahren ließ.

Und da ist sie zu einer Furie geworden. Zu einer Furie, Commissario. Niemals habe ich sie so gesehen. Sie zitterte, keuchte und starrte mich mit ihren Augen an, die ihr durch all das freigesetzte Adrenalin in ihrem Körper aus dem Kopf zu treten schienen. Ich habe die Hände nach vorne gestreckt, um sie zu bremsen, um Entschuldigung zu bitten, aber sie hat mich nicht einmal mehr gesehen. Sie hat ein Messer gegriffen und sich auf mich gestürzt. Ich weiß nicht, wie ich es geschafft habe, sie bei den Handgelenken zu packen. Sie zappelte hin und her, trat um sich, aber ließ das Messer nicht los. Ich genausowenig. Wir sind gegen den Kühlschrank

geprallt und dann gegen die Öfen. Es gelang mir, ihr den Arm zu verdrehen, ich wollte, daß sie das Messer fallen ließ, aber sie schien eine übermenschliche Kraft zu haben ... wieder hat sie das Messer erhoben ... und ich habe ihr mit aller Gewalt das Handgelenk verdreht ... Und dann weiß ich nicht mehr, was passiert ist. Plötzlich hat sie keinen Widerstand mehr geleistet und ist mir aus den Händen geglitten. Einen Augenblick später lag sie da, auf die Arbeitsplatte gekippt, das Blut rann ihr in Strömen aus dem Hals und verbreitete sich überall.

Nein, ich weiß nicht, was ich gedacht habe, ich weiß es nicht. Vielleicht gar nichts. Ich war zerstört. Ich bin zu einem Automaten geworden. Ja, zu einem Automaten, genau so. Vielleicht habe ich funktioniert, weil ich nicht zugeben wollte, was passiert war, vielleicht habe ich mich auch in Gebärden der Normalität geflüchtet, um nicht verrückt zu werden. Ich weiß es nicht. Früher oder später wird mir das ein Psychologe erklären können, da bin ich mir sicher. Bis jetzt weiß ich nur, was ich gemacht habe. Ich habe meine Frau sanft auf den Boden gelegt, habe den Tomatenlöffel genommen und ein wenig Sauce über die Spaghetti getan und sie dieser Frau da gebracht. Dann bin ich wieder in die Küche gegangen, habe die Hauptgerichte fertig zubereitet, sie serviert, und so ging es bis zum Schluß des Abendessens weiter.

Erst als sie gegangen waren, bin ich, wenn man das so sagen kann, in mich zurückgekehrt. Das Grausen über das Geschehene hat mich wie ein Schlag getroffen. Dann bin ich zusammengebrochen und habe Sie angerufen. Ende der Geschichte, Commissario. Den Rest kennen Sie.

Einzelheiten? Was für Einzelheiten wollen Sie noch? Nein, an die genaue Uhrzeit kann ich mich nicht erinnern, nicht einmal daran, was ich gemacht habe, während ich auf Sie wartete. Ich glaube, ich habe die ganze Zeit irgendwo rumgesessen, völlig betäubt. Ja, zu diesem Zeitpunkt, das habe ich Ihnen gesagt, waren alle fortgegangen. Nein, niemand hat bemerkt, was geschehen war. Ja, sie waren zufrieden, das Abendessen war gut gelungen. Ja, auch die Spaghetti mit dieser verfluchten Tomatensauce. Die Tomaten ...

O Gott, nein!

Nein, nein, das darf nicht sein ... O Gott, Commissario, jetzt, wo Sie mich daran erinnert haben ... Nein, nein, das darf nicht sein, es ist fürchterlich ... Allein es auszusprechen, jagt mir das Grauen ein, Commissario ... Es ist, als ob ich es erst jetzt sehen würde, als ob ich es in einem Film sehen würde ... Als ich ... als ich die Tomatensauce auf die Spaghetti gab, waren sie bereits rot! Rot vom Blut meiner Frau, Commissario!

Spaghetti mit Cacio und Pfeffer

Ein traditionelles römisches Rezept. Cacio ist ein salziger Käse und wird in abgelagerter Form auch römischer Pecorino genannt. Er hat einen ziemlich kräftigen Geschmack und ist der einzige Käse, der sich für dieses Rezept eignet.

Zutaten für 6 Personen:

600 g	Spaghetti
	Salz
120 g	geriebener Cacio
	reichlich frisch gemahlener schwarzer Pfeffer

Spaghetti in sprudelndem Salzwasser al dente kochen. Abtropfen lassen, Flüssigkeit auffangen. Spaghetti in eine Servierschüssel geben, mit dem geriebenen Käse und dem Pfeffer bestreuen. Einige Löffel des Spaghetti-Kochwassers darübergießen und alles gut vermischen. Sofort servieren.

Spaghetti vongole

Für die Freunde von Meeresfrüchten hatte die sture Köchin dieses Gericht auf der Karte.

Zutaten für 6 Personen:

600 g	Spaghetti
4	mittelgroße Tomaten
600 g	frische Venusmuscheln
2	Möhren, fein gewürfelt
250 ml	Weißwein
1	Zwiebel, gehackt
2	Knoblauchzehen, in dünne Scheiben geschnitten
1	getrocknete Chilischote, gehackt
3 EL	Olivenöl
	Salz, schwarzer Pfeffer, gemahlen
½	Bund frische Petersilie, gehackt

Tomaten überbrühen, häuten, entkernen, klein würfeln. Muscheln waschen, säubern, geöffnete Muscheln aussortieren, geschlossene wegwerfen. Die Hälfte der Möhren und die Muscheln bei milder Hitze im Topf mit Wasser 5–10 Minuten garen, bis Muscheln sich öffnen. Muscheln aus Topf nehmen, warmhalten. Zwiebeln, Knoblauch, Chili, restliche Möhren in der Pfanne mit Olivenöl anbraten, mit Muschelsud und Weißwein

ablöschen, Tomaten dazugeben, 10 Minuten kräftig einkochen. Gleichzeitig Spaghetti in sprudelndem Salzwasser al dente kochen, Sauce abschmecken, Muscheln, Petersilie und Pfeffer dazugeben. Spaghetti in eine Servierschüssel geben, mit den Muscheln vermischen. Sofort servieren.

Spaghetti al burro

Ein weiteres traditionelles, ganz einfaches Spaghetti-Rezept.

Zutaten für 6 Personen:
600 g Spaghetti
   Salz
 3 EL Olivenöl
 3 EL Butter
120 g geriebener frischer Parmesan

Spaghetti in sprudelndem Salzwasser al dente kochen. Abtropfen lassen; Spaghetti in eine Servierschüssel geben; mit dem Olivenöl, der Butter und dem geriebenen Käse vermischen. Sofort servieren.

Spaghetti mit Trüffeln

Ganz ausgefallen sind ihre Trüffel-Spaghetti

Zutaten für 1 Person:
100 g Gänseleberpastete, gewürfelt
  1 Fleischtomate, enthäutet, entkernt und gewürfelt
100 ml Fleischbrühe
   einen Schuß Madeira
   Salz, Pfeffer und Muskat
125 g Spaghetti
 50 g Butter
 25 g weiße Trüffel, gehackt
   frisch geriebener Parmesan

Gänseleberpastete mit Tomate, Fleischbrühe und einem kräftigen Schuß Madeira vermengen. Mit Salz, Pfeffer und Muskat würzen. Im Wasserbad etwa 20 Minuten erhitzen. Spaghetti al dente kochen. In eine vorgewärmte Schüssel füllen und die Butter unterheben. Gänselebersauce mit den Trüffeln verfeinern und über die Spaghetti geben. Mit Parmesan bestreuen und sofort servieren.

Hochzeitstag
Billie Rubin

»Ich muß dir etwas sagen.«
Obwohl er es beinahe wie nebenbei gesagt hatte und seine Stimme sehr ruhig geblieben war, verharrte Evas Löffel nur einige Millimeter über der Suppe und schwebte dort regungslos.

»Und was?« fragte sie, um einen ruhigen Ton bemüht. Sie tauchte den Löffel in die Suppe ein, führte ihn gut gefüllt zum Mund und stellte befriedigt fest, daß ihre Hand nicht zitterte. Sorgfältig zerkaute sie die Gemüsestückchen der Minestrone, doch obwohl Giovannis Gemüsesuppe zu ihren ausgesprochenen Favoriten gehörte, konnte Eva sich jetzt plötzlich nicht mehr an dem erlesenen Geschmack erfreuen.

»Was mußt du mir mitteilen?« wiederholte sie ihre Frage, nachdem sie immer noch keine Antwort bekommen hatte. Sie warf ihrem Mann Georg nur einen kurzen Blick zu und sah mit Genugtuung, daß seine Hand sehr wohl zitterte. Eva nahm ihr Rotweinglas und prostete ihm demonstrativ zu »Auf unseren Hochzeitstag, Liebling.« Georg nahm ebenfalls sein Glas in die Hand, hob es kurz hoch, stellte das Glas jedoch unberührt wieder auf den Tisch. »Was ist? Ist dir der Appetit vergangen?« fragte sie, und nur ein sehr aufmerksamer Zuhörer hätte den ironischen Unterton heraushören können. Doch außer Paolo, dem Kellner, kam ihnen keiner so nahe, und Kellner hören bekanntlich nichts außer den Wünschen ihrer Gäste.

Sie schwiegen einige Minuten, die Eva dazu nutzte, ihren Teller auszulöffeln, während ihr Mann seine Suppe beinahe unberührt zurückgehen ließ und den Kellner nur schwer davon überzeugen konnte, daß es nicht an der Qualität lag.

»Du wolltest mir etwas mitteilen«, erinnerte sie ihn mit leiser, aber eisiger Stimme. Georg starrte ihr für ein paar Sekunden in die kalten Augen und sagte schließlich: »Ich habe ein Verhältnis.«

Eva starrte zurück und sagte nichts. Paolo schenkte Wein nach, sie sagten automatisch grazie und schauten sich haßerfüllt an. Schließlich fragte sie: »Wie lange?«

»Gut zehn Monate.«

»Wer ist es?«

»Das tut nichts zur Sache.«

»Ist sie jünger?«

»Etwas, aber das ist nicht ausschlaggebend.«

»Was dann? Ist sie besser im Bett?« Sie merkte, daß ihre Stimme einen leicht schrillen Beiklang bekommen hatte, und trank einen Schluck Wein.

Georg sparte sich die Antwort. Schließlich hatte er es so kommen sehen.

»Wieso ausgerechnet am Hochzeitstag?« wollte Eva schließlich wissen.

»Weshalb nicht?« fragte er zurück. »Es ist doch mittlerweile ein Tag wie jeder andere in unserer Ehe. Und welcher Tag wäre besser geeignet, eine Ehe zu beenden, als der, an dem sie vor vielen Jahren begonnen hat?«

Erstaunt sah er, daß sie lächelte. Damit hatte er nicht gerechnet. Eher mit einer Szene. Obwohl er sich sicher sein konnte, daß ihr der gute Ruf wichtiger war als das Bedürfnis, ihm eine Szene zu machen. Die würde schon noch kommen, zu Hause.

»Wie recht du hast«, sagte sie in liebenswürdigem Ton. Sie signalisierte Paolo, das Hauptgericht zu servieren.

»Falls du dich wunderst, daß ich so ruhig bleibe, muß ich dir sagen, daß ich schon seit langem von deinem Verhältnis weiß. Zugegeben, ich weiß zwar nicht, wer sie ist, aber daß es da jemanden gibt, konntest du nicht sehr lange vor mir geheimhalten.« Wieder nippte sie an ihrem Weinglas. »Du erzählst mir also nichts Neues. – Nein, laß mich ausreden ...« Mit einer unwirschen Handbewegung stoppte sie seinen Versuch, etwas zu sagen.

»Ist es nicht eigenartig, daß ich zu dem gleichen Ergebnis gekommen bin wie du? Welcher Tag eignet sich besser, eine Sache zu Ende zu bringen, als der, an dem sie begonnen hat? Ich habe lange gebraucht, um eine Lösung für unser kleines – Problem zu finden, doch ich denke, daß meine Lösung perfekt ist. Möchtest du sie hören?«

Georg blieb nichts übrig, als zustimmend zu nicken. Der Hauptgang wurde serviert: Fisch für Eva, Fleisch für Georg. Sie begann mit sichtlichem Genuß zu essen. Auch er nahm Messer und Gabel und schnitt ein Stück Fleisch ab.

»Ich werde dich umbringen«, sagte sie ruhig und führte die volle Gabel zum rotgeschminkten Mund. Als sie bemerkte, daß ihm der Bissen beinahe im Hals stecken blieb, fragte sie ironisch-liebevoll: »Schmeckt es dir nicht?«

Georg schluckte mühsam, nahm einen großen Schluck Wasser, hustete und sagte schließlich mit heiserer Stimme: »Was redest du da für einen Unsinn?«

»Wieso Unsinn? Ich meine das vollkommen ernst«, erwiderte Eva und pickte ein paar Bohnen auf. Plötzlich lachte sie leise. »Ich hätte auch sagen können, es ist mein tödlicher Ernst.« Ihre Miene änderte sich schlagartig, und sie fixierte ihn mit kalten, haßerfüllten Augen.

»Glaube nur nicht, daß du dich so einfach aus der Affäre ziehen kannst, im wahrsten Sinne des Wortes. Ich habe dir nicht nur meine besten Jahre geopfert, ich habe jede Menge Geld in dich investiert. Ohne mich wärst du heute immer noch die unbedeutende Null, die du warst, als ich dich geheiratet habe. – Ach, was rede ich, es ist vergebene Liebesmüh. Tausendmal haben wir diese Diskussion geführt, und immer war sie im Grunde vollkommen nutzlos. – Paolo, würden Sie wohl mein Glas auffüllen?«

Sie warteten, bis Paolo nachgeschenkt und sich wieder entfernt hatte. Eva nippte am Wein und sagte genießerisch: »Ausgezeichneter Wein! Du solltest ihn nicht verkommen lassen, er kostet ein Vermögen.«

Georg nahm gehorsam sein Glas in die Hand, roch daran und nahm schließlich einen Schluck. Er sah, daß seine Frau ihn genau beobachtete, und versuchte, ruhig zu bleiben.

»Du glaubst mir nicht, nicht wahr?« fragte sie, kalt lächelnd.

»Wie willst du das anstellen?« kam seine Gegenfrage.

»Oh, das laß mal meine Sorge sein. Ich verrate dir soviel: Es wird noch während des Essens passieren. Es kann alles sein, was du zu dir nimmst: der Wein, das Fleisch, das Gemüse, der Nachtisch? Wer weiß? Vielleicht weiß ich es ja selbst nicht? Überraschung!«

Georg fühlte, wie ihm der Schweiß ausbrach. Sie konnte das nicht ernst meinen! Doch in ihren Augen sah er: Es war ihre tödliche Absicht!

»Das ist lächerlich«, antwortete er, mehr um sich selbst zu beruhigen.

»Dies ist unser Stammlokal, alle hier kennen uns. Wer sollte mir hier etwas antun wollen?«

Eva stieß ein kurzes, heiseres Lachen aus. »Mein Lieber, wie naiv du doch

manchmal bist!« Sie rieb demonstrativ Daumen und Zeigefinger aneinander. »Jeder hat seinen Preis, wußtest du das nicht?«

Georg starrte seine Frau an, als hätte er sie noch nie im Leben gesehen. Schließlich stieß er hervor: »Ich wußte ja, daß du in geschäftlichen Dingen rücksichtslos bist und über Leichen gehst, wie man so passend sagt. Aber ich hätte nie gedacht, daß du tatsächlich jemanden umbringen würdest. Noch dazu vor aller Augen.«

»Du hast mich unterschätzt, das war dein größter Fehler.«

Wieder starrten sie sich haßerfüllt an.

»Du bluffst«, sagte er schließlich.

»Bist du sicher?« fragte sie. Er schwieg.

»Iß jetzt«, befahl sie ihm. »Oder willst du, daß Giovanni glaubt, dir schmeckt sein Essen nicht mehr?«

»Oh, schmecken würde es mir vielleicht, aber es bringt mich womöglich um«, sagte er ironisch, aber beide hörten einen Hauch von Zweifel, sie mit Genugtuung, er mit Verärgerung.

»Was ist es?« wollte er schließlich wissen.

»Ach Liebling, es wäre doch langweilig, wenn ich dir das verraten würde, oder? Dann wäre ja die ganze schöne Überraschung dahin.«

Georg war sich nicht sicher, ob Eva nicht doch nur bluffte, aber er konnte sich nicht vorstellen, welchen Plan sie verfolgte: Sollte er tödlich vergiftet vom Stuhl fallen? Würde sie plötzlich eine Waffe ziehen und ihm ein Loch in den Kopf schießen? Sie hatte von dem Essen gesprochen. Also doch Gift?

Angewidert schob er den Teller von sich. Über ihrem Disput war das Essen sowieso kalt geworden. Sofort kam Paolo herbeigeeilt und fragte, ob etwas nicht in Ordnung sei.

»Mein Mann fühlt sich heute etwas unwohl«, sagte Eva beruhigend. »Keine Sorge, das Essen ist wie immer ausgezeichnet.«

Paolo bot Georg einen Magenbitter auf Kosten des Hauses an, den Eva dankend annahm.

»Bringen Sie gleich zwei, grazie.«

Der Magenbitter kam, und sie prostete ihm wieder zu.

»Auf das Ende unserer Ehe, Liebling.«

Georg trank den Magenbitter in einem Zug aus und erwartete beinahe, tot vom Stuhl zu fallen. Doch nichts geschah. Er bemerkte, daß Eva ihn spöttisch beobachtete.

»Angst?« fragte sie.

Obwohl sich auf seiner Oberlippe Schweißperlen gebildet hatten, schüttelte er den Kopf.

»Nein, wovor denn?«

Sie lachte ihr heiseres Lachen. »Laß dich überraschen!«

Plötzlich ging das Licht aus, und Georg entfuhr ein leiser Schrei. Aus der Küche kam Giovanni, auf beiden Händen eine dreistöckige Torte balancierend, geschmückt mit Wunderkerzen, die dem Restaurant für kurze Zeit eine gespenstische Atmosphäre verliehen. Während Georg ungläubig auf die Torte starrte, begannen die anderen Gäste, rhythmisch zu klatschen. Giovanni stellte das Ungetüm auf ihren Tisch und wünschte ihnen alles Gute zu ihrem 16. Hochzeitstag. Das Licht ging an, Eva bedankte sich mit Küßchen bei Giovanni. Paolo kam mit einem großen Messer, das er Georg reichte. Er nahm es entgegen und schnitt unter Pfeifen und Johlen des gesamten Restaurants die Torte an.

»Sie sind natürlich alle eingeladen«, rief Eva mit einem strahlenden Lächeln und ließ sich als große Gönnerin feiern, die an ihrem Hochzeitstag nicht nur an sich und ihren Mann dachte. Paolo brachte Cappuccino, und Georg begann allmählich, sich zu entspannen. Nein, es war ein Scherz gewesen, den Eva sich da mit ihm erlaubt hatte. Allerdings ein äußerst übler.

Er trank vom Cappuccino und aß vom Kuchen, und noch bevor er etwas sagen konnte, spürte er, wie sich seine Kehle zuschnürte, wie seine Schleimhäute im gesamten Mund- und Rachenbereich anschwollen, wie alles vor seinen Augen verschwamm und er keine Luft mehr bekam. Das letzte, das er noch mitbekam, war, wie Eva halb hysterisch »Mein Mann! Ein Arzt! Um Himmels willen, wir brauchen einen Arzt!« rief, dann verlor er das Bewußtsein.

Eva fühlte sich müde und ausgelaugt, als sie den Schlüssel in das Schloß ihrer Wohnungstüre steckte und aufsperrte. Noch in der offenen Türe streifte sie die Pumps von den Füßen und seufzte zufrieden auf, als sie auf Strümpfen die Wohnung betrat. Sie ließ ihren Mantel fallen und machte sich nicht die Mühe, ihn aufzuheben und an die Garderobe zu hängen. Sie knipste alle Lichter an, zog ihre schweren Klipse von den Ohren, ergriff das schnurlose Telefon, tippte eine Nummer und lauschte dem Läuten am anderen Ende der Leitung. Es dauerte eine Weile, bis jemand abnahm.

»Karin? – Tut mir leid, daß es so spät geworden ist. – Ja, alles vorbei. – Nein, ich habe es schwarz auf weiß. – Nein, ganz nach Plan, war überhaupt kein Problem. – Schlechter, als ich dachte. Man macht das ja nicht täglich mit.« Sie ließ ihr heiseres Lachen hören. »Würdest du das tun? Ich wäre dir wirklich dankbar. Ich möchte jetzt nicht alleine sein. – Danke, du bist wirklich eine Freundin. – Ja, bis gleich.«

Sie goß sich einen Drink ein. Mit dem Glas in der Hand wanderte sie durch die hell erleuchtete Wohnung. Als sie an dem Spiegel im Schlafzimmer vorbeikam, prostete sie sich zu.

»Auf dein Wohl, lustige Witwe«, sagte sie und lachte. Dann schüttelte sie gespielt-empört den Kopf. »Eva, du mußt weinen, dein Mann ist vor knapp einer Stunde gestorben.« Sie zog die Mundwinkel nach unten, doch es wurde nur eine Grimasse daraus. Kichernd trank sie das Glas leer und ging zurück ins Wohnzimmer, um sich nachzuschenken. Allmählich löste sich die Anspannung des Abends. Obwohl sie alles hundertmal durchgegangen war, konnte sie nicht ganz sicher sein, daß es wirklich klappen würde.

Knapp eine Viertelstunde später klingelte es. Eva lief zur Wohnungstüre, drückte auf den Türöffner und ließ kurze Zeit später ihre Freundin Karin herein.

»Schön, daß du da bist«, sagte sie zur Begrüßung und stellte überrascht fest, daß sie leicht lallte. Hatte sie bereits so viel getrunken?

»Wie geht's dir?« fragte Karin besorgt, der Evas Zustand wohl auch nicht entgangen war.

»Vielleicht sollte ich mich setzen«, sagte Eva und ging ins Wohnzimmer zurück, wo sie in einen großen Sessel fiel. Karin folgte ihr und nahm auf dem riesigen Sofa Platz.

»Nimm dir doch auch einen«, bot Eva an und hielt ihr Glas hoch.

Karin schüttelte den Kopf. »Nein danke, mir ist jetzt nicht danach.«

»Mir schon.« Eva schüttelte sich. »Ich muß den Krankenhausgeruch loswerden.«

»Nun erzähl schon«, drängte Karin.

»Da gibt's nicht viel zu erzählen«, sagte Eva gleichgültig. »Es lief alles nach Plan.« Sie lachte plötzlich in Erinnerung an den vorangegangenen Abend. »Du hättest ihn sehen sollen. So klein war er, mit Hut«, sagte sie und hielt Daumen und Zeigefinger etwa einen Zentimeter auseinander. »Geschwitzt hat er, wie ein Schwein. Hat sich vor Angst fast die Hosen vollgemacht.« Wieder lachte sie.

»Willst du nicht doch was trinken?«

Doch Karin verneinte.

»Machst du mir noch einen?«

»Meinst du nicht, du hast genug?«

»Einen kleinen! Ist doch Medizin«, bettelte Eva. Karin verdrehte die Augen, stand aber auf und füllte Evas Glas erneut. »Das ist aber der letzte, dann gehst du ins Bett.«

»Ja, Mama«, kicherte Eva und rutschte tiefer in den Sessel hinein. Sie

fühlte sich plötzlich so schlapp, und ihr Körper schmerzte, als sei sie kilometerweit gelaufen.

»Kannst du dir das vorstellen? Es hat tatsächlich geklappt! Wie wir's geplant hatten.«

»Wir?«

»Ja, wir. Du und ich.«

»Da irrst du dich, meine Liebe«, sagte Karin, und ihre Stimme klang plötzlich seltsam fremd.

Eva konnte nur noch mühsam die Augen offenhalten. Weshalb war sie nur auf einmal so müde?

»Was?«

»Ich sagte, da irrst du dich, und zwar gewaltig«, wiederholte Karin. »Du hast das alles geplant, nicht wir. Ich habe mit der ganzen Sache nichts zu tun.«

»Aber du hast doch die Pläne mitgeschmiedet.« Eva setzte sich auf, Wut und Ärger über die Freundin überschwemmten ihren Körper mit Adrenalin und weckten ihre Lebensgeister.

»Irrtum, meine Liebe«, widersprach Karin von neuem. »Du hast geplant, ich habe zugehört.«

»Aber du hast mich nicht davon abgehalten, es zu tun.«

»Hättest du dich aufhalten lassen?«

»Nein, natürlich nicht.«

»Na bitte.«

Sie schwiegen. Eva fühlte sich unwohl, sowohl körperlich als auch wegen der Situation.

»Bist du böse auf mich?« fragte sie zaghaft. Wie kam es nur, daß sie, die selbstsichere, schöne, reiche Eva, sich wie eine kleines Mädchen gegenüber der weder besonders hübschen noch begüterten Karin fühlte?

»Nein.« Karin schüttelte den Kopf und lächelte zum ersten Mal an diesem Abend. »Nein, ich bin nicht böse. Im Gegenteil, ich freue mich.«

»Laß uns feiern«, sagte Eva und wollte aufstehen, um aus der Küche eine Flasche Champagner zu holen. Doch ihre Knie knickten ein, und sie plumpste zurück in den Sessel.

»Hoppla«, kicherte sie. »War wohl doch ein bißchen viel.«

Erstaunt schaute sie Karin an, die vor ihr stand und ihr ein volles Glas entgegenhielt.

»Hier, Nachschub«, sagte sie.

Eva nahm das volle Glas und wollte Karin das leere reichen, doch ihre Koordination funktionierte nicht mehr so gut, und das Glas fiel zu Boden.

»Oh, oh«, sagte sie leise und machte Anstalten, das Glas aufzuheben.

Doch Karins Stimme hielt sie davon ab.

»Laß es liegen!« befahl sie in scharfem Ton.

Eva fuhr hoch. »Hm?«

»Laß das Glas liegen und trink das andere aus«, wiederholte Karin in schneidendem Befehlston.

»Was ist denn mit dir ...« Die Worte blieben ihr im Hals stecken. Karin kam auf sie zu, faßte sie unter den Achseln, zog sie vom Sessel hinüber auf das Sofa und legte sie der Länge nach hin.

»Was soll das?« hörte Eva sich undeutlich nuscheln.

Karins Gesicht tauchte vor dem ihren auf.

»Du wirst sterben«, sagte sie ruhig. Sie sah Evas panikerfüllten Blick. »Keine Bange«, beruhigte sie sie. »Es wird nicht weh tun. Du wirst nichts davon mitbekommen. Du schläfst einfach ein und wachst nie mehr auf. Wieviele Menschen würden sich so einen Tod wünschen? Und du bekommst ihn frei Haus.« Sie schaute Eva haßerfüllt an. »Du hast dich immer für sehr schlau gehalten, was? Hast gedacht, du kannst allen deinen Willen aufzwingen, allen voran Georg.«

Sie stand auf und ging im Zimmer auf und ab. Eva konnte ihr nur mit großer Mühe mit den Augen folgen.

»Aber so schlau kannst du nicht gewesen sein«, fuhr Karin erregt fort, »denn sonst hättest du gewußt, daß ich Georgs Verhältnis bin, seit mehr als einem Jahr. Ja, da staunst du, was? Wir haben es monatelang geschafft, unser Verhältnis vor dir zu verheimlichen. Georg wußte sofort, daß du es herausbekommen hattest; du bist eine miserable Schauspielerin. Also haben wir Pläne geschmiedet. Er hatte dich schon lange satt, aber natürlich wollte er nicht auf das Geld verzichten. Wir sind zwar verliebt, aber nicht blöd.«

Karin lachte bitter und setzte sich in den Sessel, in Evas Blickfeld.

»Bist du müde? Keine Bange, du darfst bald schlafen, länger als dir lieb sein wird!«

Wieder lachte sie, und Eva lief ein kalter Schauer den Rücken hinunter. Wie hatte sie nur in diese Situation geraten können? War sie nicht immer diejenige, die alles spielend in den Griff bekam?

»Warum?« wollte sie fragen, doch sie war sich nicht sicher, ob sie überhaupt etwas gesagt hatte. Sie hatte jedenfalls nichts gehört.

»Warum? Ausgerechnet du fragst, warum?« Karin starrte sie ungläubig an. »Du wolltest doch deinen Mann umbringen, schon vergessen? Du hast einige Drinks zu dir genommen, um seinen Tod zu feiern! Und genau damit haben wir gerechnet. Erinnerst du dich, wie wir uns in diesem Fitneß-Studio kennenlernten?Am Anfang dachte ich, du wolltest mich aus-

spionieren, doch ich merkte sehr schnell, daß du keine Ahnung hattest, mit wem du dich da anzufreunden versuchtest. Es war die Chance für Georg und mich, diese Situation zu unseren Gunsten auszunutzen. Ich spielte also eine soeben schnöde verlassene Frau und entlockte dir damit allerlei Geständnisse. Obwohl ich dir tatsächlich nie beim Schmieden deiner Mordpläne half, habe ich dich doch immer wieder in deinem Haß auf Männer im allgemeinen und auf Georg im besonderen bestärkt. Du hattest die Idee, Georgs tödliche Allergie auf Nüsse zu nutzen, und hätte ich nicht einen guten Freund, der auf Allergien spezialisiert ist, wäre dein Plan vermutlich sogar aufgegangen. Ich bin übrigens Ärztin, nicht Krankenschwester, wie du dachtest.«

Eva schloß die Augen. Sie wollte das alles nicht mehr hören. Sie war so müde und wollte nur noch schlafen. »Du darfst bald schlafen, länger als dir lieb ist!« hallte es in ihrem Kopf nach. Entsetzt riß sie die Augen auf, und zum ersten Mal wurde ihr ihre Lage wirklich bewußt. Karin, ihre vermeintliche Freundin, wollte sie umbringen!

»... nicht tot«, hörte sie Karin plötzlich sagen.

»Was?« fragte sie mit letzter Anstrengung.

Karin lachte. »Du hast schon richtig gehört: Georg ist nicht tot. Er liegt zwar mit einem schweren anaphylaktischen Schock im Krankenhaus, aber er wird überleben. Und welches Alibi könnte besser sein, als schwerkrank im Krankenhaus zu liegen?«

Sie sah den fragenden Blick der Sterbenden.

»Du willst sicher wissen, wie wir uns das gedacht haben. Es war relativ einfach für mich, an die notwendigen Medikamente für Georg zu gelangen. Und an die für dich. Denn es ist ja nur natürlich, daß du nach solch einem Schock deine Freundin anrufst, die Ärztin ist und dir ein Beruhigungsmittel geben kann. Kann ich ahnen, daß du anschließend noch Tabletten nehmen wirst und auch noch jede Menge Alkohol trinkst? Ironie des Schicksals: Witwe nimmt sich das Leben aus Gram über den plötzlichen Tod ihres ach so geliebten Mannes ausgerechnet am Hochzeitstag!«

Karins Stimme triefte vor Spott.

»Du möchtest sicher noch wissen, weshalb dir im Krankenhaus sogar ein Totenschein ausgehändigt wurde. Sehr einfach. Ich kannte die Symptome, die Georg haben würde, ich konnte also in aller Seelenruhe ein Krankenblatt für ihn vorbereiten. Ich mußte nur noch eine relativ frische Leiche organisieren – heutzutage kein Problem – und die aktuellen Daten von Georgs Untersuchung in das fertige Krankenblatt einfügen. Die Betten austauschen, Georg auf die Intensivstation bringen lassen, den unbekannten Toten mit bekanntem Befund als Georg ausgeben – ein Kinder-

spiel. Dann kommt die verzweifelte Ehefrau, und man sagt ihr ein paar tröstende Worte, man habe alles versucht, aber leider, leider ... Es gab zwei Risiken: Zum einen konnten wir nicht hundertprozentig sicher sein, daß die Medikamente meines Freundes das Schlimmste verhindern würden, aber Georg war bereit, dieses Wagnis auf sich zu nehmen. Das zweite Risiko war, daß wir nicht wußten, ob du seine Leiche noch einmal sehen wolltest. Dann wäre der ganze Schwindel natürlich aufgeflogen. Aber wir waren uns einig, daß du nichts Besseres zu tun haben würdest, als nach Hause zu fahren, um deinen Triumph, deinen vermeintlichen Sieg zu feiern. Zum Glück bist du dem Whisky immer treu geblieben, so daß wir einfach nur genügend Schlaftabletten darin auflösen mußten, den Rest hast du ganz allein gemacht.«

Eva sah verschwommen, daß Karin eine Spritze in der Hand hielt. Obwohl sie sich sehr schwach fühlte, versuchte sie, sich zu wehren.

»Halt still, sonst tut's nur weh«, fauchte Karin. »Die ist nur zu deiner Beruhigung.«

Eva spürte keinen Einstich, doch plötzlich strömte eine unangenehme Wärme von ihrem linken Arm aus in den gesamten Körper. Das letzte, was sie hörte, war das Klacken der Wohnungstüre. Dann war sie eingeschlafen.

Drei Tage später war in der Tageszeitung unter der Rubrik »Vermischtes« zu lesen:

Eva Brandes (45), schwerreiche Immobilienmaklerin, hat sich dem Vernehmen nach das Leben genommen. Die Polizei sagte auf der kurzen Pressekonferenz, es läge ein Abschiedsbrief vor, und es gebe keinen Zweifel, daß es sich um Selbsttötung handle. Georg Brandes, der Witwer und Erbe des gesamten Vermögens, das sich schätzungsweise auf mehrere Millionen Mark beläuft, lag zum Zeitpunkt des Todes seiner Frau mit einem schweren Allergieschock im Krankenhaus und erlitt einen Nervenzusammenbruch, als er die Nachricht von der Polizei entgegennehmen mußte. Frau Dr. Fischbach, Freundin und Ärztin der Verstorbenen, sagte aus, sie habe Frau Brandes aufgrund des Schocks, den die Nachricht des vermeintlichen Todes ihres Mannes ausgelöst hatte, eine Beruhigungsspritze gegeben. Sie wird zitiert mit den Worten: »Ich bin bei ihr geblieben, bis sie eingeschlafen war. Es war nicht vorauszusehen, daß sie so etwas tun würde.« Vom Krankenhaus war keine Information zu erhalten, wie es zu dem bedauerlichen Irrtum kommen konnte, Frau Brandes den Tod ihres Mannes mitzuteilen. Das Ehepaar Brandes hatte am Abend vorher in seinem Stammlokal Da Giovanni mit den übrigen Gästen seinen 16. Hochzeitstag gefeiert.

Farfalle mit Lachssahnesauce

Zutaten für 4 Personen:

⅛ l	trockener Weißwein
½ TL	Salz
	Pfefferkörner
½	Bund Estragon
400 g	frisches Lachsfilet
½ l	Sahne
150 g	Möhren
400 g	Farfalle (Schmetterlingsnudeln)
4 l	Wasser
2 TL	Salz
1 EL	Öl
1 EL	kalte Butter
	frisch gemahlener weißer Pfeffer

Wein mit Salz, Pfefferkörnern und der Hälfte der Estragonzweige in einer Pfanne zum Kochen bringen. Lachs darin gut 5 Minuten ziehen lassen; dabei einmal wenden. Fisch herausnehmen, etwas abkühlen lassen und in kleine Stücke teilen.

Fond durch ein Sieb gießen und um die Hälfte einkochen lassen. Sahne hinzufügen. Bei starker Hitze um die Hälfte reduzieren. Möhren putzen und raspeln oder in sehr feine Stifte schneiden. Farfalle in Salzwasser mit einem Schuß Öl al dente kochen. Restlichen Estragon waschen, kleinhacken und in die Sahnesauce geben. Mit Salz und Pfeffer abschmecken. Butter zugeben. Lachsstücke und Möhren in der Sauce erhitzen. Mit frisch gemahlenem Pfeffer würzen.

Das richtige Timing
Kris Neri

Geld war das einzige, woran Randy Baker denken konnte, und das war sein Verderben.

Seine Schuld war das nicht. Schon als er klein war, hatte seine Mutter ständig zu ihm gesagt: »Du wirst bettelarm bleiben, genau wie dein Vater. Was seid ihr doch für Nieten.« Seitdem hatte sich der Gedanke, daß nur mit Moneten das Spiel des Lebens zu gewinnen war, in Randys Kopf festgefressen. Wollte man im Leben anerkannt werden, brauchte man Knete. Aber wer hätte je gedacht, daß es so schwer wäre, einen Haufen davon zusammenzukriegen?

Keiner von Randys Plänen funktionierte so, wie er es sich ausgemalt hatte. Wenn überhaupt, ging der Schuß nach hinten los und warf ihn noch weiter zurück. Die Idee mit dem Laden für Ersatzteile aus gestohlenen Autos lief nicht. Warum mußte er auch ausgerechnet den Wagen eines Polizisten klauen? Und die Aktion, am Strand die Landeier zu beklauen, war auch nicht besser. Er brauchte so dringend Bargeld, daß er die Nummer vermasselte. Dutzende von Leuten wurden mißtrauisch und zeigten ihn an. Der Warteraum der Polizeiwache war so überfüllt wie der beim Arbeitsamt!

Manchmal dachte Randy, daß er einfach nur das falsche Timing hatte. Noch schlimmer war, daß die Polizei ihn immer aufmerksamer beobachtete, je öfter er aus dem Knast kam. Versuch mal, eine Sache in Gang zu

kriegen, wenn die Bullen dir dauernd über die Schulter gucken. Schließlich hatte Randy die zündende Idee. Eigentlich hatte sein Bewährungshelfer Mr. Norton ihn auf den Gedanken gebracht, als er vorgeschlagen hatte, sich als Betreuer einer älteren Frau zu bewerben. Randy wollte ihn auslachen. Das war doch ein Job für totale Nieten, noch schlimmer als in einem Imbißschuppen am Grill zu stehen, was Norton erst vorgeschlagen hatte. Randy mußte natürlich auf seinen Bewährungshelfer hören, sonst würde der denken, daß er schon wieder ein krummes Ding drehen wollte. Und wie froh war er jetzt, daß er auf ihn gehört hatte. Es war ideal – die Chance, auf die er immer gewartet hatte.

Molly Brunell hieß die Dame, die einen Teilzeit-Betreuer brauchte. Mann, die war vielleicht eine goldene Gans. Sie hatte es wirklich hingekriegt, ganz oben auf dem Siegertreppchen zu stehen und zu ihrer Zeit schön abzusahnen. Nun hatte Herzschwäche ihre Pumpe so angekratzt, daß sie kaum noch laufen konnte. Randy nahm an, sie würde es nicht mehr lange machen. Das Beste war, daß sie keine Familie hatte. Ihre Finanzen regelte sie noch selbst. Keine neugierigen Anwälte und Treuhänder, die im Weg sein würden. Perfekt.

Am schwersten würde es ihm fallen, sich Zeit zu lassen, um Mollys Vertrauen zu erwerben. Doch er war immer dann aufgeflogen, wenn er eine Sache zu schnell durchziehen wollte. Randy wußte, daß dies vielleicht seine letzte Chance war, und zwang sich dazu, sein Bestes zu geben. Er lernte, Mollys Wünsche zu erfüllen, bevor sie sie überhaupt äußerte. Und nach und nach zahlte sich das aus. Es dauerte nicht lange, und Molly und Randy waren eher Freunde als Chefin und Untergebener.

Randy widerstand dem Verlangen, schnell zum Schluß zu kommen. Raffinesse und Timing brachten den Erfolg beim Betrügen, das wußte er jetzt. Als er bemerkte, daß Molly ihn immer weniger gern in den Feierabend entließ, zwang er sich, zu warten, bis sie den ersten Schritt tat.

»Randy, es ist doch albern, daß du Geld für eine Wohnung ausgibst, wo ich hier so viel Platz habe«, sagte sie. »Ich würde mich freuen, wenn du bei mir einziehen würdest.«

Beinah am Ziel, dachte Randy. Aber er ging es gelassen an. Er ließ sich von ihr geradezu überreden, seine schäbige Bude aufzugeben.

Bald war er aus Mollys Leben nicht mehr wegzudenken. Sie bat ihn, Rezepte aus Zeitschriften auszuprobieren, und gemeinsam diskutierten sie, wie sie verbessert werden konnten. Abends sahen sie zusammen fern, und nachmittags öffneten sie gemeinsam die Post. Molly schien immer nur Schecks für Dividenden zu bekommen, während Randy nichts anderes erhielt als Preisausschreiben und Reklame. Diese Preisausschreiben hätten

ihn beinahe zu Fall gebracht. Randy fürchtete, sich verraten zu haben, als er ihr von seinem Traum erzählte: einmal einen dieser riesigen Pappschecks zu gewinnen, wie sie es immer im Fernsehen zeigten. Er war besorgt, Molly könnte denken, daß er zu sehr am Geld interessiert wäre – und ganz und gar nicht daran, wie es in seinen Besitz gelangte. Aber Molly schüttelte nur lachend den Kopf, als Randy sein Los abschickte, und beharrte darauf, daß nur harte Arbeit Reichtümer einbrachte. Klar, und man sehe sich nur an, was harte Arbeit Molly eingebracht hatte – ein schwaches Herz.

Schließlich war es offensichtlich, daß er Molly fest an der Angel hatte. »Randy, du bist für mich wie ein Sohn geworden«, sagte Molly. »Wenn ich mal sterbe, hinterlasse ich alles dir.«

Ja! Alles, wovon Randy sein Leben lang geträumt hatte, war fast in Reichweite. Fast. Das Problem war nur, daß sie nicht sterben wollte. Molly lebte länger, als er für möglich gehalten hatte. Bei seiner Pflege schien sie sich sogar zu erholen. Was, wenn sie wieder gesund würde? Fühlte sie sich ihm dann noch verpflichtet?

Darauf konnte Randy es nicht ankommen lassen. Ihm fiel auf, daß Molly seit seinem Einzug kaum noch Kontakt zu ihren wenigen Freunden hatte. Außer ihm sah sie niemanden mehr. Wenn er sie um die Ecke brächte und die Leiche verschwinden ließe, könnte er seelenruhig ihr Geld ausgeben. Er übte, bis er Mollys Unterschrift hinbekam, und erneuerte ihr Digoxin-Rezept, damit er genug Herztabletten zur Hand hatte. Dunkel erinnerte er sich daran, daß Mollys Arzt ihm einmal die Substanzen aufgezählt hatte, die die Wirkung verstärken oder abschwächen konnten, aber er hatte nicht aufgepaßt. Er dachte kurz daran, die tödliche Dosis in der Bibliothek nachzuschlagen. Aber nur Eierköpfe und Nieten machten sowas, nicht so coole Typen wie er.

An dem Abend, an dem Randy seinen Plan schließlich in die Tat umsetzte, kochte er Mollys Lieblingsessen: Vier-Käse-Pesto-Lasagne mit mordsviel Käse. Sie hatten sich das Rezept zusammen ausgedacht. Für dieses Gericht mußte Molly immer ihren Preis bezahlen. Da sie soviel lag, war ihre Verdauung schlecht, und nach einem so reichhaltigen Mahl erst recht. Sie brauchte dann immer Magentabletten, aber fand, daß es das wert war. Randy wählte das Gericht aus einem ganz anderen Grund – bei dem intensiven Pesto-Geschmack würde Molly nie die Tabletten bemerken, die er hineinmischte.

Molly verschlang die erste und sogar noch eine zweite Portion mit Genuß. Sie wurde auch nicht mißtrauisch, als Randy sagte, daß er nichts davon essen würde, weil er sich nicht wohl fühlte.

»Dann bleibt mehr für mich«, meinte sie fröhlich und machte sich an die dritte Portion.

Randy fühlte sich wirklich nicht besonders. Über die Monate hatte er Molly lieb gewonnen – aber verdammt noch mal, sie hatte schließlich ihre Chance gehabt, jetzt war er an der Reihe. Wie immer kümmerte er sich rührend um sie und gab ihr alle Tabletten, die sie nach der wunderbaren Lasagne brauchte. Später saß er an ihrem Bett und beobachtete, wie ihr Atem immer flacher wurde. Am Morgen konnte er nicht mehr erkennen, ob sich ihre Brust noch hob und senkte. Nachdem es vorbei war, hatte Randy ganz vergessen, daß es ihm um Molly leid getan hatte. Er konnte nur noch an seine Zukunft denken.

Mollys Moneten gehörten endlich ihm. Randy verlor keine Minute. Er schnappte sich ihr Scheckheft und stellte schon einen Scheck aus, während er noch von Mollys Schlafzimmer zur Haustür ging. Er glaubte, draußen eine Autotür gehört zu haben, aber sie bekamen nie Besuch. Nichts konnte ihn aufhalten. Der Scheck war hoch genug für einen neuen Anzug und einen Sportwagen. Jetzt gehörte er zu den Siegern – und es wurde Zeit, daß er auch danach aussah.

Ein Ausruf hinter ihm riß ihn in die Wirklichkeit zurück. »Hilf mir, Randy, mir ist ganz schwindelig.«

Molly? Nicht nur lebendig, sondern auch auf den Beinen?

Plötzlich fiel ihm wieder ein, was der Arzt gesagt hatte. Magentabletten schwächten die Wirkung von Digoxin. Weil er so ein reichhaltiges Essen gekocht hatte, brauchte Molly das einzige, was die Wirkung des Medikaments verhinderte!

»Randy, was machst du da mit meinem Scheckheft?« wollte sie mit kräftigerer Stimme wissen.

Nein! Er hatte sich zu sehr angestrengt, um jetzt alles zu verlieren. Randy griff eine Lampe und schlug sie Molly auf den Kopf. Sie stürzte zu Boden. Fast zeitgleich flog die Haustür auf, und davor standen ein Photograph und ein Mann mit einem riesigen Pappscheck.

»Randy Baker? Wir sind das Gratulationsteam von ›Wonderworld‹- Preisausschreiben und wollen Ihnen einen Scheck über fünf Millionen Dollar überreichen!«

Als der Mann die blutige Lampe in Randys Hand und die leblose Frau auf dem Boden bemerkte, klappte sein Unterkiefer herunter. Der Photograph schoß eine Aufnahme nach der anderen von Randy – der endlich mal gewonnen hatte, nur zu spät.

Vier-Käse-Pesto-Lasagne

Zutaten für 4 Personen:

Für das Tomatenpesto

150 g	Basilikumblätter (etwa 2 Töpfchen)
120 ml	Olivenöl
100 g	Pecorino romano, gerieben
3	Knoblauchzehen
1	Schalotte
80 g	Pinienkerne
450 g	Tomaten, enthäutet und gewürfelt (Flüssigkeit auffangen)

Für die Käsesauce

480 g	Ricotta
100 g	Mozzarella, zerkleinert
100 g	Pecorino romano, gerieben
100 g	kräftiger Provolone, gerieben
4	große Eier, gut verquirlt
1 EL	getrocknete Petersilie
	Salz und Pfeffer
250 g	Lasagne-Blätter
50 g	Mozzarella, zerkleinert

Für das Pesto Basilikum, Öl, Käse, Knoblauch und Schalotte im Mixer pürieren. Pinienkerne zufügen und zerkleinern. Tomaten unterheben. Zutaten für die Käsesauce in einer großen Schüssel verrühren. Backofen auf 175° C vorheizen. Den Boden einer rechteckigen Auflaufform mit Pesto bestreichen. Eine Schicht Nudeln auflegen. Ein Viertel der Käsesauce darauf verstreichen. Mit Pesto beträufeln. Weitere Nudel- und Saucenschichten auftragen, bis die Käsemischung verteilt und noch etwa ein Viertel Pesto übrig ist. Mit Nudeln abdecken. Mit restlichem Pesto bedecken; falls es nicht reicht löffelweise mit Tomatenflüssigkeit oder Olivenöl verdünnen. Mit Alufolie bedeckt etwa 30 Minuten backen. Folie entfernen und mit Mozzarella bestreuen. Weitere 30 Minuten backen, bis die Mitte weich ist und Blasen wirft. Aus dem Ofen nehmen und 5 Minuten ruhen lassen.

Höllische
Hauptgänge

Verräterische Zutaten
Charlaine Harris

Ich bezog gerade Betten, als ich die Schreie vom Nachbarhaus hörte.

Zuerst war ich verärgert. Das ist nicht edel, ich weiß, aber das Haus der Winthrops ist groß und Beanie Winthrop anspruchsvoll, und ich hatte den ganzen Vormittag lang geschuftet, damit alles wie geleckt aussah. Endlich war Land in Sicht, und ausgerechnet jetzt mußte ich meine Arbeit unterbrechen und nach dem Schreihals sehen.

Patsy Caplock, deren nagelneues Backsteinhaus nur wenig kleiner war als die Riesenhütte der Winthrops, stand vor ihrer Garage und kreischte sich die Lunge aus dem vornehmen Leib. Ich kannte die Frau kaum; sie war nicht so veranlagt, daß sie mit dem Hauspersonal verkehrte. Aber ich kannte die Frauen des Reinigungsdienstes, den sie angeheuert hatte. Mit Nita Fisher, einer Gruppenleiterin von Blitz und Blank, hatte ich mich schon öfter unterhalten. Laut Nita war Mrs. Winthrop gegen Mrs. Caplock ein Waisenkind, und die einzige Tochter Jenna-Beale brachte locker so viel in Unordnung wie alle drei Winthrop-Kinder zusammen.

Der Kleinbus von Blitz und Blank stand tatsächlich in der Einfahrt der Caplocks. Ich ergriff Mrs. Caplocks dünnen Arm. »Aufhören! Was ist denn passiert?« Das klang zwar ziemlich schroff, aber zumindest hörte Mrs. Caplock zu schreien auf und sah mich an; geweint hatte sie nicht. Patsy Caplock war in meinem Alter, Anfang dreißig, und sie war eine Weiße,

aber da hörten unsere Gemeinsamkeiten auch schon auf. Sie war klapperdürr, trug die Haare schulterlang, und ihre lackierten Fingernägel und die teure, empfindliche Kleidung ließen darauf schließen, daß sie freiwillig keinen Finger krümmte. Ihre Schürze mit Paisleymuster, tiefen, aufgesteppten Taschen und Fransen war vermutlich teurer als meine komplette Aufmachung.

Ich trug wie üblich Jeans, T-Shirt und Turnschuhe. Ich stemme Gewichte, und für meinen Lebensunterhalt gehe ich putzen, deshalb sind meine Locken und meine Fingernägel kurz.

»Sie ist tot!« jammerte Mrs. Caplock. »Lily, Sie müssen etwas tun!« Sie strich die Haare zurück, und ich sah einen kleinen, aber zweifellos teuren grünen Ohrring.

»Wer ist tot? Warum sollte ich irgend etwas tun? Haben Sie denn nicht die Polizei alarmiert?« Sie schüttelte den Kopf.

Ich setzte Mrs. Caplock auf ein schmiedeeisernes Gartenbänkchen und betrat widerwillig das Haus durch die Verbindungstür in der Garage. Durch einen kleinen Vorraum mit einer Garderobe kam man in die Küche. Von dort führten Türen ins Wohnzimmer, zur Gästetoilette und in die Speisekammer. Es war eine Traumküche mit blaßrosa Resopalflächen, einem riesigen Kühlschrank, zwei Herden und einer Spülinsel mitten im Raum. Alles war tipptopp und die Arbeitsflächen leer bis auf einige Zutaten und Geräte: zwei Packungen Tiefkühlspinat, Käsewürfel auf einem Schneidbrett, ein Durchschlag, ein paar Gewürze, Schüsseln, ein großer Löffel und ein Becher Sahne.

Zwei Frauen in Overalls mit dem Logo von Blitz und Blank starrten etwas auf dem glänzenden Linoleumboden hinter der Insel an. Ich kannte die Frauen. Gwen war rothaarig und untersetzt, geistig und körperlich etwas langsam, aber ich hatte gehört, daß sie zuverlässig arbeitete; Frankie, die den Arm um die weinende Gwen gelegt hatte, war tüchtig, hatte aber ein furchtbares Mundwerk. Das hatte Nita Fisher mir erzählt.

Ich erinnerte mich an die Unterhaltung sehr gut, denn ich rede nur wenig, wenn überhaupt. Aber als Nitas Wagen liegengeblieben war, hatte ich sie mitgenommen, und unterwegs hatte sie mir ihren ganzen Kummer erzählt. Über ihre Familie und Kolleginnen hatte ich mehr erfahren, als mir lieb war; aber ich mochte diese Frau. Jetzt befürchtete ich, daß die hinter der Insel hervorragenden Füße Nita gehörten.

Frankie sah mich an. Ihre Augen waren rot vom Weinen, genau wie die von Gwen. Irgendwie wirkte der Kontrast zu Gwens bleicher Haut nicht so gut wie zu Frankies schokoladenbrauner.

»Nita?« fragte ich.

»Ja«, erwiderte Frankie. Gwen schluchzte auf. »Sie ist tot, Lily, und sie hat da irgendwas im Mund.«

Ich ging zu dem schnurlosen Telefon, neben dem ein Photo von Jenna-Beale Caplock in ihrem Cheerleader-Outfit stand, wählte den Notruf und schilderte kurz die Situation.

»Es wird ein bißchen dauern«, knurrte die Stimme am anderen Ende.

»Was?« Etwas mehr Eile hielt ich schon für angebracht.

»Auf der Hauptstraße hat es einen Unfall mit fünf Autos gegeben«, erklärte sie.

Ein solcher Unfall würde fast die ganze Polizei unserer kleinen Stadt Shakespeare, Arkansas, in Anspruch nehmen.

»Und was tun wir inzwischen?« fragte ich.

»Warten. Fassen Sie nichts an. Sind Sie sicher, daß das Opfer tot ist?«

Ich stutzte. Mit dem Hörer am Ohr drängte ich mich an Gwen und Frankie vorbei. Nita hatte mit ihren vortretenden Augen ein bißchen wie ein Frosch ausgesehen. Jetzt, wo Augen und Mund im Tod weit aufgerissen waren, war die Ähnlichkeit noch stärker. Ich kämpfte gegen ein Würgen an, während ich Nitas Mund untersuchte. Ein dicker Faden dunkles Blut lief über das Kinn auf die Brust. Aus ihrer Kehle ragte etwas Glänzendes. Ich hockte mich hin und preßte die Finger leicht an ihren Hals. Kein Puls.

Aus der Nähe erkannte ich, daß in ihrem Mund ein Griff steckte, an dessen Ansatz dünne Drähte zusammenliefen. Angeekelt und fassungslos würgte ich selbst. Jemand hatte Nita einen kleinen Schneebesen in die Kehle gerammt. Schiere Wut mußte da am Werk gewesen sein. Die Finger der einen Hand umklammerten etwas kleines Farbiges.

Ich erinnerte mich an all die Sorgen, die sie mir im Auto anvertraut hatte. Vor allem war sie um ihre Tochter besorgt gewesen, die offenbar den Jähzorn ihrer Mutter geerbt hatte. Auch die Kleptomanie ihrer Cousine Gwen und der Trotz ihrer anderen Kollegin hatten sie beunruhigt. Und all ihre Sorgen und Fürsorge hatten in einer fremden Küche ein Ende gefunden. Dieser bittere Gedanke machte mich wortkarg.

»Mausetot«, sagte ich in den Hörer. »Aber noch nicht lange.« Beim Aufstehen kam ich den anderen beiden Putzfrauen recht nahe. Sie rochen irgendwie merkwürdig.

»Wir kommen so schnell wie möglich«, sagte die Frau vom Notruf mit einem Anflug von Diensteifer. Ich steckte das Telefon in die Ladestation und war froh, mich von den beiden anderen entfernen zu können.

»Wann kommt die Polizei?« Mrs. Caplock kam von draußen herein und wirkte etwas ruhiger.

»Ist unterwegs.«

»Wie bring' ich das nur Heather bei?« jammerte Gwen.

»Ist das Nitas Tochter?« fragte ich.

Überraschend antwortete Mrs. Caplock. »Ja. Heather ist mit meiner Jenna-Beale bei der Cheerleader-Gruppe.«

Frankie schnaubte bedeutungsvoll.

»Jenna-Beale klärt das alles heute in der Schule«, sagte Mrs. Caplock heftig, als ob Frankie laut gedacht hätte.

»Miss Jenna-Beale«, erklärte Frankie mir, »ist aus der Cheerleader-Truppe geflogen.« Sie kramte in den tiefen Vordertaschen ihres Overalls.

Ich betrachtete die vielen Ausbeulungen. »Frankie, wo waren Sie, als Nita umgebracht wurde?«

»Wann war denn das genau? Ich hab's erst mitgekriegt, als Mrs. Caplock anfing zu schreien. Ich war in Jenna-Beales Zimmer und hab' dreckige Wäsche aufgelesen.« Frankie sah mir nicht in die Augen.

»Und Sie, Gwen?«

»Ich hab' das Badezimmer oben saubergemacht.« Sie hob das Tuch in ihrer Hand, um sich die Tränen zu trocknen. Im letzten Augenblick überlegte sie es sich anders und nahm ein Papiertuch von der Rolle über der Arbeitsfläche. Ich konnte ihr keinen Vorwurf machen. Auch ich hatte den Lappen gerochen.

»Mrs. Caplock, Sie wollten gerade anfangen zu kochen. Lag der Schneebesen auf der Arbeitsfläche?«

»Nein, den habe ich dafür nicht gebraucht«, erwiderte Mrs. Caplock. »Er müßte in dieser Schublade gewesen sein.«

Ich öffnete die Schublade direkt unter der Arbeitsplatte, auf die sie die Zutaten gestellt hatte. Pfannenwender, Quirl für einen Handmixer, ein größerer Schneebesen, ein paar lange Messer. Dann überflog ich das Rezept, in dem Tiefkühlspinat mit einer Sauce aus Sahne, Gemüsebrühe und Käse überbacken werden sollte. Ich hob die Augenbrauen. Sehr seltsam.

»Wo waren Sie denn, als Nita in die Küche kam?« fragte ich.

»Ich?« Mrs. Caplock schien erstaunt zu sein, daß überhaupt jemand das wissen wollte. »Ich war auf der Toilette hier unten. Als ich wieder herauskam, lag sie da.«

Ich spähte in die Gästetoilette. Der Chrom der Wasserhähne war blitzblank, und aus dem geschrubbten Toilettenbecken drang ein kräftiger Fichtenduft.

»Haben Sie etwas gehört?« fragte ich Mrs. Caplock.

»Gehört?« Sie musterte mich, als wäre ich ein widerlicher Schädling.

»Hat sich vielleicht jemand mit Nita gestritten?«

»Nein. Das war schon viel früher.« Und Mrs. Caplocks Blick richtete sich auf Frankie.

»Haben Sie etwas gehört, Gwen?«

Gwen, die geistesabwesend an ihren Haaren herumgezupft hatte, schüttelte den Kopf. »Ich hab' doch gesagt, ich war im großen Badezimmer und hatte das Wasser laufen. Außerdem hätte ich da oben sowieso nichts gehört.«

»Sind Sie in letzter Zeit mit Nita gut ausgekommen?«

»Das ist jetzt alles geklärt«, sagte sie sofort. »Ich faß' jetzt nix mehr an.«

Frankie sah mich an, als hätte ich einen kleinen Hund getreten, während Mrs. Caplock eine verächtliche Miene aufsetzte.

»Warum tragen Sie nur einen Ohrring, Mrs. Caplock?« fragte ich.

Ihre langen Fingernägel berührten erst das eine, dann das andere Ohr. Sie wurde kreidebleich.

»Ach, jetzt erinnere ich mich«, sagte sie hastig. »Als ich den einen angelegt hatte, konnte ich den anderen nicht finden. Wie unangenehm, mit nur einem Ohrring herumzulaufen.«

»Ist das Jade?«

»Ja, ich glaube schon«, meinte Mrs. Caplock leichthin.

»Ich hab' nix weggenommen!« sagte Gwen wütend. Sie lief rot an.

»Sei still, Gwen, sie ist keine Polizistin!« sagte Frankie scharf.

Ich dachte an das Haus der Winthrops, in dem noch ein halbbezogenes Bett auf mich wartete – oder, wie Beanie Winthrop es sehen würde, ein halb abgezogenes. Wer weiß, wie lange ich noch mit diesen drei feindseligen Frauen verbringen mußte, bis die Polizei auftauchte. Wieviel lieber wäre ich im Sportstudio gewesen oder beim Karateunterricht.

»Mrs. Caplock, was ist Ihrer Meinung nach hier passiert?«

Sie hatte in die Ferne gestarrt, das Gesicht in Falten gelegt von der Anstrengung des Nachdenkens.

»Ich glaube, daß ein ...« Ihr Blick flog zu Frankie. »Ich glaube, daß ein Mann auf der Suche nach Gartenarbeit von Tür zu Tür ging. Er hat wohl an die Tür geklopft, als ich im Bad war.« Mrs. Caplock zuckte die eleganten Schultern, als wollte sie sagen: Wer kann schon sagen, wozu so ein Mann fähig ist?

Frankie erstickte fast vor Ärger über die unausgesprochene Unterstellung, der hypothetische Arbeitslose müsse schwarz gewesen sein. »Das hätten Sie wohl gern, was? Also, dieser Mann – und ich bin sicher, Sie stellen sich seine Haut weiß wie Schnee vor – kommt geradewegs in die Küche, schnappt sich den Schneebesen und rammt ihn Nita einfach so in die Kehle?«

»Im Fernsehen ist das immer so«, warf Gwen schüchtern ein.

»Das stimmt«, kommentierte ich trocken. »Aber diesmal ahmt das Leben die Kunst wohl nicht nach.«

Gwen sah mich verständnislos an. Ich seufzte. »Gwen«, sagte ich, so freundlich ich konnte (was nicht besonders viel war), »sind Sie sicher, daß Nita sich heute nicht über Sie aufregen mußte?«

»Ich bin ganz brav gewesen und habe nichts weggenommen«, beteuerte Gwen heftig, und ihre Augen schienen noch weiter hervorzutreten.

»Aber Mrs. Caplocks Ohrring fehlt.«

Mrs. Caplock sah Gwen erstaunt und aufgebracht an. »Sie haben meinen Ohrring?« Wieder befingerte sie die Ohrläppchen. »Wo ist er?«

Gwen schüttelte nur den Kopf.

»Und ich glaube nicht, daß Sie im Bad waren«, nagelte ich Gwen fest. »Auf Ihrem Putzlappen ist Möbelpolitur, kein Glasreiniger.«

»Ich hab' was falsch gemacht«, gestand sie. »Ja, das hab' ich. Ich hab' Nita versprochen, daß ich das nie mehr falsch mach', und sie hat gesagt, das wär' auch besser so. Die Flächen im Badezimmer und der Spiegel da sind ganz schmierig, ich geh' lieber noch mal drüber.« Gwen war offenbar davon überzeugt, daß die Anwendung von Möbelpolitur auf Resopal ihr größtes Problem war.

»Und Sie, Frankie?«

»Was ist mit mir?« Sie stemmte die Hände in die Hüften und sah mich herausfordernd an.

»Warum haben Sie sich mit Nita gestritten? Und warum riechen Sie nach Zigarettenrauch?« Die Umrisse von Schachtel und Feuerzeug waren in ihrer Overalltasche gut zu erkennen.

»Sie haben beim Putzen in meinem Haus geraucht?« kreischte Mrs. Caplock, als ob sonst gar nichts passiert wäre. »Sie wissen doch, was ich davon halte!«

»Mhm, weiß ich. Und Nita und ich haben uns deswegen in der Wolle gehabt. Aber ich weiß auch, weswegen Jenna-Beale aus der Cheerleader-Gruppe geflogen ist. Glauben Sie nur nicht, daß es in ihrem Zimmer nicht schon nach Rauch gerochen hätte.«

Mrs. Caplock wurde tiefrot; diese Farbe hatte ich noch nie an ihr gesehen. »Meine Tochter würde so etwas nie tun«, sagte sie, und ihre Stimme schwankte doch wahrhaftig. »Sie hat alles gegeben, um Cheerleader zu werden, und nur weil die kleine Schlampe Heather gelogen und gesagt hat, daß Jenna-Beale beim Üben geraucht hat, heißt das noch nicht, daß meine Jenna endgültig draußen ist.«

Ich hatte gewisse Schwierigkeiten mit diesem Satz. »Heather hat ...?«

»… es dem Sponsor der Cheerleader erzählt«, ergänzte Gwen unerwartet. Mrs. Caplock nickte hastig.

»Worüber haben Sie also heute mit Nita gesprochen?«

»Über gar nichts. Sie putzt hier«, sagte Mrs. Caplock finster. »Was auch immer diese Frau denkt, interessiert mich und meine Familie nicht. Außerdem war Nita zu beschäftigt damit, die kleinen Fingerfertigkeiten ihrer Cousine zu diskutieren!«

Gwen wurde bleicher und bleicher. »Nita hat mir noch einmal die Ohren langgezogen, obwohl ich ihr versprochen hab', daß ich damit aufhöre.« Wieder strömten Tränen über ihre vollen Wangen. »Aber ich war es nicht! Der Herr ist mein Zeuge.«

»Hat Nita Sie beim Rauchen erwischt?« wandte ich mich an Frankie. Mit unbewegter Miene schüttelte sie den Kopf.

»Wie haben Sie den Käse geschnitten?« fragte ich Mrs. Caplock.

»Mit einem Messer natürlich.« Mrs. Caplock musterte mich, als wäre ich eine Idiotin.

»Und wo ist es?«

Mrs. Caplock betrachtete die Gegenstände auf der Arbeitsfläche. »Ich weiß nicht«, sagte sie. »Vorhin lag es noch hier.«

»Das Messer lag hier, aber der Schneebesen nicht.« Ich inspizierte noch einmal Nitas Leiche. Dann stellte ich mich zwischen die drei Frauen und die Tür nach draußen.

»Sie haben nicht in Jenna-Beales Zimmer geputzt, sondern geraucht«, sagte ich geradeheraus zu Frankie. »Und dachten, es fällt nicht auf.«

Frankie zuckte die Schultern. So war sie eben, trotzig, wie Nita gesagt hatte.

»Und Sie, Gwen, behaupten, das Bad mit Möbelpolitur geputzt zu haben. Waren Sie nicht doch hier unten und stritten mit Nita?«

»Aber das hätte sie gehört«, sagte Gwen und nickte zu Mrs. Caplock, deren Hände sich zu undamenhaften Fäusten ballten.

»Nein«, sagte Mrs. Caplock in diesem bestimmten scharfen Tonfall für langsame Dienstboten. »Ich war auf der Toilette. Wir alle müssen da mal hin.«

»Nein, dort waren Sie nicht«, sagte ich. Es wurde sehr still im Raum, und in der Ferne hörte ich die Polizeisirenen näherkommen. Aber nicht schnell genug. »Im Becken war immer noch etwas von dem Schaumreiniger, und wenn Sie die Toilette benutzt hätten, wäre das weggespült worden. Und das Waschbecken ist trocken. Sie sind so pingelig und wollen sich nicht die Hände gewaschen haben? Statt dessen waren Sie vermutlich in der Speisekammer und holten etwas für Ihren Auflauf. Sie haben gehört, wie Nita

Gwen daran erinnert hat, daß sie nicht mehr stehlen wollte, und da kamen Sie auf die Idee, wie Sie Nita umbringen und ungeschoren davonkommen könnten. Ein großer Unbekannter vielleicht, oder Nita ermahnt Gwen oder streitet sich mit Frankie wegen des Rauchens ... alles war möglich, aber Ihnen fehlte die Zeit, um das gründlich zu durchdenken.«

Mrs. Caplock öffnete ihre bronzefarbenen Lippen ein paarmal und preßte sie wieder aufeinander.

»Nita hat mir selbst erzählt, daß sie sehr aufbrausend ist«, sagte ich. »Wahrscheinlich haben Sie etwas über Heather gesagt, und da flippte Nita aus. Ihr war völlig klar, daß in dieser Cheerleader-Sache früher oder später Wort gegen Wort stehen würde. Und wem würde man dann glauben? Natürlich dem Mädchen aus angesehener und wohlhabender Familie. Wenn es an Jenna-Beales Verstoß auch nur irgendeinen Zweifel gäbe, wenn es nur Heathers unbestätigte Aussage gab, daß sie geraucht hatte, würde Heather diejenige sein, die dann zu leiden hätte. Was haben Sie zu Nita gesagt, daß sie die Beherrschung verloren hat?«

Mrs. Caplock schüttelte einfach nur den Kopf und starrte mich an.

»Ich hätte ihr doch nie den Schneebesen in den Hals schieben können«, meinte sie schließlich. »Sie war so stark.«

»Und deswegen hatten Sie auch solche Angst, als Nita auf Sie losging. Ich glaube übrigens nicht, daß Sie sie mit dem Schneebesen getötet haben.«

»Oh«, sagte Mrs. Caplock erleichtert und entspannte sich. »Wer hat es dann getan? Frankie?« Die Vorstellung, daß Frankie Schwierigkeiten bekommen würde, ließ ihre Augen erfreut aufleuchten.

Die Sirene kam näher. Aber sie war noch nicht nah genug.

»Sagen Sie's uns, Miss Muskelprotz«, meinte Frankie.

»Mrs. Caplock.«

In der Küche herrschte tiefes Schweigen.

»Sie haben doch gerade zugegeben, daß ich ihr den Schneebesen nicht in den Hals rammen konnte.« Mrs. Caplock schüttelte den Kopf, als wäre ich ein uneinsichtiges Kind.

»Sie haben sie nicht mit dem Schneebesen umgebracht.«

Mrs. Caplock rückte ein bißchen zur Seite. Ich rührte mich nicht. Ich konnte sie daran hindern, die Tür hinter mir zu erreichen. Aber es gab ja noch eine Menge andere Türen.

»Und was, bitte schön, ragt da aus ihrer Kehle?« fragte Mrs. Caplock patzig. Wenn sie dachte, ich würde jetzt wieder zu der Leiche blicken, hatte sie sich geirrt.

»Das ist der Griff von einem Schneebesen.«

»Und was hat sie dann umgebracht?« Frankie runzelte die Stirn, während sie meinem Gedankengang zu folgen versuchte.

»Das fehlende Messer«, sagte ich. »Sehen Sie sich Nitas Kinn an. Das Blut ist so darüber geflossen, als hätte sie bei der Tat gestanden. Ich glaube, daß sie auf Mrs. Caplock losging, während die den Käse schnitt. Sie hat einfach mit dem Messer zugestochen und sie am Mund erwischt. Wahrscheinlich ist Nita am Blut und an der Klinge erstickt. Der Schneebesen ist nur zur Ablenkung, und sie hatte ihn schon griffbereit, um den Käse in die Milch zu rühren.«

»Aber warum hat Mrs. Caplock das Messer denn rausgezogen?« fragte Frankie.

»Das Messer war der entscheidende Hinweis. Wer sonst schnitt Käse? Doch nur die Köchin. Wetten, daß am Messer noch Käsereste hängen?«

»Und wo ist das Messer, Miss Oberschlau?« fragte Mrs. Caplock.

»Sie hatten es in der Schürze, als Sie schreiend nach draußen rannten«, sagte ich müde. »Haben Sie etwa geglaubt, ich hätte nicht gemerkt, daß Sie sie beim Reinkommen nicht mehr anhatten? Vermutlich haben Sie sie an die Garderobe gehängt und gehofft, daß niemand mehr daran denkt.«

Mrs. Caplock fletschte die Zähne. »In meiner Schürze ist kein Messer!«

»Jetzt nicht mehr«, stimmte ich ihr zu. »Wahrscheinlich haben Sie es draußen versteckt. Aber die Polizei findet es bestimmt. Und auch die Blutspuren in der Schürzentasche.«

»Die könnten daher kommen, daß ich meine Hand in die Tasche gesteckt habe, nachdem ich überprüft hatte, ob sie wirklich tot ist«, protestierte Mrs. Caplock.

»Das erklärt aber nicht, daß Ihr verschwundener Ohrring in Nitas rechter Hand ist.« Ich hörte die Polizei draußen vorfahren. »Vermutlich hat Nita danach gegriffen, als Sie miteinander kämpften, und ihn aus dem Ohrläppchen gezogen.«

Die beiden anderen Frauen betrachteten Mrs. Caplock mit Entsetzen. Bestimmt hatte noch niemand sie so angesehen. Sie fuhr zusammen. »Sehen Sie mich nicht so an!« sagte sie schrill. Ihre perfekten Fingernägel faßten wieder an das Ohr. Es mußte schon ganz wund sein.

»Ich werde Sie jedenfalls überhaupt nicht mehr ansehen«, sagte ich dankbar. »Ich gehe wieder nach nebenan, weiterputzen.«

Und sobald der Streifenpolizist der kreischenden Patsy Caplock Handschellen angelegt hatte, tat ich genau das.

Spinach Madeleine
Spinatauflauf mit Pinienkernen

In Charlaine Harris' Heimatstadt Tunica, Mississippi, gab es eine alte Dame, die zu besonderen Gelegenheiten für andere kochte. Die Bezeichnung »Partyservice« hätte sie jedoch als anmaßend empfunden. Das Rezept für diesen Spinatauflauf stammt von ihr.

Zutaten für 4 Personen:

600 g	Tiefkühlspinat, gehackt
4 EL	Butter
2 EL	Mehl
2 EL	Zwiebeln, gehackt
120 ml	Gemüsebrühe
120 ml	Sahne
1 TL	Worcestersauce
½ TL	gemahlener schwarzer Pfeffer
½ TL	Selleriesalz
½ TL	Knoblauchsalz
180 g	Käse mit Paprika oder Peperoni, gewürfelt
3 EL	Pinienkerne
	Semmelbrösel

Spinat nach Packungsanweisung auftauen und abgießen. Backofen auf 175° C vorheizen.

Butter bei schwacher Hitze in einer Pfanne zerlassen. Mehl einrühren, bis es glatt ist; nicht bräunen lassen. Zwiebel zufügen und glasig dünsten. Gemüsebrühe unter Rühren langsam angießen. Sahne zufügen. Unter Rühren aufkochen lassen, bis die Sauce glatt und dick ist. Gewürze, Salz und Käse zufügen und rühren, bis der Käse geschmolzen ist. Spinat mit Sauce gemischt in eine Auflaufform geben, mit Pinienkernen und Semmelbröseln bestreuen und überbacken.

Dazu reichen Sie knuspriges Baguette und einen leichten Weißwein.

Spinatsalat mit Ei und Pilzen

An besonders heißen Tagen servierte die alte Dame dieses Gericht.

Zutaten für 4 Personen:

1 EL	Weißweinessig
3 Scheiben	Weißbrot
3 EL	Öl
1 EL	gewürfeltes Tomatenfleisch (aus abgezogenen Tomaten)
1½ EL	Kräuter, feingehackt (z. B. Petersilie, Schnittlauch, Kerbel)
	Salz, Pfeffer
1 EL	Butter
200 g	frische Spinatblätter, in feine Streifen geschnitten
2–3	Frühlingszwiebeln, in feine Ringe geschnitten
100 g	Champignons, in dünne Scheiben geschnitten
3	hartgekochte Eier, geviertelt

Essig, Salz und Pfeffer mischen und nach und nach das Öl angießen. Mit dem Schneebesen verrühren. Tomatenwürfel und Kräuter zugeben und gut mischen.

Brotrinde abschneiden und das Brot in fingerdicke Streifen schneiden. In einer beschichteten Pfanne ohne Fett anrösten. Butter zufügen. Brotstreifen goldbraun rösten; dabei mehrmals wenden.

Spinat, Zwiebeln und Champignons in einer Schüssel mischen. Sauce unterheben. Eiviertel und Croutons vorsichtig unterheben. Sofort servieren.

New Orleans Red Beans
Jane Dalton Shaw

Immer montags wurde früher in New Orleans, Louisiana, Wäsche gewaschen, und immer montags wurde ein großer Topf rote Bohnen mit Reis gekocht.

Am Sonntag abend wurden die Bohnen auf Steinchen verlesen, abgespült und über Nacht in Wasser eingeweicht. Am Montag morgen wurden Schinken, Gewürze, Zwiebeln, Paprika und Tabasco hinzugefügt, dann köchelte der Topf den ganzen Tag auf kleiner Flamme vor sich hin.

Meine Großmutter war noch selbst mit zwei Dienstmädchen und einer alten Kurbelwaschmaschine den ganzen Tag mit der Wäsche beschäftigt. Meine Mutter, die schon eine elektrische Waschmaschine hatte, wusch jeden Montag – die Wäsche wurde noch auf der Leine getrocknet – und Mattie half beim Waschen und kochte die Bohnen. Ich wasche nicht mehr jeden Montag und trockne die Wäsche auch nicht mehr draußen, sondern im Trockner – doch noch immer koche ich montags rote Bohnen mit Reis. Und jedesmal denke ich dabei an Mattie. Ihre Bohnen waren die besten gewesen.

Matties und meine Familie waren schon seit Generationen verbunden. Ich weiß nicht, wann ihnen das kleine Hinterhaus überschrieben worden war, doch Mattie und Harry hatten schon während meiner Kindheit dort gelebt, und ihre Tochter Jolie war meine Freundin. Mattie war eine üppige Schwarze, die im Singsang sprach und mit der ganzen Seele lächelte.

Als ich noch klein war, verstand ich diese Beziehung nicht. Ich dachte, Mattie hätte das Sagen. Sie sagte zwar dauernd »ja, Ma'am« und »nein, Ma'am«, aber das mußte ich ja auch immer. Mattie organisierte den Haushalt, kümmerte sich um alles und schien diejenige zu sein, die alles am Laufen hielt. Und ich liebte sie. Sie war warm und wunderbar und weise. Meine Mutter war kühl, distanziert und hatte immer Kopfschmerzen. Wenn ich jetzt an sie denke, sehe ich immer nur, wie sie eine matte Hand an ihre Schläfe legt. Aber mir fehlte es bestimmt nicht an Liebe, nicht solange Mattie da war. Meine Kindheit war sehr glücklich. Es war also nicht ungewöhnlich, daß ich an Mattie und Jolie dachte, als ich eines Montags morgens in einem Topf mit roten Bohnen rührte und etwas mehr Paprika zufügte.

Das Fliegengitter an der Hintertür quietschte. Eine große, wohlgeformte Gestalt in einem schwarzen Leinenhosenanzug und weißer Seidenbluse stand dort und lächelte mir zu. Ich brauchte einen Moment. Es hätte länger gedauert, wenn ich nicht gerade an sie gedacht hätte. Denn die Jolie, die dort stand, war nicht die Jolie, die ich kannte. Sie war sehr schön und gelassen und verströmte Großstadtflair aus allen Poren. Ich schaute auf meine ausgeleierten Shorts, die schmuddeligen Turnschuhe und das T-Shirt und hatte das Gefühl, mich dafür entschuldigen zu müssen.

Sie machte den ersten Schritt und breitete die Arme aus, ihr Lächeln hatte sich kein bißchen verändert. Mir war früher nie aufgefallen, wie sehr es dem ihrer Mutter glich. Es erfaßte ihr ganzes Gesicht, und ihre Augen wurden zu vergnügten Schlitzen.

»Elizabeth Deupree, wie schön, dich zu sehen. Oh, Lizzie«, sagte sie.

Wir umarmten uns und lachten und weinten. Es war mindestens zwanzig Jahre her, und schon lange davor waren wir einander fremd geworden, was jetzt dumm und sinnlos erschien. Auch wenn sie auf demselben Grundstück gewohnt hatte, selbst bei dieser Nähe, hatten sich unsere Welten voneinander entfernt. Dabei war sie einst meine beste Freundin gewesen. Ich hatte nie eine andere gehabt. Ich hatte mich noch nicht einmal verabschiedet, als sie aufs College ging; ich war zu beschäftigt gewesen mit meinen eigenen Collegeplänen. Ich kam wieder. Sie nicht. Sie hatte Jura studiert und war Staatsanwältin in New York geworden. Unsere Eltern waren tot und begraben. Ich hatte geheiratet und wohnte im Haus meiner Eltern, und das Hinterhaus stand leer.

»Oh, Jolie«, rief ich und umarmte sie noch einmal.

Sie griff lachend nach den Paprikaflocken und schüttete noch mehr in den Topf. »Wen muß ich umbringen, um zum Essen eingeladen zu werden?« fragte sie, kostete und verdrehte anerkennend die Augen.

»Es ist aber nicht so gut wie das deiner Mutter«, sagte ich.

Sie schüttelte den Kopf. »Natürlich nicht. Aber ich habe das seit Jahren nicht gegessen.«

Wir redeten bis weit in den Nachmittag. Sie war zurückgekommen, um das Häuschen zu verkaufen. Bob und ich hatten natürlich das Vorkaufsrecht, doch konnten wir uns das Haus gar nicht leisten. Durch die dauernden Reparaturen an unserem großen alten Haus im historischen Garden District kamen wir gerade so über die Runden. Wenn ich einen Funken Verstand hätte, würde ich das große Haus verkaufen und dafür das kleine nehmen.

Doch diese Gegend ist seltsam, ein Relikt aus den Zeiten der Sklaverei. Die großen Häuser stehen auf der einen Seite der Straße und die kleinen auf der anderen; neue Straßen trennen viele Dienstbotenquartiere von den Herrenhäusern. Finanziell gesehen, sollten wir uns für das Häuschen entscheiden. Aus gesellschaftlichen Gründen zogen wir es jedoch nicht einmal ernsthaft in Betracht. Jolie und ich sprachen nicht darüber, aber der Gedanke stand zwischen uns. Das unsichtbare und doch stets gegenwärtige Rassenproblem war es gewesen, das uns einander hatte fremd werden lassen.

»Ich war beim Anwalt«, sagte Jolie. »Es gibt merkwürdige Auflagen. Ich kann das Haus nur vererben oder an euch zurückverkaufen. Besonders betont wird, daß ich es nicht abreißen oder auch nur gründlich renovieren darf. Keine baulichen Veränderungen. Ich glaube nicht, daß ich dazu gesetzlich verpflichtet werden kann, noch nicht einmal nach dem Code Napoléon von Louisiana. Aber ich finde das alles ein bißchen seltsam, du nicht auch?«

»Sehr«, antwortete ich. Mir fiel etwas ein. Eine lang zurückliegende Unterhaltung. Mitgehört und nicht verstanden, und dann hatten die Erwachsenen mich aus dem Zimmer gescheucht. Die Unterhaltung hatte sich um das Häuschen gedreht. Ich war beunruhigt gewesen, doch ich wußte nicht, warum; wahrscheinlich weil die Erwachsenen es waren. Kinder spüren so etwas.

»Es ist nicht ungewöhnlich«, sagte Jolie. »Ich meine, treuen Bediensteten ein Haus zu übereignen. Die Herren der Südstaaten beweisen damit, daß sie sich um ihre Sklaven kümmern.«

Ich achtete darauf, ob ihre Stimme bitter klang. Sie tat es nicht.

»Aber diese Auflagen – merkwürdig«, sagte sie.

»Laß uns doch mal nachsehen«, schlug ich vor. Ich war seit Matties Tod nicht mehr dort gewesen. Mattie fehlte mir. Ich war mit allem Liebeskummer, allen Erfolgen und Enttäuschungen zu ihr gegangen. Sie summte

immer irgend etwas, das genau dazu paßte, lächelte ein bißchen und umarmte mich im richtigen Moment. Sie akzeptierte alles, hatte Verständnis und verurteilte nichts. So etwas findet man heutzutage nicht mehr.

Wir gingen durch den Hof, der jetzt zugewuchert war. Das Häuschen mußte gestrichen werden, die Läden hingen schief, und die Tür protestierte knarrend, als Jolie sie aufschloß und hineinging. In New Orleans muß man sich ständig um ein Haus kümmern, sonst holt die Natur es sich zurück. Als wir in das Vorderzimmer kamen, hörten wir Insekten und andere Tiere rascheln. Ein klammer Geruch hing in der Luft. Wände, Boden und Möbel waren von Schimmel überzogen.

»Oje«, rief ich aus.

»Schrecklich«, stimmte Jolie zu.

»Und ich fand es hier immer so gemütlich«, sagte ich.

»Gemütlich heißt also eng und vollgestellt?«

»Nein. Gemütlich heißt warm und liebevoll«, erwiderte ich heftiger, als ich wollte. »Warum bist du nie zurückgekommen?« Das hatte ich schon den ganzen Tag fragen wollen.

»Meine Mutter wollte es nicht. Es war ihr einziger Wunsch.«

Ich versuchte, das zu verstehen und konnte es nicht. Mir fiel noch etwas aus der lang zurückliegenden Unterhaltung ein. Ich wandte mich an Jolie.

»Gab es hier früher nicht einen Lehmboden?«

»Ach, vor Ewigkeiten. Bevor ich in die Schule kam. Ich erinnere mich aber an den Lehmboden, er war schön kühl.« Sie fächelte sich mit der Hand Luft zu. Die Feuchtigkeit machte ihr zu schaffen, genau wie den Touristen. Ich spürte einen Stich. Sie gehörte doch nicht mehr zu uns.

Plötzlich klatschte Jolie in die Hände und riß uns beide aus den Träumen. »Ich habe vielleicht ein tolles Geschenk für dich, mal sehen, ob es noch da ist«, sagte sie, ging in die kleine Küche und wühlte in den Schubladen. Triumphierend kam sie ein paar Minuten später zurück und hielt ein kleines, zerfleddertes Notizbuch hoch. »Das Kochbuch meiner Mutter«, sagte sie.

Ich griff danach. Es gab nichts auf der ganzen Welt, und sei es in Gold oder Silber verpackt, das mir kostbarer gewesen wäre. Wunderbare Düfte wirbelten durch meine Erinnerung, während ich blätterte. Matties Pralinen, Matties Flußkrebsragout und Garnelen à la créole und Gumbo und alles, alles. Ich war so aufgeregt. Schließlich erinnerte ich mich wieder an meine guten Manieren. »Aber willst du es nicht haben?« fragte ich Jolie. Unwillkürlich drückte ich das Notizbuch fester an meine Brust. Sie lachte. »Ach was. Ich koche nicht. Und ich glaube auch nicht, daß du es wieder hergibst. Vielleicht werden deine roten Bohnen so gut wie ihre.«

Jolie ging durchs Haus und sah sich alles schweigend an. Ich ließ sie in Ruhe. Hier waren ihre Erinnerungen. Ich war zufrieden, Seite um fleckige, zerknitterte Seite Matties kostbare Rezepte zu studieren. Ich hatte nicht gewußt, daß sie je etwas aufgeschrieben hatte. Vielleicht hatte sie dies für Jolie aufgeschrieben. Oder für mich? Es war zwar nicht logisch, aber ich stellte mir gern vor, daß sie mich genauso geliebt hatte wie ich sie.

Das Rezept für rote Bohnen mit Reis war fast am Ende des Büchleins. Ich suchte danach, welche von ihren Zutaten ich vergessen hatte. Keine. Ein ganzer Eßlöffel Worcestersauce, mehr Oregano, mehr Knoblauch, mehr Zwiebeln und mehr Paprika. Aber grundsätzlich war es gleich. Vielleicht war es mit mehr Liebe gerührt worden.

»Was ist das?« fragte Jolie. Sie war zurückgekommen und beugte sich hinunter, um etwas aufzuheben, das direkt zu meinen Füßen lag. Es war eine Seite aus dem Notizbuch, klein zusammengefaltet, und mußte beim Blättern herausgefallen sein. Jolie faltete es auseinander. Die vergilbten Kniffe rissen ein. Ich nahm es ihr aus der Hand und hielt es so ehrfürchtig, wie das Buch und alle seine Seiten meiner Meinung nach behandelt werden sollten. Aber es war nicht für mich. Jolies Name stand ganz oben als Anrede. Ich versuchte die engen Zeilen zu überfliegen, während ich ihr das Blatt gab. Viel konnte ich nicht erkennen. Jolie hielt es ans Licht, las und setzte sich dann auf einen mit einer Decke verhüllten Sessel. Das Blatt hing in ihrer Hand, die sie matt auf der Lehne liegen ließ.

»Was steht drin?« fragte ich voller Neugier.

»Wer war Gilbert Rush?« fragte sie.

Ich setzte mich in einen anderen abgedeckten Sessel. Der Name rief mir den Mann auch nach Jahren sofort ins Gedächtnis. Er war groß, mit durchdringenden blauen Augen und einer lauten Stimme, die mich als Kind immer erschreckt hatte. Ich konnte fast noch spüren, wie ängstlich mich sein seltsam stechender Blick gemacht hatte. Seine Besuche hatte ich immer gefürchtet.

»Mein Onkel«, sagte ich. »Der Bruder meiner Mutter.« Mir lief es kalt über den Rücken, obwohl es im Haus drückend heiß war.

»Wo ist er?« fragte sie. Ihre Stimme war ungewohnt hart. Jetzt wußte ich, wie die Staatsanwältin Jolie Treet klang.

»Keine Ahnung. Ich habe ihn seit meiner Kindheit nicht mehr gesehen. Ich hatte ihn völlig vergessen.«

»Erinnerst du dich an meine Schwester?« fragte sie.

»Deine Schwester?« Ich hatte vergessen, daß sie überhaupt eine Schwester hatte. Jetzt, als sie sie erwähnte, erinnerte ich mich vage an ein schlankes, hübsches Mädchen mit toffeebrauner Haut. Ich hatte sie zuletzt gese-

hen, als ich vielleicht vier war. Was war mit ihr passiert? Hatte ich mich das je gefragt?

»Lucy. Sie hieß Lucy«, sagte Jolie.

Der Name rief kein Gesicht dazu hervor. Sie war viel älter gewesen, hatte aber mit uns gespielt und auf uns aufgepaßt.

»Ich erinnere mich auch kaum an sie. Sie war etwa zwölf, als ich geboren wurde. Und dann war sie eines Tages weg, und wir durften nicht mehr von ihr sprechen. Als meine Mutter mir verbot, hierher zurückzukommen, habe ich mich gefragt, ob sie meinen Namen je wieder erwähnte.« Jolie sah mich an. Ihre braunen Augen drückten eine Trauer aus, die ich kaum ertragen konnte. Ich fühlte mich immer noch ausgeschlossen. Ich hatte mir gewünscht, daß der Brief an mich adressiert gewesen wäre. Ich hatte gewollt, daß Mattie ihr Kochbuch mir hinterlassen würde. Dumme, alberne Gedanken. Ich versuchte, mich zusammenzureißen.

»Wohin ist Lucy verschwunden? Was ist mit ihr passiert?« fragte ich.

»Sie war einfach weg. Eines Morgens war sie nicht mehr da.« Jolie konzentrierte sich mit zusammengezogenen Augenbrauen.

»Warum hast du nach meinem Onkel gefragt?«

Jolie blickte auf den Brief. Mindestens eine Minute lang schwieg sie. Wieder hörte ich das Rascheln eines Nagetiers im Haus. Sie mußte sich entschieden haben, denn sie gab mir den Brief. Ich griff eilig danach. Ich werde mir immer wünschen, ich hätte es nicht getan.

Liebe Jolie,
mein lieber Schatz. Wenn Du das liest, bist Du nach Hause gekommen, und das ist falsch. Ich möchte, daß Du gleich wieder gehst. In diesem Haus gibt es Geheimnisse, die Du nie erfahren solltest. Aber ich wußte wohl immer, daß Du es herausfinden würdest. Du warst immer so schrecklich und wunderbar neugierig. Es hat Dich schlau gemacht, aber es war auch gefährlich. Wir haben getan, was für Dich das Beste war. Für Euch beiden Mädchen. Wir haben getan, was wir für das Beste hielten. Gilbert Rush war ein böser Mensch. Er hat bekommen, was er verdient hat. Und Mrs. Deupree wußte Bescheid. Sie hat geholfen. Sie hat verstanden.

Ich blickte auf. Jolie beobachtete mich.

»Meine Mutter? Geholfen? Verstanden?« Das paßte nicht zu meinem Bild von ihr.

Jolie zuckte die Schultern. Ich las weiter.

Wir mußten es tun. Dem Bösen muß man Einhalt gebieten. Er hatte es nicht nur Lucy angetan. Er hatte es immer wieder getan. Niemand hielt es für wichtig, niemand. Lucy

tat, was sie tun mußte. Sie kämpfte mit diesem bösen Mann. Wir haben sie zu einer Tante nach Mississippi geschickt. Sie hieß Sara Hampton. Sie hat sie aufgenommen, und Lucy trägt ihren Namen – Lucy Hampton. Vielleicht findest Du sie, wenn Du nach ihr suchst. Vielleicht ist das Geheimnis heute nicht mehr so wichtig. Nicht, wenn Du nicht zurückkommst. Schatz, laß es einfach so. Tu der armen Lizzie nicht weh mit etwas, das mit ihr nichts zu tun hat. Laß das Haus verfallen. Laß die Zeit vergehen. Ich liebe euch beide sehr. Es mußte einfach getan werden.
Deine Mama

»Was bedeutet das?« fragte ich.

»Ich kann nur raten«, sagte Jolie. »Dein Onkel war weiß. Meine Schwester war schwarz. Damals hätten sie es nicht Vergewaltigung genannt.«

Das Blut wich mir aus dem Gesicht. »O Gott.«

»Damals wurde der Fußboden gelegt«, sagte Jolie. »Genau zu der Zeit.«

Wir betrachteten die Holzdielen, die einmal sauber und glänzend gewesen waren. Jetzt waren sie voller Staub. Unsere Fußspuren bildeten darin ein verschmiertes Muster. An einigen Stellen hing der Boden durch; es sah aus, als wäre darunter kein Estrich. Unter den Dielen war immer noch der Lehmboden. Und darunter? Verborgen, begraben? Was war noch darunter?

Jolie und ich sagten kein Wort. Wir verließen das Haus, Jolie schloß ab.

Sie ging dann und wartete noch nicht einmal auf Bob. Ich habe nichts mehr von ihr gehört. Ich wünschte, ich könnte noch einmal mit meiner Mutter sprechen. Ich glaube, ich schulde ihr etwas, vielleicht etwas Verständnis. Ich koche jetzt immer nach Matties Rezepten. Die Gerichte schmecken nicht so, wie ich sie in Erinnerung habe. Vielleicht hat Mattie sie tatsächlich mit Liebe gerührt.

Red Beans New Orleans
Eintopf mit roten Bohnen

Dies ist ein traditionelles Cajun-Gericht aus New Orleans. Es wird oft auch mit Wurst zubereitet und ist zur Verwertung der Reste vom Sonntag sehr beliebt. Nicht nur die Familie von Jane Dalton Shaw schätzt es mehr als das sonntägliche Fleischgericht.

Zutaten für 4 Personen:

450 g	getrocknete rote Bohnen
1	Schinkenknochen sowie Bratenreste oder Schinkenwürfel
2 l	Wasser
2	große Knoblauchzehen, zerdrückt
3	große Zwiebeln, gehackt
1 Bund	Frühlingszwiebeln, kleingeschnitten
1 Bund	Petersilie, gehackt
2	mittelgroße rote Paprika, gewürfelt
2 TL	Paprikapulver
1 TL	gemahlener schwarzer Pfeffer
5–6 Spritzer	Tabasco (oder mehr)
1 Prise	Chilipulver (oder mehr)
120 g	Tomatenpüree
1 TL	Oregano (oder mehr)
1 EL	Worcestersauce
	Salz und Pfeffer

Bohnen verlesen und über Nacht einweichen. Am nächsten Morgen Knochen und Bohnen mit Salzwasser bedeckt 45 Minuten kochen.

Gemüse, Gewürze, Tomatenpüree und Bratenreste zufügen. Topf mit 2 Liter Wasser auffüllen. Mehrere Stunden köcheln lassen, gelegentlich umrühren.

Über gekochten Reis gießen, so daß eine dicke Suppe entsteht. Dazu Weißbrot reichen.

Gumbo mit Ente, Austern und Artischocken

*Dies ist ein traditionelles, sehr aufwendiges Weihnachtsessen in New Orleans.
Gumbo ist das afrikanische Wort für Okra, doch nicht alle Gumbo-Gerichte sind
mit Okras gemacht.*

Zutaten für 8 Personen:

1	Ente

Für die Ente

1 TL	Salz
½ TL	frisch gemahlener schwarzer Pfeffer
1 TL	Senfpulver oder körniger Senf
1 TL	Knoblauchpulver
½ TL	getrockneter Salbei
1	Zwiebel, geviertelt

Für den Entenfond

2	kleingeschnittene Zwiebeln, gehackt
2	Stangen Bleichsellerie mit Blättern, in Streifen geschnitten
2	Knoblauchzehen, zerdrückt
2	ungeschälte Möhren, in Stücke geschnitten
2	Stengel frische Petersilie
10	ganze schwarze Pfefferkörner

Für die Roux

100 g	Schweineschmalz
50 g	Mehl
230 g	Zwiebeln, gehackt
230 g	grüne Paprika, gehackt
2	Stangen Bleichsellerie, gehackt
2	Knoblauchzehen

1,75 l	Entenfond
380 g	gegartes Entenfleisch
1 EL	frischer Basilikum (oder 1 TL getrockneter)
½ TL	Senfpulver (oder körniger Senf)
1 TL	Salz

½ TL	frisch gemahlener schwarzer Pfeffer
¼ TL	Cayennepfeffer
1 TL	Paprikapulver
1 ½ TL	frischer Thymian (oder ½ TL getrockneter)
4	Artischockenherzen

Für die Artischocken

1 EL	Zitronensaft
½ TL	Salz
2 EL	Olivenöl
2	zerdrückte Knoblauchzehen

12	Austern, aus der Schale gelöst und in mundgerechte Stücke geschnitten
4	Frühlingszwiebeln, gehackt
50 g	frische Petersilie, gehackt
450 g	gegarter Reis als Beilage

Am Vortag

Ente braten: Entenklein aus der Bauchhöhle nehmen. In einer Schüssel die Gewürze für die Ente vermischen und Ente von innen und außen bestreichen. Zwiebelviertel in die Bauchhöhle füllen, damit sie unerwünschte Aromen aufnehmen. Ente auf den Rost der Fettpfanne oder eines Bräters legen, damit das Fett abtropfen kann, und bei 180° C im Backofen braten, gelegentlich mit Bratensaft begießen. Garzeit beträgt etwa 20 Minuten je 500 g. Fleisch von den Knochen lösen, in Stücke schneiden und kühl stellen.

Aus der Entenkarkasse einen Fond kochen: Knochen im Backofen bei 180° C etwa 40 Minuten rösten. Mit allen Zutaten in einen Topf geben und mit 4 l Wasser aufgießen. Aufkochen und abschäumen. Hitze reduzieren und mindestens 4 Stunden köcheln lassen. Fond durch ein Sieb gießen (ergibt etwa 2 l), Knochen und Gemüse wegwerfen. Abkühlen lassen und kühl stellen. Erstarrtes Fett abnehmen.

Am Tag des Essens Roux zubereiten: In einem Topf bei mittlerer Hitze Schmalz erhitzen, jeweils ein Drittel des Mehls darin glattrühren und unter Rühren weitergaren lassen, bis die Mehlschwitze (Roux) dunkelbraun ist. Vom Herd nehmen, Zwiebeln,

Paprikaschote, Sellerie und Knoblauch zugeben und rühren, bis die Roux nicht mehr dunkler wird. Zurück auf den Herd stellen und Gemüse 5 Minuten weich garen.

In einem großen Topf Entenfond erhitzen, Roux löffelweise unterrühren. Entenfleisch, Kräuter und Gewürze zugeben und 40 Minuten köcheln lassen.

Die Artischocken putzen. In einem Topf bei starker Hitze 1 l Wasser aufkochen, Zitronensaft, Salz, Olivenöl, Knoblauch und Herzen zugeben und 20–25 Minuten bei geringer Hitze kochen. Herzen herausnehmen, abkühlen lassen; Heu und fasrige Blattreste entfernen, Herzen in Scheiben schneiden. Gegarte Artischockenherzen in den Entenfond mit der Roux geben, 5 Minuten köcheln lassen. Austern, Frühlingszwiebeln und Petersilie zufügen und die Austern 2–3 Minuten im Gumbo erhitzen, bis sich die Ränder zu kräuseln beginnen.

Reis auf große tiefe Teller verteilen und Gumbo darüberschöpfen.

Auf frischer Tat
Aimée und David Thurlo

Ella Clah, Sonderermittlerin der Navajo-Polizei, war wieder einmal spät dran.

Eigentlich hatte sie ihrer Mutter, Rose Destea, zuliebe an einem Treffen der Plant People teilnehmen wollen, einer Gruppe traditionsbewußter Navajos, die sich dem Wissen um Kräuter und Heilpflanzen und deren Anwendung verschrieben hatten. Doch Ella hatte wegen einer Festnahme soviel Papierkram zu erledigen, daß sie zwei Stunden länger auf der Wache bleiben mußte.

Die Pferde und Pritschenwagen der Plant People waren schon längst verschwunden, als Ella das Haus durch die Küchentür betrat. Rose kratzte gerade die Überreste eines Navajo-Tacos von einem Teller in Twos Schüssel. Der struppige Hund schlang alles in sich hinein.

»Hallo, Mom. Tut mir leid, daß ich so spät dran bin. Ich ...«

»... mußte Überstunden machen«, vollendete Rose den Satz. Sie hatte diese Entschuldigung schon tausendmal gehört. »Ich weiß, wieviel es dir bedeutet, Polizistin zu sein, meine Tochter, aber zählt in deinem Leben denn nichts anderes mehr?« Rose ließ den Teller ins Spülwasser gleiten.

»Mom, ich hatte mir wirklich fest vorgenommen, rechtzeitig zu kommen. Lena Clani wollte doch vorführen, wie man Yuccaseife macht. Du hast schon so oft davon gesprochen, aber ich habe es noch nie gesehen.«

»Ich dafür schon öfter. Wahrscheinlich muß ich es dir eines Tages selbst

zeigen, falls ein Wunder geschieht und du mal einen Tag frei hast. Ich hätte heute in einer bestimmten Angelegenheit wirklich deine Hilfe brauchen können.«

»Heißt das, daß du immer noch nicht weißt, wer heimlich deine Hausrezepte liest und vielleicht sogar kopiert? Ist es wieder passiert?« Ella blickte auf den großen Kasten mit Roses Rezeptkarten.

»Ich glaube schon. Ich habe einen ganz dünnen Faden zwischen den Kasten und den Deckel geklemmt, wie du vorgeschlagen hast, und irgendwann während unseres Treffens heute nachmittag muß jemand den Kasten geöffnet haben, denn der Faden liegt jetzt im Kasten. Außerdem standen zwei Rezeptkarten falsch, die für meinen Pekanwels mit Maisbällchen und die mit dem Pekanplätzchenrezept meiner Mutter. Ich glaube jedoch, jemand ist hinter meinem Posole-Rezept her. Hinter dem scheinen alle her zu sein. Aber ich habe sie ausgetrickst. Ich habe die Karte zwischen den Hammelgerichten versteckt.«

»Hast du denn keinen Verdacht, keine Ahnung, gar kein Gefühl, wer es sein könnte?« Ella spielte darauf an, daß ihre Mutter sich besonders gut in Menschen einfühlen und Ereignisse durchschauen konnte. Auch von Ella hieß es, sie habe starke metaphysische Kräfte. Sie selbst wollte davon jedoch nichts wissen und beharrte darauf, daß ihr ausgeprägtes Gespür für Gefahr die Folge ihrer Polizeiausbildung und einer natürlichen Begabung sei und sich nicht auf ererbte, übernatürliche Fähigkeiten zurückführen ließ.

»Vielleicht geht mir das alles zu nah, um die Antwort selbst zu finden. Ich werde wegen einer so unbedeutenden Angelegenheit aber bestimmt keine Crystal Gazer aufsuchen.« Crystal Gazer waren Stammesmitglieder mit der besonderen Begabung, verlorene Gegenstände wiederzufinden und Ratsuchenden dabei zu helfen, die Ursache ihrer Schwierigkeiten aufzudecken.

»Na gut, Mutter. Dann wird es jetzt Zeit, die schweren Geschütze aufzufahren.« Ella holte aus ihrer Tasche ein versiegeltes Glasfläschchen, dessen Inhalt wie Puderzucker aussah.

»Willst du ein Wahrheitsserum benutzen?« Rose lächelte.

»Nein, Mom. Dieses Pulver wird farbig, wenn es mit den Fetten in der Haut in Verbindung kommt. Ich habe es von einer Freundin bekommen, die auf der Bank arbeitet. Man kann damit zum Beispiel feststellen, wer sich aus der Kasse bedient oder in den Personalakten schnüffelt. Wenn du etwas berührst, was mit diesem Pulver bestäubt wurde, verfärben sich deine Fingerspitzen kurz darauf leuchtendrot oder lila. Es läßt sich auch nur sehr schwer abwaschen.«

»Wenn ich also etwas von dem Pulver auf meine Rezeptkarten streue, bekommt jeder, der sie berührt, rote Finger und kann auf frischer Tat ertappt werden?«

»Genau. Denk aber daran, Handschuhe zu benutzen, wenn du die Karten bestäubst. Und mach es draußen, damit nichts von dem Pulver auf den Schrank gerät, wo jemand aus Versehen hinfassen könnte. Und beim nächsten Treffen baust du die Falle auf, kurz bevor die Damen kommen. Nach dem Treffen weißt du dann genau, wer seine Finger in deinen Familiengeheimnissen hatte.«

»Das werden wir noch sehen, meine Tochter.« Rose zog ein Paar gelbe Gummihandschuhe über. »Du kannst dein Fernbleiben wiedergutmachen, indem du beim Abwasch hilfst. Ich spüle, du trocknest ab.«

Ella eilte die Treppe hinauf und fiel dabei fast über Two, der während des Treffens der Plant People aus dem Haus verbannt worden war. Zum Trost dafür war sein Freßnapf randvoll.

Zu Ellas großer Erleichterung hatte sie heute nur Routinearbeit gehabt. Es hatte keine Überraschungen gegeben, keine neuen Fälle, und den üblichen Papierkram hatte sie ihrer Assistentin in die Hand gedrückt.

Ella wollte auf keinen Fall die Lösung des Rätsels verpassen. Sie wußte, wie sehr diese Sache ihre Mutter mitnahm. Rose genoß es sehr, wenn die Gäste ihre gute Küche lobten, und die traditionellen Rezepte wurden seit Generationen nur innerhalb der Familie weitergegeben.

Ella ging leise ins Haus, um nicht zu stören, aber das Wohnzimmer war leer. Nur die herumliegenden Handtaschen und Pullover und der Duft frischen Rosmarins und anderer Kräuter sagten ihr, daß die Plant People noch in der Nähe sein mußten.

»Hallo, jemand hier?« rief Ella.

»Ich bin hier in der Küche, Schwägerin!« antwortet Loretta. »Hilfst du mir, den Kräutertee in den Garten zu tragen? Das Wetter ist so schön, niemand wollte im Haus bleiben.«

»Ja, gern.« Ella betrachtete die Frau ihres Bruders. Sie trug einen traditionellen lila Baumwollsamtrock und eine buntbedruckte Bluse und stellte gerade Gläser mit Roses Spezialtee auf ein Tablett.

»Gut, daß ich diesmal nicht zu spät komme.« Ella lächelte und warf einen Blick auf den Rezeptkasten. Von hier aus konnte sie nicht erkennen, ob sich jemand daran zu schaffen gemacht hatte.

»Du kommst genau richtig.« Loretta drückte ihr das Tablett mit dem Eistee in die Hand, und Ella ließ es beinahe fallen.

»Huch!« Ella ging in die Knie, um das Tablett auszubalancieren. Keines

der Gläser fiel um. Langsam und vorsichtig richtete sie sich wieder auf.

»Hast du es jetzt richtig?« fragte Loretta. Sie schüttelte kichernd den Kopf. Dann nahm sie ein Küchentuch und wischte den Tee auf, der auf das Tablett geschwappt war.

»Ja. Ich war wohl mit meinen Gedanken woanders. Aber jetzt hab' ich's im Griff.« Ella sah der Frau ihres Bruders zu, wie sie sorgfältig den verschütteten Tee von dem Tablett tupfte. Deutlich sichtbar waren dabei ihre roten Fingerspitzen, und das hatte Ella vorher zum Straucheln gebracht.

Loretta hatte es entweder nicht bemerkt oder hatte keine Ahnung, wo die rote Farbe herkam. Sie ignorierte sie. Ella hoffte, daß niemand sie darauf ansprechen und eine peinliche Situation herbeiführen würde. Sie wußte, daß ihre Mutter Loretta niemals vor ihren Freunden und Nachbarn als Rezeptdiebin bloßstellen würde.

Loretta hielt ihr die Drahttür auf, und Ella trat mit dem Tablett in den Kräutergarten ihrer Mutter hinaus. Sieben oder acht Mitglieder der Plant People saßen an zwei Picknicktischen, aßen Pinienkern-Ananas-Kuchen und unterhielten sich über einheimische Pflanzen.

»Tochter! Da bist du ja! Hat dich der Kuchenduft aus der Polizeiwache gelockt?« neckte Rose. Die anderen Damen stimmten in das Gelächter ein. Ella konnte alle persönlich begrüßen, während sie den Kräutertee servierte. Das war eine gute Gelegenheit, alle Hände auf rote Spuren zu überprüfen. Loretta war jedoch die einzige Missetäterin.

Rose war bester Laune. Sicher hatte sie Lorettas rote Finger schon gesehen. Mutter war vermutlich erleichtert, daß die Rezepte in der Familie blieben, auch wenn die Art der Weitergabe nicht der Tradition entsprach.

Loretta setzte sich neben Rose, aß genüßlich ein Stück Kuchen und unterhielt sich angeregt mit ihren Nachbarinnen. Ella gesellte sich dazu.

Ella suchte den Blick ihrer Mutter, und Rose nickte unauffällig. Also wußte sie das mit Loretta und nahm die Sache leicht. Es war gut, die Harmonie wiederherzustellen; die Wahrheit über Freunde und Familienmitglieder lag nun zu Tage und glich aus, was zuvor verborgen gewesen war.

Der restliche Nachmittag verlief angenehm, und während die letzte Besucherin in ihrem staubigen alten Pritschenwagen davonfuhr, half Ella ihrer Mutter beim Einsammeln der leeren Teller. Two war hilfsbereit von der Veranda herbeigeeilt, falls Reste zu entsorgen wären.

»Bist du nicht erleichtert, Mom? Jetzt, wo du weißt, daß Loretta an deinem Rezeptkasten war?«

»Ja, meine Tochter, das bin ich. Sobald wir heute einen Augenblick unter uns waren, kam sie zu mir und hat mir alles gestanden. Dein Bruder hat wohl so mit meinen Kochkünsten angegeben, daß sie keinen anderen Weg

wußte, um ihm den Mund zu stopfen. Sie war richtig erleichtert, als ich ihr anbot, sie könne sich ruhig Rezepte abschreiben, wenn sonst niemand hier ist.«

Ella mußte lächeln. Als Loretta ihre roten Finger entdeckt hatte, war ihr sicher klar gewesen, woher der Wind wehte. Sie hatte sich gerettet, indem sie ihr Schicksal in Roses Hände gelegt hatte. Ella hatte nicht geahnt, daß ihre Schwägerin der Schwiegermutter gegenüber soviel Mut zeigen konnte.

»Warum lächelst du, Ella? Hat Loretta dir in der Küche eine andere Geschichte erzählt?«

»Nein, wir haben kaum ein Wort gewechselt. Sie bat mich, mit dem Tee zu helfen, und das war's.« Ella war verwirrt. Ihre Mutter wußte doch, daß sie Lorettas rote Finger nicht übersehen haben konnte.

»Ist ja auch egal. Du hast unsere besondere Familienbegabung – unsere Wahrnehmung – schon immer richtig eingesetzt, wenn es um Kriminelle ging. Sogar wenn es harmlose waren. Übrigens, hier ist das Pulver, das du mir gegeben hast. Ich habe es dann doch nicht benutzt. Es wäre einfach zu peinlich gewesen, jemanden von meinen Gästen auf frischer Tat zu ertappen und bloßzustellen. Trotzdem, vielen Dank.« Rose drückte ihrer Tochter die Glasflasche in die Hand.

Ella betrachtete die Flasche von allen Seiten, aber das Siegel war unversehrt. Die Flasche war nicht geöffnet worden. Ungläubig sah sie ihre Mutter an. Rose nickte ihr zu.

Posole
Indianischer Eintopf

Zutaten für 4 Personen:

1 EL	Pflanzenöl
1	große Zwiebel, gehackt
4	Knoblauchzehen, zerdrückt
500 g	mageres Schweinefleisch, in 2 cm große Würfel geschnitten
800 g	Maiskörner aus der Dose, abgetropft
450 ml	passierte Tomaten
450 ml	plus 4 EL Rinder- oder Hühnerbrühe
2 geh. EL	Chilipulver
1 TL	getrockneter Oregano
2 EL	Mehl
	frisches Koriandergrün, gehackt
	Tortillas
	Limetten

Öl in einem Topf bei mittlerer Hitze erwärmen. Zwiebel und Knoblauch darin weich dünsten. Fleischwürfel zugeben und ringsherum anbraten. Mais, Tomaten, den Großteil der Brühe, Chilipulver und Oregano zufügen und gut umrühren. Zum Kochen bringen. Bei schwacher Hitze im geschlossenen Topf mindestens 30 Minuten schmoren lassen, bis das Fleisch gar ist. Mehl mit 4 EL Brühe verrühren und in den Topf geben. Bei mittlerer Hitze rühren, bis die Sauce eindickt.
Eintopf auf Suppenteller verteilen und mit Koriandergrün garnieren. Dazu Tortillas und Limettenschnitze servieren.

Pekanwels mit Maisbällchen

Zutaten für 4 Personen:

Für die Maisbällchen (20 Stück)

180 g	Maismehl
50 g	Maisstärke
1 EL	Backpulver
½ TL	Salz
½ TL	Knoblauchpulver
½ TL	Cayennepfeffer
1	Ei, leicht verquirlt
250 ml	Milch
25 g	Butter
2–3	Frühlingszwiebeln, fein gehackt
	Pflanzenöl zum Fritieren der Maisbällchen

Für den Fisch

4 EL	Dijon-Senf
4 EL	saure Sahne
2 EL	Milch
4	Frühlingszwiebeln, fein gehackt
200 g	Pekannüsse, fein gemahlen
4	Welsfilets ohne Haut, je etwa 180 g

Für die Maisbällchen die trockenen Zutaten vermischen und dann das Ei unterrühren. In einem Topf Milch mit Butter aufkochen, Maismehlmischung glatt unterrühren. Frühlingszwiebeln zufügen, Topf vom Herd nehmen und abkühlen lassen. Masse zu Bällchen formen. In einer Schüssel Senf, saure Sahne, Milch und Frühlingszwiebeln verrühren, Welsfilets gründlich darin und anschließend in den gemahlenen Pekannüssen wälzen. Filets auf einem gefetteten Backblech im vorgeheizten Ofen bei 240° C 8–10 Minuten garen. In einem großen Topf Öl 7,5–10 cm hoch gießen und auf 180° C erhitzen. Maisbällchen partienweise in das heiße Öl gleiten lassen und von beiden Seiten je 3 Minuten goldbraun fritieren. Herausnehmen und im Backofen bis zum Servieren warm halten.

Klabusterbeeren
Anke Cibach

Sonntag

Ich bin nicht pingelig, aber die Art, in der Bernd in der Nase popelt, um dann kleine Bällchen verstohlen in Richtung Fernseher zu schnipsen – das geht mir zu weit!

Im Laufe der Tagesschau schafft er bis zu sechs Kügelchen, ich habe mitgezählt. Als ich ihn deswegen einmal zur Rede stellte, leugnete er alles ...

»Hast du nichts Besseres zu tun, als mich zu belauern?« beschwerte er sich und steckte den Zeigefinger in sein linkes Ohr. Das ist stets ein Zeichen von Unmut und Ärger bei Bernd, er malträtiert dann sein armes Ohr mit ruckartigen, heftigen Bewegungen des Fingers. Angeblich, um es von Ohrenschmalz freizuhalten. Wenn er fündig wird, zieht er ein Taschentuch hervor und packt den Pfropfen umständlich ein. Aber nicht ohne ihn vorher gründlich untersucht zu haben. Manchmal schäme ich mich für meine böse Phantasie ... ich habe nämlich Bernd insgeheim in Verdacht, daß er das Ohrenschmalz aufißt, wenn er sich unbeobachtet fühlt. Aber beweisen kann ich es nicht.

Man sollte meinen, ich hätte mich im Laufe von dreißig Ehejahren an Bernds ... nun ... Eigenarten gewöhnt. Auch andere Männer kratzen sich ungeniert im Schritt oder rutschen mit gequältem Gesichtsausdruck auf dem Stuhl hin und her, das habe ich anläßlich unseres Konzertabos sogar

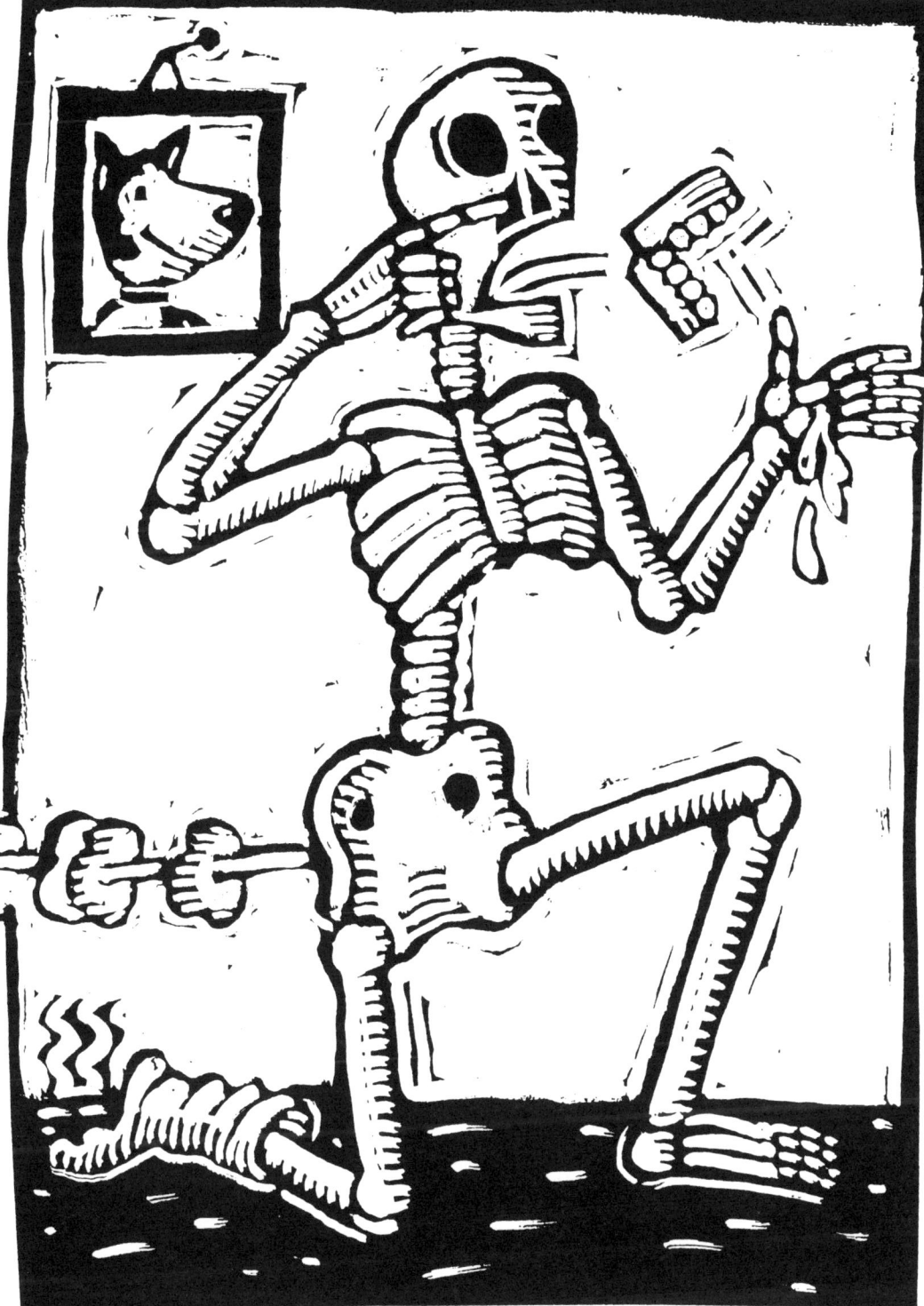

recht häufig beobachten können. Allerdings flüstert keiner von ihnen dabei vernehmlich: »Mich jucken die Klabusterbeeren«. Das ist Bernds Art, auf seine Hämorrhoiden hinzuweisen. Sehr unappetitlich. Ich finde, das gehört sich nicht in der Öffentlichkeit!

Bis zu seiner Frühpensionierung vor zwei Jahren fiel es mir noch leichter, tolerant zu sein. Schließlich war Bernd meine große Sandkastenliebe. Schon als Kind konnte er begabt Spuckefäden über sein Kinn laufen lassen, um sie dann mit einem schlürfenden Geräusch im letzten Augenblick triumphierend wieder hochzuziehen. Ich habe ihn damals für diese Kunst sehr bewundert. Aber ist es nicht ganz natürlich, wenn sich der Geschmack im Laufe der Jahre ändert?

Es muß wohl an mir liegen, denn Bernd hat sich eigentlich nicht geändert. Das mit den Spuckefäden schafft er als Bartträger zwar nicht mehr, aber dafür hat er eine spezielle Art entwickelt, nur mit Hilfe der Zunge Eigelb-Reste aus dem Schnäuzer zu entfernen. Beifall heischend schaut er mich dann an, aber ich weigere mich, ihm dafür zu applaudieren. Trotzdem kann ich mir ein Leben ohne Bernd nicht vorstellen.

In einer Ratgeberkolumne unserer Tageszeitung habe ich einmal gelesen, daß man Eigenarten löschen kann, indem man ihnen keine weitere Beachtung schenkt. Ich habe unter Anonym angefragt, ob diese Methode auch nach Jahrzehnten noch wirken würde, aber sie haben mir leider nicht geantwortet.

Als Bernd noch ins Büro ging, kam er über Mittag zum Essen nach Hause. Damals hat es mich nicht gestört, wenn er bei seinem Leibgericht Scharfe Töttchen schmatzte oder nach diesem Gericht aus Kalbsinnereien deutlich rülpste; in anderen Kulturen soll das ja eine Anerkennung für die Köchin sein, sagt Bernd. Ich habe auch lange gebraucht, bis ich ihn zu fragen wagte, ob er im Büro ebenfalls seinen Winden so einfach freien Lauf lassen würde. Da hat er mich ganz perplex angeschaut und gesagt: »Nein, natürlich nicht. Ich hab' doch nicht bei der Arbeit die Zeit, jedes Mal zum Fenster zu rennen und zu lüften.«

Das habe ich eingesehen, aber in Ordnung finde ich es nicht, wenn er im Büro seine Blähungen unterdrückt und sich erst zu Hause erleichtert.

Kinder waren uns nicht vergönnt. Vielleicht hätte ich Bernd sonst weniger Aufmerksamkeit geschenkt. Immerhin haben wir seit zwei Jahren einen Dackel: Seppi ist das Abschiedsgeschenk von Bernds Kollegen. In den ersten Wochen (es war Sommer) trottete er dreimal täglich mit Seppi los, und ich konnte ungestört meine Hausarbeit erledigen. Als das Wetter schlechter wurde, zogen es beide vor, mir in der Küche Gesellschaft zu leisten und um Häppchen zu betteln.

Bernd hat sich sogar angewöhnt, seine Fußnägel in der Küche zu schneiden. »Ich bin so gerne bei dich bei«, imitiert er einen mir unbekannten Komiker, der vor Jahrzehnten einmal auf dem Betriebsfest der Firma aufgetreten ist. Aus der Nagelpflege hat sich inzwischen ein richtiges Ritual entwickelt. Während Seppi gierig die abgeschnipsten Nägel frißt, soll für Hunde sehr gesund sein, zupft Bernd an den abblätternden Hautfetzen zwischen seinen Zehen. Leider weigert er sich standhaft, eine Fußpilzcreme zu nehmen. Sein Tankwart hat ihm eine Behandlung mit Eigenurin empfohlen, das will er demnächst ausprobieren. Hoffentlich nicht wieder in meiner Küche!

Wenn ich ins Wohnzimmer flüchte, um Ruhe zu haben, kommt Bernd innerhalb von wenigen Minuten nach. »Was machst du hier so ganz alleine?« will er dann wissen und kratzt sich genüßlich, vielleicht aus Langeweile, in der Achselhöhle. Dann schnuppert er an seiner Hand und hält sie mir hin. »Riech mal, spürst du die aphrodisierende Wirkung?« Irgendwann gab es einmal eine Fernsehsendung zu diesem Thema, vermutlich das Tiermagazin. Seit er ganz zu Hause ist, nimmt Bernd kein Deo mehr. »Wir kommen doch alle aus dem Urwald«, argumentiert er. Mich überzeugt das nicht, und von wegen aphrodisierender Wirkung ... da müßte er wenigstens ein Mundwasser nehmen.

Doch wenn wir bei den Nachbarn samstags zum Kartenspielen eingeladen sind, kann ich mich über meinen Mann nicht beklagen. Er läuft sozusagen zur Hochform auf. Mit diversen kostenlosen Pröbchen aus meiner Kosmetikschublade überschüttet, und Melkfett in den Haaren »ist billiger als Frisiercreme«, ist er von einer Duftwolke umhüllt, die dem Urwaldgeruch letztendlich doch überlegen ist. Nur frische Socken hält er leider für unnötig. »Ich habe nicht vor, meine Schuhe auszuziehen. Und wenn man mich dazu zwingen sollte, haben die Leute eben Pech gehabt.« Das ist ein gutes Beispiel für Bernds typischen Humor, und ich müßte mich freuen, einen so positiv denkenden Partner zu haben.

Bei den Gastgebern nennt er die Dame des Hauses ›Werteste‹ und schlingt die Schinkenhäppchen nicht in ganzen Stücken herunter, wie er es sonst tut. Er ist auch sehr bemüht, seinen chronischen Raucherhusten zu unterdrücken. Humorvoll spricht er vom kleinen Katarrh und hüstelt dezent mit vorgehaltener Hand. Aber schon auf dem Rückweg gibt er seinem Drang auf die übliche Art nach. In schleimlösender Absicht röchelt und krächzt er so lange, bis er etwas zum Ausspucken hochgewürgt hat.

»Wieder einen dicken Gelben losgeworden«, verkündet er dann stolz. In unserer Wohnung darf Bernd natürlich nicht auf den Fußboden spucken, wir haben Teppichböden. Ich gebe ihm stets Papiertücher, und er benutzt

sie, ohne zu murren. Aber zur Entsorgung gibt er sie gerne Seppi und faselt etwas über wichtige Mineralstoffe, die man nicht vergeuden sollte. Mir wird ganz anders, wenn ich das miterlebe.

In letzter Zeit ist mein Beobachtungsdrang stärker geworden. Wie unter Zwang registriere ich Bernds ... Angewohnheiten ... und notiere sie manchmal im Tagebuch.

Dienstag
Am Montag waren wir im Kino und haben uns den »Untergang der Titanic« angesehen. Noch während des Vorspanns faltete Bernd die Kinokarte in ein handliches, kleines Viereck und reinigte damit seine Zahnzwischenräume. Das schleifende Geräusch wirkt auf mich wie Fingernägelkratzen auf einer Schiefertafel. Bin ich zu sensibel?

Rechtzeitig zum Untergang des Schiffes wurde Bernd zum Glück fertig und begann an seiner Unterlippe zu zupfen und blub blub zu machen. Es läßt sich nicht anders beschreiben. Ich hörte dieses blub blub trotz einbrechender Wassermassen und Menschen, die um Hilfe schrien. Es begleitete mich bis zur Bergung der Schiffbrüchigen und ging erst zu Hause in ein pfft pfft über, das zu einem ekligen Spielchen mit Seppi gehört, ich möchte es nicht näher ausführen. Wenn Bernd dadurch Hundespulwürmer bekommen sollte, bin ich nicht verantwortlich! Ein Leben ohne Bernd? Manchmal kommt mir dieser Gedanke, aber leider neige ich zu Schuldgefühlen.

Mittwoch
Bernd war heute beim Zahnarzt, er braucht eine neue Prothese. Der Arzt hat ihm ein Provisorium eingesetzt, das Bernd fasziniert und vorläufig gut beschäftigt. Stundenlang wälzt er die Prothese im Mund hin und her und gluckst dabei wie ein zufrieden nuckelnder Säugling. Manchmal legt er die Zähne auch auf den Küchentisch und macht albern schnapp schnapp. Das Kind im Manne? Seppi regt es sehr auf, er möchte lieber pfft pfft spielen, aber da habe ich wegen der Hygiene energisch abgeraten. Ich fürchte, es ist die Wahrheit – ich kann mir ein Leben ohne Bernd doch gut vorstellen.

Donnerstag. Abendbrotzeit
Bernd hat sich an den Scharfen Töttchen böse verschluckt. Irgendwie waren Innereien und Provisorium ineinander verwickelt und in seinen Rachen gerutscht. Das kommt davon, wenn man so hastig schlingt! Im letzten Moment konnte er mit Hilfe der Gabel alles wieder hochholen, zusammen mit den Resten des Eintopfs. Den vollen Teller hat er gleich

Seppi gegeben, obwohl der auch so zum Schlingen neigt. Aber von einem Hund kann man nichts anderes erwarten. Danach hatten wir alle keinen rechten Appetit mehr.

»Beim nächsten Mal stellst du mich einfach auf den Kopf und schüttelst Töttchen und Zähne wieder raus.« Wie immer hat Bernd seinen Humor schnell wiedergefunden. Ich aber nicht. Was wäre, wenn ich ihm dann nicht helfen würde?

Freitag

Vielleicht wäre alles ganz anders gekommen, wenn es heute Schweinebraten im Angebot gegeben hätte. Da dies nicht der Fall war, nahm ich noch einmal Kalbskopf für die Töttchen. Mag sein, daß mich mein Unterbewußtsein dazu veranlaßt hat, wer kann das schon wissen? Bernd ist durch Erfahrung leider nicht klüger geworden.

»Eßt doch langsamer«, ermahnte ich ihn und den Hund, der zum Brechreiz neigt. Während ich dann Seppi kurz nach draußen ließ, muß es wohl passiert sein. Als ich in die Küche zurückkam, fand ich ein Bild des Jammers vor: Bernds Gesicht war hochrot angelaufen, seine Augen tränten, und er versuchte – offensichtlich geschwächt –, mit einem Löffel etwas aus seinem Hals zu entfernen. »Grrp, grrp«, sagte er. Nur ein einfaches grrp, grrp, und das waren seine letzten Worte!

Ich habe mich noch, trotz böser Gedanken, halbherzig darum bemüht, Bernd auf den Kopf zu stellen. Leider fiel er mir gegen die Herdkante und schloß sofort die Augen. Aber einen Vorwurf brauche ich mir nicht zu machen, der Arzt hat als Todesursache Ersticken aufgeschrieben.

Freitag

Die Beerdigung ist vorbei. Alle, alle sind sie gekommen. Kollegen, Nachbarn, der Dackelclub und zwei entfernte Vettern von Bernd. Der eine ist mit seiner Frau gleich nach dem Kaffee wieder abgereist, aber Hermann bleibt noch bis morgen, um mir seinen männlichen Beistand anzutragen, wie er es sehr nett ausgedrückt hat. Er ist alleinstehender Rentner und kann sich seine Zeit selbst einteilen. Hermann war mir in den letzten Wochen eine große Hilfe. Er hat den ganzen Papierkram erledigt und ist regelmäßig mit Seppi gegangen. Ich habe ihn inzwischen im Gästezimmer einquartiert, damit er sein Geld nicht länger für die teure Pension ausgeben muß. Sollen die Nachbarn doch reden!

Leider mußte Hermann in privaten Angelegenheiten wieder nach Hause. Das gibt mir Gelegenheit zum Nachdenken. Hermann ist so ganz anders als Bernd. Er hat ausgezeichnete Tischmanieren und verschluckt sich so

gut wie nie. Nur bei Innereien ist er ähnlich leichtsinnig wie damals Bernd. Deshalb sind Töttchen jetzt auch vom Küchenplan gestrichen! Und wenn Geflügel auf den Tisch kommt, saugt er ganz gerne am Bürzel und macht chm chm, das ist die einzige Ausnahme. Nach den Mahlzeiten geht er ›ein Ei legen‹, aber niemals bin ich von seinen Winden behelligt worden. Hermann hat angeborenes Taktgefühl.

Mittwoch

Wir sind wieder zusammen. Seppi war vor Begeisterung kaum zu bändigen, ich glaube, er vermißt Bernd nicht mehr. Ich selber denke eher praktisch, Hermann und ich kennen uns jetzt seit vielen Monaten. Doch in unserem Alter hat jeder seine Eigenarten, und ich möchte meinen Lebensabend in Ruhe verbringen. Die Jahre mit Bernd waren ... nun ... anstrengend.

Hermann und ich leben jetzt für ein weiteres Vierteljahr auf Probe zusammen. Trotzdem habe ich meine Küche für mich alleine, endlich! Da Hermann sich tagsüber wunderbar beschäftigen kann, freuen wir uns beide auf die Abende. Und noch nie hat er in meiner Gegenwart seine Fußnägel geschnitten! Ab und zu bemerke ich, daß er gedankenverloren kleine Schorfstellen abpult, aber er gibt sie nicht dem Hund.

Freitag

Wir gehen inzwischen noch ungezwungener miteinander um. Hermann frühstückt gerne im Pyjama, und ich habe an ihm eine Eigenart beobachtet. Er knöpft gerne die obersten zwei Pyjamaknöpfe auf, um dann aus seinem grauen Brusthaar Kringellöckchen zu formen, die er mit seiner Spucke festigt. Natürlich läßt es sich damit leben ...

Die Probezeit ist abgelaufen, Hermann ist vom Gästezimmer ins Schlafzimmer gezogen. Ich hatte Angst vor dieser ersten Nacht, aber auch für Hermann war es nicht leicht. Er hat eine Cremetube auf den Nachtschrank gelegt und ganz sachlich von »Juckreiz im Analbereich, behandlungsbedürftig« gesprochen.

»Hermann«, habe ich da gesagt, »laß uns offen sein, du hast Klabusterbeeren!«

Er hat schweigend genickt. Ich glaube, in diesem Moment habe ich mich ganz für ihn entschieden.

Ein Jahr später

Alles war nur ein Irrtum, vom Regen in die Traufe! Klabusterbeeren hin, Klabusterbeeren her, ab heute gibt es wieder Töttchen.

Töttchen

Dieses Eintopf-Rezept ist für weniger Hartgesottene; wer wie Bernd, Seppi und sicher auch Hermann das Besondere liebt, ersetzt das Kalbsfleisch durch einen Kalbs-kopf, eine Lunge und ein Herz.

Zutaten für 4 Personen:

1 kg	Kalbfleisch mit Knochen (Hals, Schulter oder Brust)
2	Lorbeerblätter
1	Gewürznelke
½ TL	weiße Pfefferkörner
1	Stange Lauch, in kleine Stücke geschnitten
1	Möhre, gewürfelt
1	Stück Knollensellerie, gewürfelt
2	Zwiebeln
1 EL	Butter
1 EL	Mehl
2 EL	Kapern
1–2 EL	Weinessig
1–2 EL	Sherry medium oder Madeira
	Zucker, Salz, frisch gemahlener weißer Pfeffer

Fleisch mit Lorbeerblättern, Nelke, Pfefferkörnern und 2 TL Salz in einen Topf geben, mit Wasser bedecken und zum Kochen bringen.

Schaum von der Brühe abschöpfen. Suppengemüse und eine geviertelte Zwiebel zufügen. Im geschlossenen Topf bei schwacher Hitze 90 Minuten garen.

Fleisch herausnehmen und etwas abkühlen lassen. Brühe und Gemüse aufkochen, durch ein Sieb passieren und auf dem Herd warmhalten. Fleisch von den Knochen lösen und von Fett und Sehnen befreien. In kleine Würfel schneiden.

Butter in einem Topf zerlassen und eine feingehackte Zwiebel darin glasig dünsten. Mehl zufügen. Mit ½ Liter der Brühe ab-löschen. Bei schwacher Hitze sämig einkochen lassen.

Kapern zufügen und mit Essig, Sherry, Zucker, Salz und Pfeffer süßsauer abschmecken.

Eine Frau in den besten Jahren

Elizabeth Syme

Ich hatte nicht bemerkt, daß Sie auf die Terrasse des Hotels gekommen sind. Ich habe Ihre Schritte nicht gehört. Sie brauchen sich nicht zu entschuldigen.

Nur wenige verirren sich hierher. Ich kann gar nicht glauben, daß Sie mich reden gehört haben. Ich sitze hier ganz allein am Tisch. Und Sie haben tatsächlich gehört, daß ich »Warum bloß komme ich im Winter nach Las Vegas« gesagt habe? Mir war nicht bewußt, daß ich laut gesprochen habe.

Nein, bleiben Sie nur. Setzen Sie sich. Ein bißchen Gesellschaft ist mir recht. Es ist so schrecklich heiß, und hier im Schatten ist es schön kühl. Passen Sie auf, daß Ihr eleganter weißer Anzug nicht schmutzig wird. Stören Sie sich nicht an den Gläsern auf dem Tisch. Ganz schön viele, nicht wahr? Würden Sie mir glauben, daß ich eine Weinprobe mache?

Sie wollen wirklich wissen, warum ich in Las Vegas bin? Belauschtes macht neugierig, da stimme ich Ihnen zu.

Danke fürs Nachschenken. Das ist eine wunderbare Spätlese. Ich würde Ihnen ja etwas abgeben, aber ich glaube, hier ist kein sauberes Glas mehr. Ah, Sie leiden unter Jet-lag. Dann sind Sie wohl gerade erst angekommen und sollten darauf achten, was Sie essen und trinken.

Warum ich hier bin? Sie geben nicht so schnell auf, oder? Sie sind ein Mann nach meinem Geschmack. Ich gebe auch nicht so schnell auf.

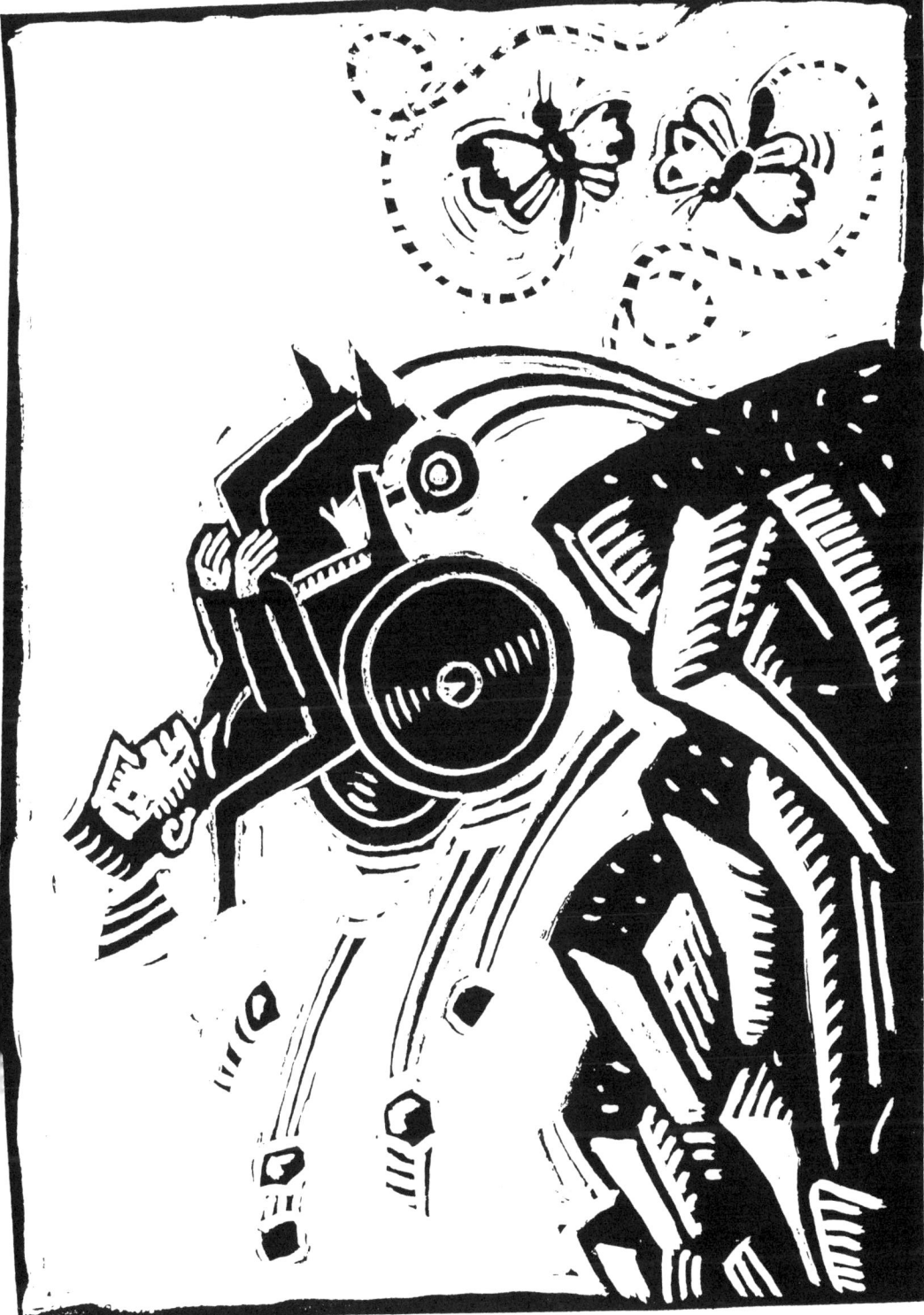

Ehrlich gesagt, daß ich hier in Las Vegas bin, überrascht mich selbst. Manchmal führt einen das Schicksal an Orte, an die man nie gedacht hätte.

Ich, Ilsa Allewetter, achtundvierzig, eine Frau in den besten Jahren. Ich sage das gern, eine Frau in den besten Jahren. Das hat ein gewisses Etwas.

Sie haben recht, Ilsa ist ein ungewöhnlicher Name. Meine Mutter nannte mich so, weil sie den Film Casablanca so liebte: »You must remember this: a kiss is just a kiss«.

Allewetter. Ilsa Allewetter, richtig. Ob ich viele Unwetter überstanden habe? Das werde ich ständig gefragt, und ich gebe immer dieselbe Antwort. Ja, ich habe viele Unwetter überstanden.

Mein Akzent? Kanadisch. Ich besitze in Ottawa ein viktorianisches Herrenhaus. Nein, mein Reichtum ist neueren Datums. Ich habe eine halbe Million Dollar geerbt und das Herrenhaus. Jetzt staunen Sie aber.

Sie glauben, dahinter stecke eine Geschichte? Sie wollen mehr hören? Dann müssen Sie mir erst eine Frage beantworten. Sind Sie leicht zu schockieren? Nein? Dann erkläre ich Ihnen, warum ich in Las Vegas bin.

Ich war als Gesellschafterin für Mrs. Dale-Stevens angestellt. Sie war alt und Diabetikerin. Ich hatte eine gewisse Erfahrung darin, Speisen zuzubereiten, die den Blutzuckerspiegel anheben. Sie sagte immer: »Ilsa, für Ihre Lachssteaks Alaska und Ahornsiruppfannkuchen würde ich sterben.« Das habe ich ihr dann auch immer serviert, und sie tat genau das. Sterben, meine ich.

Sie sollten wirklich nicht lachen. Danke. Sie haben einen gewissen Schwung beim Einschenken. Das mag ich.

Zum Glück war Mrs. Dale-Stevens' Hausarzt gerade auf einer zweimonatigen Survivaltour im australischen Busch.

Sie haben recht. Ich habe wohl das Eisen geschmiedet, solange es heiß war. Natürlich war es sehr praktisch, daß er nicht da war, weil ich irgendwie ganz in Gedanken ein paar Schachteln von Mrs. Dale-Stevens' Arznei verlegt hatte.

Die Vertretung machte ein reizender junger Mann mit einer Leidenschaft für Anatomie. Weibliche Anatomie. Ich konnte ihm einiges offenbaren. Das ist nicht nur übertragen gemeint, denn ich wog zweihundert Pfund.

Was für ein Brocken. Ja, Sie haben es ganz behutsam gesagt. Aber es tut immer noch weh, selbst nach so langer Zeit.

Ich weiß, Völlerei ist eine Todsünde. Nein, natürlich bin ich nicht beleidigt. Aber für Übergewicht gibt es immer einen Grund. Ich litt an einer schweren »Schwesteritis«.

Davon haben Sie noch nie gehört? Es ist eine Krankheit, die unscheinbar aussehende Mädchen mit bildhübschen Schwestern befällt. Die Symptome

sind Eifersucht, Wut, Frustration und viele häßliche Dinge. Meine Schwester hieß Stella. Sie war schön wie der Abendstern. Ich haßte sie und betete sie an.

Nett, daß Sie sagen, ich wäre sehr attraktiv und erinnere an Ingrid Bergman. Meine Mutter hätte das sehr gefreut.

Verzeihen Sie. Ich habe immer noch nicht erklärt, warum ich in Las Vegas bin. Man kommt so schnell vom Thema ab.

Nach Abschluß der rechtlichen Angelegenheiten in Ottawa – Anwälte, Geld, Grundstück – fuhr ich sechs Monate nach Europa. Louise blieb da und kümmerte sich um alles. Entschuldigung, ich hatte sie noch nicht erwähnt. Louise Renaud, Mrs. Dale-Stevens' Haushälterin, meine Lieblingsfeindin. Sie hatte sich Hoffnungen auf einen Teil der halben Million gemacht. Es war ein herber Schock für sie, daß ich die Alleinerbin war. Louise hatte es stets verdächtig gefunden, daß ich diese leckeren Gerichte zur Anhebung des Blutzuckerspiegels selbst zubereitete. Sie hatte es sogar dem Anwalt gegenüber erwähnt. Natürlich konnte sie nichts beweisen. Mr. Baines deutete sogar an, daß sie wohl eine blühende Phantasie hätte.

Nein, ich hatte keine Bedenken, sie in dem Herrenhaus zurückzulassen. Louise ist schließlich sehr häßlich. Oh, ich hab' mich versprochen: Ich meinte verläßlich.

Was ich sechs Monate lang gemacht habe?

Ich besuchte die modernsten Kliniken. Ganzheits- und Körpertherapien, Aromatherapie, die ganze Palette. Ich turnte in gut eingerichteten Fitneßräumen. Ich wurde weichgeklopft, geschrubbt und mit Schlankheitsgel massiert, bis ich ein neuer Mensch war.

Ob es mir gefallen hat?

Es gehörte zu meinem Plan. Natürlich hat es mir gefallen. Ich wurde verwöhnt. Das war neu für mich. Manches war merkwürdig, das gebe ich zu, aber das meiste war lu-xu-ri-ös. Haben Sie schon einmal von einem Gesichtspeeling gegen tiefe Falten gehört? Ich nahm Vitamine und Mineralien. Ich machte Kuren gegen Zellulitis und für eine straffere Figur.

Als ich zurückkam, fühlte ich mich wun-der-schööön – und sah auch so aus.

Warum macht sich eine Frau in den besten Jahren solche Mühe? Ich glaube, Sie wissen schon, warum. Natürlich für einen Mann. In meinem Fall ein ganz besonderer: Richard, der Mann meiner Schwester Stella. Ein gutaussehender Witwer.

Sie haben recht, das hatte ich noch nicht erzählt. Richard war vor einem Jahr Witwer geworden. Stella und er hatten in Europa Ferien gemacht. In Deutschland hatten sie einen Autounfall. Stella war tot und Richard

untröstlich. Er blieb in Europa. Stella hatte ihm reichlich Geld hinterlassen. Auch das hatte mir das Leben vergällt. Unsere Eltern hatten mich enterbt. Stella hatte alles bekommen, das Geld – und Richard.

Sie meinen, ich wäre viel zu attraktiv, um mich deswegen zu grämen? Sie sagen so nette Sachen. Flirten Sie etwa mit mir? Sie brauchen nicht zu antworten.

Als schöner Schmetterling flog ich nach Paris und zu Richard.

Wie er reagierte?

Den Blick werde ich nie vergessen.

»Richard«, sagte ich leise, als ich an seinem Tisch in dem Restaurant stand, in dem er speiste.

Er blickte auf, und sein Gesicht wurde fahl. »Stella ...«

»Nein, Richard, ich bin es, Ilsa.«

Richard und ich heirateten. Wir fuhren im offenen Sportwagen die Champs-Elysées entlang. Ich trug ein Kleid wie Ingrid Bergman in dem Film, Sie wissen schon. Endlich entsprach ich dem, was meine Mutter sich für mich gewünscht hatte. Sie hören an meinen Worten, wie glücklich ich war. Wollen Sie noch mehr hören?

Ja, ich hatte Richard von der halben Million erzählt.

Wir kehrten in das Herrenhaus nach Ottawa zurück. Ich hatte ständig Kontakt mit Louise gehabt, per Telefon und E-Mail. Sie hatte alles für uns vorbereitet. Als Louise die Tür öffnete, war ich sprachlos. Die Louise, die ich zurückgelassen hatte, war eine verblichene, flachbrüstige Neunundvierzigjährige gewesen. Aber diese Louise war rothaarig und machte Dolly Parton Konkurrenz. Mit Silikon kann man so einiges aufpeppen. Ich mußte zweimal hinsehen. Auch sie hatte sich in eine begehrenswerte Frau in den besten Jahren verwandelt. Louise war die Höflichkeit in Person. Ich hatte in dieser Hinsicht nichts zu beanstanden.

Die Ménage à trois begann, bevor wir das Wohnzimmer betreten hatten.

»Wie sieht's aus, Richard?« flüsterte Louise vernehmlich.

»Gut, Louise.« Dann fügte er etwas wie »Ich seh' dir in die Augen, Kleines« hinzu.

Erst da fiel mir eine Sache ein, die ich nicht hätte vergessen dürfen. Louise und Stella waren auf der High-School in derselben Klasse gewesen. Sie hatte Stellas Fanclub angeführt. Und zweifellos war sie auch während Stellas und Richards Ehe eine enge Freundin geblieben – vielleicht sogar eher Richards Freundin.

Ich hatte es verpatzt.

Was konnte ich tun? Ich dachte lange vergeblich darüber nach. Offener Kampf kam nicht in Frage. Louise und ich umkreisten einander wie Kat-

zen und lauerten sprungbereit auf einen schwachen Moment. Dann passierte etwas, das die Situation völlig veränderte. Es war am 1. Juli, dem kanadischen Nationalfeiertag. Gerade waren die Gäste unserer großen Feier gegangen. Louise räumte auf, Richard flegelte sich auf der Couch und war mehr als nur ein bißchen betrunken.

Als ich ins Zimmer kam, winkte er mir benebelt zu. »Stella, Stern meines Universums und mein allerschönstes Weib.«

Louise und ich starrten ihn in eisigem Schweigen an.

Mit zusammengekniffenen Augen musterte er mich. »Nein, du bist nicht Stella, du bist Ilsa. Stella ist tot.« Er sprach schleppend, aber das Wesentliche konnte man noch verstehen. »Ich habe es wie einen Unfall aussehen lassen. Ich habe die Bremsen, Elektrik, Airbag, alles manipuliert.« Völlig betrunken rollte er von der Couch. Wir ließen ihn liegen.

Blut ist dicker als Wasser. Plötzlich wollte ich Stella beschützen, auch wenn es schon zu spät war.

Sie verstehen mich? Sie sind sehr einfühlsam.

Nein, ich habe nie so etwas Dramatisches gesagt wie »Die Rache ist mein«. Aber Sie haben recht, ich trug mich mit Mordgedanken.

Wie sich Louise fühlte? Da kann ich nur raten. Aber zwischen uns stellte sich ein behutsamer Waffenstillstand ein. Wir überraschten uns gegenseitig. Eines Tages kam ich in die Küche, als sie die Tranchiermesser auf dem Tisch ausgebreitet hatte und auf ihre Schärfe überprüfte. Bei einer anderen Gelegenheit traf sie mich in der Garage, die früher ein Stall gewesen war. Ich hielt ein Seil in der Hand und betrachtete einen Balken an der Decke. Ich hatte sogar einen umgedrehten Eimer genau darunter gestellt.

Ah, jetzt kommt die andere Spätlese. Sie haben sogar ein sauberes Glas für mich, danke. Wußten Sie, daß Spätlese aus den letzten Trauben der Saison gemacht wird? Der Wein wird gehaltvoller durch die Herbstsonne. Wie bei einer Frau in den besten Jahren, meinen Sie nicht auch? Aber ich schweife ab.

Ob Richard irgendeinen Verdacht schöpfte? Sie klingen langsam wie ein Polizist. Ach, das amüsiert Sie?

Aber um Ihre Frage zu beantworten: Ich glaube nicht. Richard war sehr beschäftigt. Eine Ménage à trois läßt einem nicht viel freie Zeit. Eines Tages bot sich unerwartet eine Gelegenheit. Ich arbeitete im Garten, als Richard zu mir kam. Er trug ein Vogelnest in der Hand, das vom Dachvorsprung gefallen war: Zwei kleine Eier darin waren noch heil. Er lehnte eine lange Leiter an die Hauswand und stieg hinauf, das Nest in der Hand. Ich beobachtete jeden Schritt.

Raten Sie mal, worum ich betete.

Ja, es wäre sehr praktisch gewesen, wenn er abgestürzt wäre und sich den Hals gebrochen hätte. Sie denken wie ein Detektiv. Die Leiter fing an zu schwanken. Richard hatte nach unten geblickt. Jemand hatte ihn gerufen. Neben mir stand Louise. Sie trug enge schwarze Radlerhosen und ein pinkfarbenes Oberteil, das ihre Reize hervorragend zur Geltung brachte. Louise blieb in Richards Blickfeld. Während er weiterstieg, sah er sich immer wieder nach ihr um. Er konnte seinen Blick kaum von ihr abwenden.

Die Leiter schwankte bedrohlich. Richard versuchte, sie stillzuhalten, wollte dabei aber nicht das Nest fallenlassen. Die Leiter schrammte an der Hauswand entlang. Schließlich schwangen Richard, Leiter und Nest durch die Luft, gefolgt von aufgeregten Finken, die unterm Dach nisteten.

Nein, Richard hat sich nicht den Hals gebrochen. Aber beide Beine. Armer Richard! Mit eingegipsten Beinen lag er auf der Couch und wurde ungeduldig. Zwischen Louise und mir entwickelte sich eine Art Telepathie. Nicht, daß wir je über Richards Situation gesprochen hätten, aber wir schienen unsere Gedanken lesen zu können. Ich denke jedoch, daß Richard jeden Augenblick genossen hat. Zwei Frauen tanzten um ihn herum und erfüllten ihm jeden Wunsch. Als der Liegegips einem leichteren wich, wurde Richard immer ruheloser. Er langweilte sich und wollte Abwechslung. Eines Tages fuhren wir auf Richards Vorschlag an die See. Zum Glück besaß unser Kleinbus eine automatische Hebevorrichtung für Richards Rollstuhl.

An der atlantischen Küste Neuschottlands gibt es sehr starken Wind – gefährlichen sogar. Aber Richard mochte das. Er fand das Klima belebend. Louise und ich schoben ihn abwechselnd oben an der Klippe entlang. Ihm gefiel es, ganz dicht am Rand zu sein.

Nein, da liegen Sie ganz falsch. Niemals haben wir solch niedrige Gedanken gehegt.

Oft spielten wir ein kleines Spiel. Jedesmal, wenn ich die Rollstuhlgriffe losließ, sagte ich, daß ich unseren Verwandten in Schottland zuwinkte. Louise behauptete, sie würde ihren Verwandten in Irland winken. Richard lachte immer darüber. Eines Tages war der Wind besonders heftig. Wild krachten die Brecher mit weißer Gischt an die Felsen.

»Ich will runtersehen«, schrie Richard. »Schiebt mich näher an den Rand.«

Louise und ich sahen uns nicht an, als wir ihn an den Klippenrand schoben. Wir standen da und blickten auf den Atlantik. Langsam hoben wir beide die Hände. Ich weiß nicht, ob Richard lachte oder nicht, als sein Rollstuhl über den Rand verschwand. Ich möchte gern glauben, daß er es tat. Louise und ich gingen an der Klippe entlang zurück zum Hotel.

»Ich glaube, wir sollten lieber eine Weile verschwinden«, sagte Louise. »Morgen geht ein Flug nach Las Vegas.«

»Louise«, antwortete ich, »ich glaube, dies ist der Beginn einer wunderbaren Freundschaft.«

Ob Louise auch hier in Las Vegas ist? Ja, natürlich. Wenn Sie sie kennenlernen wollen, kein Problem.

Oh, mein Handy klingelt. Es stört Sie doch nicht, wenn ich kurz ...? Sie brauchen nicht wegzugehen. Das ist sehr diskret von Ihnen, aber gehen Sie nicht zu weit, es dauert nur einen Moment.

Hallo, Louise. Was gibt es denn? – Wer? Corporal Poitevin von der kanadischen Polizei ist hier? – Stellt er Fragen? – Du hast recht, das klingt nicht danach, als ob er hier Urlaub macht. – Ein Flug nach Brasilien? – Kein Problem, ich bin gleich fertig und treffe mich mit dir in einer Stunde. – Natürlich bin ich vorsichtig. – Ach, Poitevin ist nicht in Uniform? – Warte mal, ich habe da eine Idee. – Vielleicht brauche ich doch länger als eine Stunde. – Nein, ich komme ganz bestimmt, keine Angst! In Las Vegas gefällt es mir doch nicht mehr so gut. Man weiß nie, wen man hier noch alles trifft. Bis später, Louise.

Hallo, da sind Sie ja wieder! Der Mann im weißen Anzug. Einen Moment lang dachte ich, Sie wären weg.

Ich habe mit Louise gesprochen, und sie will Sie unbedingt kennenlernen. Sie ist am Pool. Sie sagt, Sie seien offenbar genau der Mann, bei dem eine Frau das Gefühl bekommt, er habe schon lange nach ihr gesucht.

Sie haben Zeit? Wunderbar.

Lassen Sie uns doch den Panoramaweg zum Pool nehmen. Von hier oben hat man einen schönen Blick auf den Steingarten. Und um die Ecke ist ein künstlicher Wasserfall, sechzig oder siebzig Meter tief. Wie umsichtig von Ihnen, daß Sie außen gehen ...

Lachssteaks Alaska

Zutaten für 4 Personen:

4	Lachssteaks
	Salz und Pfeffer
80 g	flüssige Butter
⅛ l	Weißwein
1 EL	feingehackte Petersilie
1 TL	Basilikum
1 TL	Estragon
	gebräunte Butter

Backofen auf 220° C vorheizen.
Jede Lachsscheibe auf ein ausreichend großes Stück Alufolie
legen, salzen, pfeffern und mit flüssiger Butter bestreichen.
Mit Weißwein beträufeln, Gewürze darüber verteilen und die
Folie gut verschließen. Lachspäckchen 25–30 Minuten backen.
Vor dem Servieren mit brauner Butter übergießen. Als Beilage
Petersilienkartoffeln reichen.

Pfannkuchen mit Ahornsirup

Zutaten für 4 Personen:

6	Eier
	Salz
2–3 EL	brauner Rohrzucker
½ l	Milch minus 3 EL
1	guter Schuß Mineralwasser
250 g	Mehl
	Butter zum Braten
	Kanadischer Ahornsirup

Eier mit Salz, Zucker, Milch und Mineralwasser verschlagen. Löffelweise das Mehl unterrühren, es dürfen keine Klümpchen enstehen. Butter bei mittlerer Hitze in einer Pfanne erhitzen. ½ der Masse in die Pfanne geben. Vorsicht, der Teig brennt leicht an, eventuell Hitze reduzieren. Pfannkuchen goldbraun backen. Mit Hilfe eines Tellers den Pfannkuchen wenden. Dabei die Pfanne erneut einfetten. Goldbraun backen. Vor dem Servieren großzügig mit Ahornsirup begießen.

Saat der Rache
Cora J. Ramos

Gift. So werde ich es machen. Er wird seine letzte Mahlzeit in einer abgeschiedenen Nische des Daily Planet einnehmen.

Er wird hochfahren, hektisch nach dem dunkelgrünen Samtvorhang greifen und ihn mit sich reißen, wenn er keuchend auf den Art-Deco-Teppich fällt. Es wird genauso aussehen wie vor mehreren Wochen, als er in derselben Nische einen Herzinfarkt hatte.

Mich wird niemand verdächtigen. Schließlich habe ich ihn nie dazu aufgefordert, in dem Restaurant zu essen, in dem ich arbeite. Er hat mich bedrängt. Es reicht ihm nicht, daß er nach fünfundzwanzig Jahren *seine Freiheit* braucht. Er muß sie direkt vor meiner Nase ausleben – mit seinem neuesten Spielzeug vor mir angeben, einer jungen, halbnackten Tussi, die förmlich an ihm klebt. Der Mistkerl.

Mich wird niemand verdächtigen, weil ich nicht an seinem Tisch bediene. Ich habe mehrfach vor versammelter Mannschaft betont, daß ich mit ihm nichts mehr zu tun haben will.

Heute abend kommt er. Er kommt immer, wenn das Pfeffersteak auf der Karte steht. Für jemanden, der zu *neuen Horizonten* aufbrechen will, ist er ein ziemliches Gewohnheitstier. Es ist ganz leicht, die runzligen schwarzen Samen auf das Pfeffersteak zu streuen, während es auf der Anrichte steht. Verwechslungen sind ausgeschlossen. Seine Tussi ist Vegetarierin und ißt

Kaninchenfutter – Salat und Möhren. Er hat seine perverse Freude daran, mit ihrem schlanken Körper vor mir anzugeben, weil er weiß, daß ich mit meinem Gewicht zu kämpfen habe. Noch ein guter Grund, ihn umzubringen.

Ich werde keine Chemikalien verwenden. Ich gehe umweltbewußt vor und benutze natürliches organisches Gift.

Zuerst habe ich an Eisenhut gedacht. Das würde das Herz schwächen und den Puls verlangsamen, aber es kann Stunden dauern, bis er stirbt. Ich will nicht, daß er leidet – es soll schnell gehen.

Dann habe ich von einer Frau gelesen, die auf dem Fensterbrett über dem Herd Stechapfelsamen trocknete. Ein paar der tödlichen Körner wurden durch einen Windstoß in das Hackfleisch, das sie gerade vorbereitete, geweht. Sie meinte, alle wieder herausgepickt zu haben, und setzte das Fleisch ihrer Familie vor. Sie starben sehr schnell, eine echte Tragödie, aber ich hatte das passende Gift gefunden.

Das ist der Schlüssel zum Erfolg. Schnell und sicher. Wie leicht kann ich die schwarzen Samen über die Pfefferkörner streuen, wenn ich an der Anrichte vorbeigehe, auf der die Teller auf die Kellnerin warten. Es brauchen nicht viele Körner zu sein. Alle werden denken, daß es ein weiterer Herzinfarkt ist. Die Tussi weiß von seinem schwachen Herzen. Der Fall wird schnell gelöst sein. Keine Autopsie. Kein Verdacht. Und zweihunderttausend Dollar für mich.

Es wird ihm nicht gelingen, sich scheiden zu lassen, bevor ich die Versicherung kassiere – nicht nach dem jahrelangen Fremdgehen. Jede Ehefrau, die während der Midlife-crisis durch eine Jüngere ersetzt wurde, wird das verstehen. Ich helfe der Natur nur ein bißchen nach und bringe meine Schäfchen ins Trockene. Und damit auch wirklich kein Verdacht entsteht, werfe ich in dem Durcheinander danach seinen Teller in den Müll.

Das müßte genügen. Motiv, Mordmethode und ein Alibi. Der Schlüssel zum perfekten Mord. So habe ich zwei Fliegen mit einer Klappe geschlagen – meinen Rachedurst gestillt und die Aufgabe für die Schreibwerkstatt morgen abend erledigt.

Ich fing an, die Geschichte zu tippen, aber dann sah ich aus dem Fenster auf die weißen, trompetenförmigen Blüten am Straßenrand. Ob ich die Geschichte abgeben würde, mußte ich noch einmal überdenken. Ich würde sicher eine Eins dafür bekommen, aber wollte ich sie verschwenden? Heute stand das Pfeffersteak auf der Karte. Ich wußte, daß er kommen würde. Es war ein guter Plan, ein sehr guter Plan.

Pfeffersteak mit Brandysauce

Zutaten für 4 Personen:

2 EL	schwarzer Pfeffer, grob gestoßen
2 TL	Rosmarin, getrocknet
2 TL	Salz
4	Rindersteaks (Club- oder T-bone-Steaks), etwa 2 cm dick
3 EL	Olivenöl
120 ml	Rinderbrühe
1 ¼ TL	Dijon-Senf
1 ¼ TL	Worcestersauce
2 EL	Schalotten, gehackt
4 EL	Brandy
4 EL	Crème double
	ganze Pfefferkörner

Pfeffer, Rosmarin und Salz mischen. Steaks mit Olivenöl bestreichen. Pfeffermischung auf beiden Seiten mit den Fingern andrücken.

In einer großen Pfanne Öl erhitzen, Steaks hineinlegen und nach Geschmack braten, dabei einmal wenden (5–7 Minuten pro Seite ergeben blutig-medium bis medium.) Bei Bedarf Hitze reduzieren, damit die Pfefferkruste nicht anbrennt. Sind die Fleischscheiben an der Seite zur Hälfte braun, können sie gewendet werden. Inzwischen Brühe, Senf und Worcestersauce verrühren. Steaks aus der Pfanne nehmen und warmhalten.

Schalotte zum Fleischsaft in der Pfanne geben, unter Rühren 1–2 Minuten bräunen. Brandy zufügen und loskochen. Unter Rühren 1–2 Minuten auf die Hälfte einkochen.

Brühe zufügen und die Sauce 3–5 Minuten um ein Drittel einkochen. Crème double einrühren und erhitzen. Steaks mit Sauce übergießen, mit einigen ganzen Pfefferkörnern bestreuen und servieren. Als Beilage eignen sich Röstkartoffeln und mit Rosmarin garnierter Salat.

Fünf vor zwölf
Christine Bart

**Meine biologische Uhr tickte: Im September würde ich vierzig werden. Mein Stern-
zeichen war Jungfrau, und so würde ich nicht untätig zusehen, wie sie ablief.**

Bis vor einem Jahr hatte ich den Richtigen noch nicht getroffen. Nicht
einmal ein halbwegs akzeptabler Kandidat war mir begegnet. Das scheint
ein weitverbreitetes Problem zu sein. Zumindest in Los Angeles. Zumindest bei meinen weiblichen Bekannten, die sich derselben magischen
Grenze nähern. Viele von ihnen haben sich für den großen Unbekannten
entschieden – sie verzichten auf das Eheglück und prüfen willige Angehörige der örtlichen Samenbank.

Nennen Sie es hoffnungslos romantisch, aber ich wollte einen Ehemann.
Daher spitzte ich die Ohren, als während der Happy Hour in meiner Lieb-
lingsbar an der Melrose Avenue ein Tisch voller Französinnen über die Vor-
und Nachteile einer bestimmten Gattung Mann diskutierte. Mein Französisch ist zwar wirklich nicht perfekt, aber zumindest konnte ich einigermaßen folgen.

»Männer aus Mittelmeerländern«, verkündete eine Frau, »sind die einzigen heterosexuellen Männer, die noch Heiratsabsichten haben! Besonders
Italiener und Franzosen.«

»Ganz meine Meinung«, stimmte eine andere zu. »Aber die Italiener
übertreiben es ein bißchen. Da lob' ich mir die Pariser Männer. Sie sind

romantisch, weltgewandt, und das Beste ist, sie neigen von Natur aus dazu, seßhaft zu werden.«

Eine dritte Stimme erhob sich im Brustton der Überzeugung. »Ich habe in den letzten zehn Jahren immer mal wieder in Paris gelebt, und ich muß sagen, die Franzosen wissen, wie sie mit Frauen umgehen müssen. Ich sage euch, jeder französische Ehemann sorgt dafür, daß seine Frau sich wie Catherine Deneuve vorkommt. Selbst, wenn sie schon Kinder hat!«

Und so kam ich auf die Idee, nach Paris zu ziehen, in die Stadt des Lichts, die Stadt der Liebe, die Stadt der heiratswilligen Männer. Ich sah mich nach einer Vertretung für mein Blumengeschäft in West Hollywood um, für das ich mehr als zehn Jahre lang Schweiß und Tränen vergossen hatte. Auf der Suche nach einer preiswerten Aufenthaltsmöglichkeit in Frankreich fand ich einen Blumenladen in Paris, in dem ich die Besitzer während ihrer viermonatigen Auslandsreise vertreten konnte.

Schon eine Woche, nachdem ich den Pariser Laden Exotenwälder übernommen hatte, gab es eine ganze Reihe von Kandidaten. Ich bin zwar keine Liz Taylor in jungen Jahren, aber mein Aussehen gehört zu der Sorte, das die Franzosen Le Look Californien nennen; es bedeutet, grob gesagt, daß ich eins siebzig groß bin, blonde Haare habe, die mir weit über den Rücken fallen, ein fröhliches Lächeln, gleichmäßige Gesichtszüge und einen Körper, den ich täglich trainiere. Letzteres ist in Paris gar nicht so einfach, denn die Franzosen sind nicht so sport- und gesundheitsbewußt.

Junggeselle Nummer Eins, ein Kunde der Exotenwälder, reichte mir nur bis zur Nasenspitze, aber das scheint für den südländischen Typ normal zu sein. Außerdem hatte er eine beginnende Glatze und einen kleinen Schmerbauch, aber bei der richtigen Persönlichkeit kann ich über so etwas hinwegsehen. Zu seinen Vorzügen gehörte, daß er sich wirklich für Pflanzen interessierte und ein warmes, tiefes Lachen hatte wie mein Onkel Ted. Wir verabredeten uns in einem nahen Bistro. Ich machte mich im Hinterzimmer des Ladens frisch, und als ich im Bistro ankam, fand ich ihn bereits sturzbetrunken an der Bar! Der Anblick war so widerlich, daß ich ihm erzählte, mein Verlobter sei überraschend gekommen und ich müsse ihn vom Flughafen abholen. Ich kann Männer, die zuviel trinken, einfach nicht ausstehen.

Junggeselle Nummer Zwei war ebenfalls ein Kunde. Ich vermutete, daß er ein paar Jahre jünger war als ich, aber er war schrecklich süß und hatte ein Kinn wie Brad Pitt und auch so einen Pferdeschwanz. Er hatte mir erzählt, daß er Künstler war, wovon ich mich bald auch selbst überzeugen konnte. Bei unserer ersten Verabredung lud er mich in sein Loft ein. Es war voller, na ja, Fotos von Frauen in kompromittierenden Posen. Als er vor-

schlug, erst einige Fotos zu schießen, bevor wir uns einen Film ansahen, stürzte ich aus der Wohnung.

Meine dritte Verabredung hatte ich mit jemandem, den ich beim samstäglichen Einkauf kennengelernt hatte. Er war groß und schlank und verbreitete eine Aura kaum gezügelter Leidenschaft. Wir trafen uns am folgenden Wochenende in einem Straßencafé und verbrachten den Nachmittag damit, Café au lait zu trinken und über Sartre zu diskutieren. Ich hielt es für eine sehr gelungene Verabredung. Er gab mir einen ausgedehnten Abschiedskuß und versprach, am nächsten Tag anzurufen. Ich habe nie wieder etwas von ihm gehört. Mangelnde Ausdauer, finde ich, ist eine Charakterschwäche, deshalb strich ich ihn ohne irgend ein Bedauern von meiner Liste.

Inzwischen war ich schon zwei Monate in Paris und machte mir langsam Sorgen, daß ich bei der Verwirklichung meiner Ziele nicht entschlossen genug vorgegangen war. Ich erneuerte jeden Morgen all meine guten Vorsätze, verdoppelte die Sit-ups, die ich mittags im Sportstudio absolvierte, und versuchte, die ganze negative Energie loszuwerden, die sich zum Thema »Franzosen und ich haben nicht dieselbe Wellenlänge« angesammelt hatte.

Und so sicher, wie Mars mit Venus in Konjunktion tritt, trat ER am nächsten Samstag durch die Tür der Exotenwälder.

Jean-Philippe war groß, fast eins achtzig, und hatte tiefblaue Augen, umrahmt von langen, dunklen Wimpern. Seine geschwungenen Lippen hatten die Farbe zerdrückter Himbeeren. Die Unterlippe war voll. Hohe Wangenknochen, gerade Nase, und unter den kurzen Ärmeln seines Golfhemdes wölbten sich kräftige Muskeln. Kurzum, er war das genetische Material, nach dem ich suchte.

Ich ließ ihn sich erst umsehen, bevor ich mich auf ihn stürzte – vielmehr, zu ihm trat.

»Kann ich Ihnen helfen?« fragte ich und lächelte ihm einnehmend zu.

»Isch suche spezielle Pflanzen für einen Garten à l'ombre – wie sagt man? – für den Schatten.« Er sprach mit dem entzückendsten französischen Akzent. Meiner Meinung nach ist es überaus wichtig, daß Kinder zweisprachig aufwachsen.

»Ich habe gesehen, daß Sie die dekorativen Christrosen bewundern«, meinte ich und langte ins Fenster, um meine sportgestählten Glieder zu zeigen. »Sie können sie jetzt in einem schattigen Bereich pflanzen, und beim ersten Frost fangen sie an zu blühen.«

»Isch 'abe genau den rischtigen Platz dafür.« Er lächelte schüchtern und zeigte dabei perfekte, weiße Zähne.

Ich reihte meine besten Exemplare auf der Theke auf, und er nahm alle. Als er mir seine Kreditkarte reichte, bemerkte ich die vielen Striche und Partikel in seinem Namen. Wie ich in den letzten Monaten erfahren habe, bedeutete das, daß er aus vornehmer, wenn nicht gar adliger Familie stammte. Vor meinen Augen schwamm eine Vision, wie wir unsere Kinder in einem Schweizer Internat anmeldeten.

»Vielen Dank, Monsieur Pillier-de-Montbeau, daß Sie die Exotenwälder beehrt haben«, sprudelte ich hervor, völlig überwältigt von der Vorstellung, was für Möglichkeiten dieser Mann bot.

»Es war mir ein Vergnügen, Madame.«

»Mademoiselle«, verbesserte ich ihn honigsüß und hielt ihm meine Hand hin. »Aber nennen Sie mich doch Angel.«

Er nahm meine Hand, hob sie an die Lippen und – still, mein Herz! – küßte sie.

»Dann au revoir, Mademoiselle Ange.« Er lächelte warm.

Ich sah zu, wie er die Christrosen auf die Rückbank seines BMWs stellte und fragte mich dann, wieviele Tage es bis zu dem Wiedersehen in dem »au revoir« dauern würde.

Ich wartete geduldig zwei Wochen. Ich öffnete den Laden früh und blieb bis spät. Ich ließ sogar das Training mittags ausfallen und aß meine Sandwiches im Laden.

Ich hatte die Hoffnung schon fast aufgegeben, als mein Adonis, auf den Tag genau nach zwei Wochen, wiederkam.

»Bonjour, Monsieur«, sagte ich überschwenglich und spürte, wie meine Wangen sich röteten. »Wie geht es den Christrosen?«

»Isch 'ätte keine bessere Wahl treffen können. Sie sind exquisit. Aber …«

Mein Herz hüpfte. »Ja …?«

»Hélas!« Er blickte sehr traurig. »Isch befürschte, sie 'aben jetzt Flecken.« Er zuckte hilflos mit den Schultern.

»Welche Farbe?« fragte ich.

»Die rote, die purpur …«

Ich lächelte über das entzückende Mißverständnis. »Nein, ich meinte die Flecken. Welche Farbe haben sie? Weiß? Schwarz?«

»Alors.« Er räusperte sich. »Isch bin nischt sischer. Isch befürschte, ich 'abe nischt, wie sagt man, la pouce verte.«

»Einen grünen Daumen«, half ich.

»Exakt! Und der Gärtner, er 'at den Monat frei.«

Die Gelegenheit erhob sich wie Aphrodite aus dem Meer. »Wenn Sie möchten, kann ich sie mir nach der Arbeit einmal ansehen.«

»Oh, isch kann nischt verlangen …«

»Das macht doch überhaupt keine Umstände!« versicherte ich ihm und notierte die Adresse.

An diesen Tag werde ich mich immer erinnern. Es war der erste Samstag im August. Die Vögel sangen, der Himmel war blau wie an der Côte d'Azur, und die Kastanien breiteten ihre üppigen Äste wie Hochzeitsbögen über die Straße. Fast ganz Paris war bereits in die Ferien gefahren, daher schloß ich mit nur einem ganz kleinen Hauch Schuldbewußtsein den Laden früh und stürzte nach Hause, um mich in etwas subtil, aber aufreizend Feminines zu werfen. Dann winkte ich einem Taxi und stand Schlag acht vor seiner Tür.

Er begrüßte mich freundlich – wage ich zu sagen, voll Zuneigung? – und geleitete mich hinein. Ich hätte nicht überraschter sein können, wenn ich soeben Versailles betreten hätte!

Der Eingang war so groß wie bei einem Palast, mit Marmortreppe und einem enormen Kristallüster. Jean-Philippe mußte meinen offenstehenden Mund gesehen haben, denn er machte eine wegwerfende Bewegung. »Das Haus ist ein Relikt. Wir leben 'ier seit Generationen«, meinte er. Ich finde es wunderbar, wenn man etwas an die Kinder weitergeben kann.

Dann führte er mich in den Petit Salon (dreimal so groß wie meine Wohnung!) und bot mir ein Glas Champagner an, das ich dankend annahm. Wir gingen durch die riesigen Glastüren hinaus in den Hof.

Wenn ich schon das Haus für unglaublich hielt, so überwältigte mich der Garten vollends. Er erstreckte sich über ein halbes Stadtviertel von einem plätschernden steinernen Brunnen aus, durchzogen von Wegen mit duftenden Spätsommerblumen und gepflegten Hecken. Am Ende erwartete mich die Wirklichkeit gewordene Vorstellung von Alices Wunderland, wie ich sie als Kind gehabt hatte: hohe purpurblaue Eisenhutstauden, mächtiger rosa und purpurner Fingerhut, zarte Vergißmeinnicht, Salomonsiegel voller Beeren und der kräftige Geruch von Buchen und blauschwarzem Immergrün, gemischt mit dem warmen Duft reifer Pilze. In der entferntesten Ecke verborgen stand eine halboffene japanische Pagode, in vollkommener Harmonie mit der sie umgebenden Natur. Wenn ich mich nicht schon für diesen wundervollen Mann entschieden hätte, so ließ das Erleben seines Gartens inmitten von Paris uns zu ewigen Seelenverwandten werden. Das war der Richtige.

Übrigens fand ich heraus, woran die Christrosen litten; es war gewöhnlicher Mehltau, und ich versprach, am nächsten Tag mit einem Mittel zur Behandlung wiederzukommen.

Wir legten unser Rendez-vous auf den Mittag.

Er begrüßte mich wieder mit eisgekühltem Champagner, und bevor ich

dazu kam, das Glas auszutrinken oder die Blätter einzusprühen, gab ich mich ihm auf der moosigen Lichtung an der Pagode willig hin. Ich hätte dort für immer liegen bleiben und den Duft von Bäumen, Pilzen und unseren Körpern einatmen können, aber er bestand darauf, daß wir in seinem Club zu Mittag aßen. Da wurde mir langsam klar, daß der Weg zum Herzen eines Franzosen durch seinen Magen führt.

So begann der schönste Monat meines Lebens. Sonntags speisten wir meist im Club, aber einmal nahm er mich auch mit zu seiner Schwester. Sie benahm sich uns gegenüber ein bißchen seltsam, aber ihre Kinder beteten Jean-Philippe förmlich an und er sie; das wertete ich als ein besonders gutes Zeichen für unser zukünftiges Elterndasein.

Montags war mein Laden geschlossen, und wir unternahmen ausgedehnte Spaziergänge auf dem Land. Dann fuhren wir nach Paris zurück und gingen in ein ausgezeichnetes Restaurant, wobei Jean-Philippe sich immer unnötig entschuldigte, daß er nicht selbst kochte. Manchmal lud er ein oder zwei seiner unverheirateten Freunde dazu ein. Sie waren alle reizend und weltgewandt, und der Gedanke an die faszinierenden Freunde, mit denen wir als Ehepaar Umgang pflegen würden, versetzte mich in Entzücken.

Ich verstärkte meine Offensive und fing an, in seinem Haus abends selbst zu kochen. Er war völlig hingerissen von meiner Kochkunst und außer sich über den Einfallsreichtum und die Neuartigkeit meiner Gerichte.

Etwa zur selben Zeit, in der ich meine Kochkünste vor begeistertem Publikum darbot, verbrachten Jean-Philippe und ich mehr und mehr die Nächte zusammen, oder vielmehr die Morgenstunden, bevor ich um sechs Uhr zur Arbeit aufbrach. Wir liebten uns unendlich lange und leidenschaftlich in der Pagode, umspielt von kühlen, sanften Nachtlüften, und schliefen schließlich ein, wenn die ersten Vögel zwitschernd die Morgenröte begrüßten. Auch wenn ich erschöpft war von langen Arbeitstagen und dem Zusammenstellen kulinarischer Wonnen am Abend, so war ich doch auch verliebt, und der Mangel an Schlaf machte mir nichts aus. Ich schrieb nach Hause, daß ich endlich den Richtigen gefunden hatte – in jeder Hinsicht der Mann meiner Träume. Ich verdoppelte meine Anstrengungen in der Küche und las, wann immer es ging, französische Magazine über Essen und Trinken, ständig auf der Suche nach köstlichen Rezepten, um seinen anspruchsvollen Geschmack zu befriedigen. Häufig blätterte ich auch in einem der vielen Kochbücher, die er in seiner Küche gesammelt hatte. Ich borgte mir sogar ab und zu eins aus, damit ich es im Geschäft lesen konnte, wenn keine Kundschaft da war. Mich faszinierte die Besessenheit der Franzosen, nur die frischesten Zutaten zu verwenden, und die

endlosen Variationen davon, und ich lernte die Namen und Eigenschaften Dutzender von Käsesorten, Austern und Pilzen auswendig, von denen ich vorher noch nie gehört hatte.

In der ersten Septemberwoche – bald war mein vierzigster Geburtstag – brachten mich die ersten kühleren Nächte auf ernstere Gedanken. Langsam wurde es für Jean-Philippe Zeit, unsere gemeinsame Zukunft zu planen. Die trägen Sommertage mit ausgedehnten Abendessen auf einer Restaurantterrasse oder al fresco in unserem Garten mußten dem Herbst weichen. Kurzum, es war Zeit, daß er eine ehrbare Frau aus mir machte.

Er schlug vor, meinen Geburtstag in dem schicken Pariser Restaurant Taillevant zu feiern, aber ich bestand darauf, selbst ein romantisches Essen für uns zuzubereiten. Ich entwarf ein Menü, in dem sich der auserlesenste französische Geschmack mit dem Wechsel der Jahreszeiten verband: ein Salat von frischen Pilzen und Feldsalat, ein Fricassée de poulet aux pleurotes, eine wahrhaft sündige Käseplatte und Croustillant de poire glacé au caramel. An diesem Tag blieben die Exotenwälder geschlossen, und ich verbrachte den Morgen auf den besten Märkten von Paris, wo mir meine neuerworbenen Kenntnisse gut zustatten kamen bei der Jagd nach den frischesten Pilzen, dem zartesten Huhn, dem reifsten Käse und festen, saftigen Birnen.

Jean-Philippe mußte »etwas erledigen«. Ich hoffte, daß dazu ein Besuch beim Juwelier gehörte, bei dem ich einen Verlobungsring mit Diamanten bewundert hatte, und das gab mir Zeit genug, nach Herzenslust zu hacken, zu braten und zu schmoren. Während die Gerichte köchelten oder abkühlten, stürzte ich zu Dior, seinem Lieblings-Couturier, und legte mir für das große Ereignis ein sexy schwarzes Kleid mit Spaghettiträgern zu. Es kostete mich fast ein ganzes Monatseinkommen, aber es gab nichts, was ich nicht getan hätte, um diesen Abend zum allerschönsten meines Lebens zu machen.

Er kam kurz vor acht zurück, legte Champagner auf Eis und dekantierte eine Flasche guten alten Weins aus seinem Keller. Spannung lag in der Luft, und ich wußte einfach, daß er genauso ungeduldig war wie ich, unser neues gemeinsames Leben zu beginnen. Als ich mit den Vorbereitungen in letzter Minute fertig war, begab ich mich zu ihm in den Salon. Er schenkte Champagner ein.

Ich erhob mein Glas. »Auf uns.«

Er stieß mit seinem Glas an. »Auf die ’errlischste Liebe meines Lebens.« Wir nippten. Und nippten noch einmal. Dann zog er ein Samtkästchen aus der Tasche. »Für disch, mon Ange ...«

Ich öffnete es mit klopfendem Herzen. Eingebettet in Satin sah ich –

»Ohrringe ...«, gelang es mir zu stottern. »Wie ... äh ... aufmerksam.«

Dann schob ich sie beiseite, wie ich es mit jeder großen Enttäuschung des Lebens tun würde und konzentrierte mich auf mein Ziel.

»Jean-Philippe, sollten wir denn nicht über unsere Zukunft nachdenken? Über eine Familie -«

Ich wartete darauf, daß sein Hustenanfall nachließ.

»Wie wir unser Leben als Mann und Frau gestalten –«

»Meine 'immlische Ange ...«, unterbrach er mich und tupfte sich etwas nervös die Mundwinkel ab. »Sischer verstehst du ...?«

Ich legte den Kopf schief.

»Isch 'abe schon eine Frau und eine Familie.«

Ich brauchte einen Moment, um das zu verstehen. »Du hast mir nie gesagt –!«

»Coquette, es ist Sommerferien – jede französische Frau nimmt ihre Küken und fährt auf das Land, und ihren Mann läßt sie zurück. Isch bin sischer, du bist erfahren genug, um zu se'en –« Er deutete elegant auf den Raum, in dem wir saßen. Jetzt, wo er darauf hinwies, entdeckte ich eine gewisse feminine Note.

Ein Kribbeln kroch mir vom Nacken eiskalt über die Kopfhaut. »Wieviele ›Küken‹ hast du denn?«

»Vier. Alles wunderschöne Mädchen, zwölf, zehn, sieben und vier Jahre alt. Du 'ast die Bilder im Petit Salon nischt gese'en?«

Ich schüttelte ungläubig den Kopf. »Ich dachte, das wären deine Nichten!«

»Ange«, säuselte er, »rege disch nischt auf! Das 'eißt nischt, daß unser kleines Abenteuer zu Ende ist. Au contraire, isch wäre sehr traurisch, wenn das so wäre. Wir müssen nur – wie sagt man – ein bißchen diskreter sein, wenn meine Frau am Wochenende wiederkommt.«

»Aber deine Freunde? Deine Schwester?« platzte ich heraus. »All die Leute, denen du mich vorgestellt hast?«

Er blickte mich von oben herab an. »Amerikaner sind manschmal so naiv. Die Franzosen akzeptieren es einfach, daß Liaisons im August zum Leben gehören – so natürlich sind wie –«

»Sommer in Herbst übergeht?«

»Exakt!« Er lächelte ölig. »Isch war so sischer, daß du verstehst.«

Ich stellte meinen Champagner hin und zog mich als eine ganz andere Frau in die Küche zurück. In weniger als zwei Minuten waren all meine Träume zerbrochen. Ich ließ mich auf einen Küchenstuhl sinken und dachte in Ruhe darüber nach, welche Möglichkeiten mir blieben. Ich konnte verschwinden und für Frau und Küken köstliche Reste fürs

Wochenende zurücklassen. Oder ich konnte schreien und toben und ihm eine Szene machen, die seine männliche Überlegenheit nur noch stärken würde. Oder ich konnte diese Affäre abschließen, von Paris retten, was zu retten war, und zu meinen kalifornischen Wurzeln zurückkehren. Als die Entscheidung getroffen war, ging ich heiter und elegant zurück in den Salon.

»Mein Liebling, bitte verzeih.«

Sein Seufzer der Erleichterung war deutlich.

»Mir hätte von Anfang an klar sein müssen, daß wir nur eine Sommerromanze haben.«

Er nickte heftig.

»Und ich hoffe, ich habe dein Familienleben in keinster Weise gestört.«

»Mon Ange«, seufzte er, »isch 'abe die Frau meiner Träume gefunden.«

»Du hast doch nicht etwa deiner Frau von mir erzählt?« Ich strich mit dem Finger über einen vergoldeten Bilderrahmen auf dem Kaminsims. »Daß wir heute abend hier zusammen essen?«

Er sah ungläubig drein. »Das wäre doch läscherlich, non?«

Ich nickte. »Ganz meine Meinung. Also –«, ich holte tief Luft und lächelte reizend, »das Essen wird in wenigen Minuten fertig sein, mon ami.«

Ich holte aus der Küche eine Schere und eine kleine Taschenlampe und ging in den Garten. Ich schnitt zwei, drei Christrosen als Dekoration des Hauptgerichts. Auch wenn ihr Gift nicht sehr stark ist, würden sie unserem letzten gemeinsamen Mahl eine gewisse Würze verleihen und symbolisieren, daß unsere Beziehung sich dem Ende zuneigte.

Aufgrund einer ganz neuen Eingebung begab ich mich zu der Lichtung an der Pagode, wo wir uns zum ersten Mal geliebt hatten. Es wäre nicht leicht gewesen, mit dem schmalen Strahl der Taschenlampe die richtige Sorte zu finden, aber zu meiner großen Freude stieß ich gleich darauf. Der Weiße Knollenblätterpilz ist in Frankreich selten, aber wie ich von meinem Schnellkurs in französischer Küche wußte, schon in kleinen Mengen tödlich giftig. Und so leicht zu verwechseln mit einem Champignon! Ich pflückte zwei und nahm sie mit in die Küche, wo ich daraus Jean-Philippes Salat zubereitete. Sie rochen etwas süßlich, aber eine delikate Vinaigrette aus Weißweinessig, Quittengelee und Nußöl würde das gut überdecken.

Jean-Philippe hätte nicht lange zu leiden: zwei Tage mit Durchfall und Erbrechen, während seine Frau ihn hingebungsvoll pflegte. Dann wäre er wieder ganz auf dem Damm. Zumindest bis Leber und Nieren versagten und völlige Lähmung einsetzte. Wenn er ins Koma fiel, wäre ich schon längst in Los Angeles, wo die Männer offen und ehrlich sind und eine Frau, die ihr Leben selbst in die Hand nimmt, zu schätzen wissen.

Feldsalat mit warmen Champignons

Zutaten für 4 Personen:

200 g	Feldsalat
8	Scheiben Frühstücksspeck (Bacon)
150 g	rosa Champignons
20 g	Butter
2 EL	Weißweinessig
2 EL	Quittengelee
	Salz und Pfeffer
4 EL	Nußöl

Feldsalat putzen, waschen und trockenschleudern. Bacon in Pfanne ohne Fett langsam knusprig braten und herausnehmen. Pilze putzen und blättrig schneiden. Butter zum Speckfett geben, erhitzen und Pilze darin dünsten. Essig, Quittengelee, Salz und Pfeffer und Öl im Schüttelbecher gut vermischen. Vinaigrette und Feldsalat vermengen und auf Tellern anrichten. Pilze und Schinkenstreifen darauf verteilen.

Fricassée de poulet aux pleurotes
Hühnerfrikassee mit Austernpilzen

Angels Variation dieses köstlichen Hühnerfrikassees wird mit demselben Wein serviert, der auch zum Kochen verwendet wird, einem goldgelben Jasnières. Wenn der Wein schön gealtert ist (von zehn Jahren bis zu einem halben Jahrhundert), entwickelt er ein unvergeßliches Honig-Quitten-Aroma. Ist Jasnières nicht erhältlich (dieser Loiretalwein wird nur in geringen Mengen produziert), nehmen Sie einen Quincy oder einen trockenen Vouvray.

Zutaten für 4 Personen:

2 Bund	Brunnenkresse
1	Huhn (1,5 kg)
0,5 l	trockener Weißwein (Jasnières)
3 l	Hühnerbrühe
100 g	Crème fraîche
50 g + ½ EL	Butter
600 g	Austernpilze
1	Schalotte
	Salz, frisch gemahlener Pfeffer
	Saft von ½ Zitrone

Am Vortag: 1 Bund Brunnenkresse waschen. Huhn mit Brunnenkresse füllen und in eine Auflaufform legen. ⅛ l Wein in das Innere des Huhns gießen, ⅛ l Wein darüber geben. Mit Alufolie bedeckt im Kühlschrank bis zu 12 Stunden marinieren.

Hühnerbrühe in einem großen Topf zum Kochen bringen. Huhn dazugeben, aufkochen und 50 Minuten köcheln lassen.

Währenddessen 2 l Salzwasser zum Kochen bringen. 1 Bund Brunnenkresse darin 5 Minuten kochen, sofort abgießen und pürieren. Kühl stellen.

¼ l der Brühe, in der das Huhn kocht, in einen mittelgroßen Topf geben. ¼ l Wein zufügen und auf die Hälfte reduzieren lassen. Crème fraîche und 50 g kalte Butter einrühren.

Austernpilze putzen. Schalotte abziehen, fein hacken und in ½ EL Butter anbraten, nicht braun werden lassen. Austernpilze zugeben, salzen, pfeffern und bei mittlerer Hitze 10 Minuten braten. Huhn aus der Brühe nehmen, abtropfen lassen und vierteln. In eine Auflaufform geben.

Kressepüree in die Crème-fraîche-Mischung rühren, salzen, pfeffern und Zitronensaft zufügen. Unter Rühren erwärmen. Sauce über das Huhn gießen, warme Austernpilze in die Form geben. Mit frischer Brunnenkresse oder Cocktailtomaten garnieren. Mit weißem Reis servieren.

Heißkalte Liebe
Sabine Deitmer

Manchmal schäme ich mich. Schäme mich fürchterlich.

Am Morgen danach ist es am schlimmsten. Wenn ich sehe, was ich da angerichtet habe, rast mein Herz Amok. Ich kann es nicht glauben, daß ich das war. Daß ich dieses Gemetzel veranstaltet habe. Und mein Herz hämmert bumm, bumm, bumm.

An so einem Morgen erkenne ich mein Gesicht im Spiegel nicht mehr. Die blauen Augen, der rote Mund, die blonden Locken. Bin das wirklich ich? Diese Frau, die so tut, als wäre nichts geschehen. Die sich die Zähne putzt, sich die Haare bürstet, mit zwei Fingern Rouge auf die Wangenknochen tupft. Diese harmlose junge Frau?

Das bist du nicht, pocht mein Herz. Kannst es nicht sein. Nicht nach dem, was gestern nacht geschehen ist.

Bei Tageslicht schaffe ich es nicht, auf die Werkbank zu schauen. Wenn ich es täte, würde sich mein Magen umdrehen. Ich kann nur nach vorn blicken.

Ohne einen einzigen Blick nach links oder rechts laufe ich geradeaus zur Spüle. Meine Augen sind stur auf die weißen Fliesen mit den grauen Ritzen über den Wasserhähnen gerichtet. Blind greife ich in das Regal unter der Spüle und ziehe Gummihandschuhe heraus. Mit gelben Gummifingern drehe ich den Heißwasserhahn weit auf. Dann stelle ich einen Plastik-

eimer darunter und spritze üppig Spülmittel hinein. Der weiße Schaumberg hat einen beruhigenden Einfluß auf mich.

Ich tauche das Spültuch hinein, den Schwamm und fühle zum ersten Mal wieder so etwas wie Zuversicht. Mein Herz schlägt wieder ruhig und gleichmäßig. Ich mache mich daran, die Spuren zu beseitigen. Ich denke, daß ich alles in den Griff bekomme. Daß niemand etwas merkt, wenn ich nur ordentlich arbeite. Ich wische Blut und Knochensplitter vom Tisch und nehme mir fest vor, daß mir so etwas nicht noch einmal passieren wird. Nie mehr! Und ich kippe den Eimer mit der roten schleimigen Brühe ins Klo. Nie, nie mehr, gelobe ich fest, gelobe es beim Andenken an meinen Kater Billy, der sich an einem Mittwoch, als ich mit meiner Freundin Ilka im Kino war, hinaus in die freie Wildbahn wagte und von einem Laster voll tiefgekühlter Nordseekrabben plattgewalzt wurde.

Meine guten Vorsätze halten selten länger als sechs Wochen. Dann sind sie futsch. Und ich gehe wieder auf die Pirsch. Habe alles vergessen, was ich mir vor kurzem noch so ernsthaft vorgenommen habe. Es ist eine Sucht. Das habe ich längst eingesehen. Eine Sucht, vor der mich nur Billy zwei glückliche Jahre lang gerettet hat. Ich hätte es mir nie verziehen, Billy zum Zeugen eines derartigen Gemetzels werden zu lassen.

Aber seit Billy tot ist, hält mich die Sucht fester denn je in ihren Klauen.

»Das ist nicht mehr normal«, stöhnt meine Freundin Ilka, wenn wir bei einem Wein zusammensitzen und darüber reden, was sich an manchem Wochenende bei mir zu Hause abspielt. »Du brauchst Rat von einem Profi«, meint sie. »Allein kriegst du das nicht in den Griff.« Über den Rand ihres Weinglases mustert sie mich. »Wir leben doch nicht mehr im Mittelalter«, empört sie sich. »Geh zu einem Profi. So schnell wie möglich. Das ist das beste. Die haben Schweigepflicht.«

Ilka hat natürlich recht. Aber seit wann helfen Argumente im Fall von Sucht? Und es ist Sucht, von der wir hier sprechen. Das gebe ich gern zu: Sucht nach mehr Lust. Ich weiß, daß es verhängnisvoll für mich ist ... und ich gehe doch immer wieder auf die Pirsch. Ich kann einfach nicht genug von diesen knackigen eiskalten Typen kriegen. Ich hänge an ihnen wie der Fixer an der Nadel.

»Wie kannst du nur auf solche Nullnummern reinfallen«, klagt Ilka. »Ich faß es nicht. Bei denen ist doch alles nur Verpackung.«

Ganz unrecht hat Ilka nicht. Die Typen, auf die ich stehe, sind super gestylt. Richtig aufgemotzt. Ich wollte, es wäre anders, aber so lasche Ökotypen machen mich einfach nicht an. Die hängen so blaß und blutleer herum, so völlig abgeschlafft und vergammelt, als hätten sie sich schon mindestens eine Woche nicht mehr von ihrem Platz unter den Lampen

wegbewegt. Bei denen habe ich sofort den Geruch von dreckigen Socken in der Nase.

Ist doch nur natürlich, wenn ich auf Typen steh', die frisch und appetitlich aussehen und dazu noch angenehm duften. Duften und nicht stinken. Ein bißchen Wert auf ihre äußere Erscheinung legen. Die wissen, wie sie wirken. Die treten selbstsicher auf und drücken ohne Komplexe ihre Brust weit raus. Mit ihrem Styling verbreiten sie die Botschaft: Ich bin wer, ich komm' aus einem guten Stall. Mit mir kriegst du erste Sahne Qualität.

Für Ilka sind das alles eiskalte Angeber. Aber selbst wenn es so wäre, hätte ich lieber so einen Macho als einen samtweichen, laffen Typen, der aussieht, als ob er jeden Moment einschlafen würde. Eiskalte Angeber, von mir aus. Aber die haben wenigstens Format. Füllen ihre Verpackung voll aus.

Auf den ersten Blick wirken sie kühl, unnahbar. Das ist wahr. Aber in ihrem Inneren brennen sie nur darauf, entführt zu werden, verführt zu werden. Sie lassen sich von einer dynamischen Frau problemlos anbaggern. Ich habe noch keinen getroffen, der sich gewehrt hätte, als ich meine zarte Hand nach ihm ausgestreckt habe. Die einfachste Sache der Welt, so einen coolen Typen abzuschleppen.

Natürlich sind sie in Wirklichkeit nur halb so cool, wie sie tun. Wenn ich so einen coolen Typen mit zu mir nach Hause nehme, brauche ich ihn nur einmal freundlich anzulächeln, und schon vergißt er seine Zurückhaltung und überläßt sich willig meinen Händen. Er gestattet mir nur zu gern, ihn aus seiner Verpackung zu schälen. Und ich führe ihn zu einem Plätzchen, wo er in Ruhe auftauen kann ...

Ich lasse ihn nicht aus den Augen. Was jetzt geschieht, genieße ich ganz besonders. Gibt es etwas Erotischeres, als zu beobachten, wie so ein cooler Typ ganz allmählich, Minute für Minute lockerer wird, ein Stückchen mehr dahinschmilzt? Nur für mich? Mit einem Blick gleite ich über seine Brust, die muskulösen Arme, die sehnigen Schenkel, und ich brenne darauf, ihn zu spüren. Aber erst, wenn er völlig gelöst ist, fasse ich ihn an. Ich massiere ihm Brust und Schenkel, gebe mich seinem Fleisch hin. Jetzt habe ich seinen Geruch in der Nase, im Kopf. Dieser Geruch nach Tier sprengt alle Fesseln in mir. Ich will ihn. Jetzt. Er gehört mir.

Ich umschlinge ihn mit meinen Händen, presse ihn rückwärts auf die Arbeitsplatte der Werkbank. Offen und wehrlos liegt er vor mir. Ich sehe die feinen Haare auf seinen Schenkeln. Mit einer Hand greife ich nach dem Feuerzeug. Ich fahre mit einer bläulichen Flamme vorsichtig an seinem Schenkel entlang. Die Haare zischen im Feuer und kräuseln sich. Brandgeruch liegt in der Luft. Ich ziehe mein schärfstes Messer aus dem Holz-

block und spiele mein liebstes Spiel. Kitzele ihn hier und da mit der Messerspitze. Spiele mit seinen Beinen. Soll ich sie geschlossen lassen oder öffnen?

Ich pflanze das Messer in die Mitte und öffne seine Schenkel. Dann streichle ich mit beiden Händen seine Oberschenkel. Es ist ganz erstaunlich, wie unterschiedlich sich das Fleisch anfühlen kann. Fest und hart oder so weich, daß meine Hand darin versinkt. Ich überlege, was sie wohl bisher so mit ihren Beinen gemacht haben. Durch die Landschaft gelaufen und gerannt oder faul und träge auf der Haut gelegen.

Direkt unter der Haut liegen die Knochen. Eine tolle Konstruktion, so ein Bein mit all den Knochen und Muskeln und Sehnen. Und so verletzbar. Die Schneide eines Messers kann dicken Knorpel im Nu durchtrennen, selbst einen Knochen durchhacken. Aber das ist nicht schön, wenn es laut kracht. Ein häßliches Geräusch, so ein Knacken. Ein brutales Geräusch. Und wenn die Haut reißt, fließt Blut. Ich mag nicht, wenn es kracht und das Blut gegen die Wände spritzt.

Ich hab' lieber, wenn ich mit meiner Nase an jedem einzelnen Körperteil entlang fahre, schnuppere, rieche. Ein Bein gegen das Licht halte und die muskulösen Hautschichten näher betrachte, die fest konturierten Muskeln. Das mag ich. Es ist wunderbar. Er ist wunderbar. Und er gehört mir. Er ist mir ausgeliefert. Ich kann mit ihm machen, was ich will.

Was für ein Typ ist er? Was wird ihm gefallen? Womit will er verwöhnt werden? Soll ich ihm die Brusthaare mit Zuckersud stark machen oder ihm die Lenden mit Senf massieren und mit feingestoßenem Pfeffer pudern?

Ich tauche mit einem Finger tief in das Senfglas und reibe seine Schenkel damit ein. Unter meinen Händen fühle ich sein Fleisch. O du Tier! Ich bin verrückt nach dir! Ich bin heiß, ich siede. So brennend heiß wie Öl, das man bis zum Siedepunkt erhitzt.

So liegt er da, windet sich in der Hitze unserer Begierde. Und ich stöhne: »Warte, Liebling. Nur noch eine Sekunde.« Ich lasse ihn eine Weile allein – lasse ihn ohne mich weiter schmoren. Ich gehe ins Bad. Das Wasser läuft eiskalt über meine Handknöchel. Ich spritze mir Wassser ins Gesicht, kämme mir die Haare und tupfe ein wenig Parfum hinter die Ohren. Dann ziehe ich mein liebstes Kleid an, aus roter Seide mit schwarzen Rosen. Ich setze eine rote Kerze in Herzform auf die weiße Tischdecke, lege das Besteck und die Serviette an ihren Platz.

Der Speichel läuft mir dabei im Mund zusammen. Es ist der Duft. Die ganze Wohnung riecht jetzt nach ihm. Appetitlich und verführerisch. Ich kann, ich will ihm nicht widerstehen.

Ich knie mich vor ihm nieder.

Eine Duftwolke stürzt mir entgegen.

Ich bin wie betäubt von seinem Duft.

Mit zwei Handschuhen stelle ich den heißen Topf auf den Tisch, hebe den Deckel. Sehe ihn. Sein braun glänzendes Fleisch, seine Hitze.

»Oh, du«, stöhne ich, wenn ich ihn mir packe.

»Endlich bist du bei mir«, gurre ich. »Ich will dich. Oh, wie ich dich will. Du hast ja keine Ahnung. Mit Haut und Haaren will ich dich«, stöhne ich.

Und dann ist es soweit. Ich schmecke ihn, auf meiner Zunge. Er ist so zart, so süß. Nie wieder wird jemand meine Gaumenknospen so kitzeln wie er. O ja. Er ist es. Er, nur er. Er ist in meinem Mund, füllt ihn ganz aus. Ich brauche kaum zu kauen, so samtig ist er.

»Ich liebe und begehre dich«, schnurre ich, als ich den ersten Bissen hinunterschlucke. »Du weißt nicht, wie ich dich liebe und begehre.«

Ilka, denke ich eine Stunde später, als ich einen letzten Tropfen Fleischsaft mit einem Stück Baguette vom Teller tupfe und mit meinen Lippen aus dem Brot sauge. Du hast doch keine Ahnung. Sitzt jetzt mit diesem Langweiler von Jan vor dem Fernseher und mampfst Tofu-Burger. Du hast ja keine Ahnung, was wahre Liebe, wahre Leidenschaft ist. Ich werde nie von diesen eiskalten Typen lassen können. Egal, ob ich meine Gesundheit dadurch ruiniere oder nicht. Es ist einfach stärker als ich.

Lapin à la moutarde
Kaninchen in Senf

Zutaten für 4 Personen:

1	frisches, enthäutetes Kaninchen mit dem Hackebeilchen in acht Teile zerlegt
1 EL	Butterschmalz
	Salz, Pfeffer
	scharfer Senf
1	gehäufter TL getrockner Estragon
1	Tasse trockener Weißwein
	Bouillon oder Kalbsjus
1	Becher Sahne

In einer Pfanne Kaninchenteile im heißen Butterschmalz von allen Seiten goldbraun anbraten, salzen und pfeffern, mit Senf einreiben, in einen Schmortopf legen und mit Estragon bestreuen.

Backofen auf 160° C vorheizen. Weißwein zum Bratfett in die Pfanne gießen und loskochen. Wenn die Sauce etwas eingedickt ist, über die Kaninchenteile gießen. Bouillon oder Kalbsjus dazugeben; die Kaninchenstücke sollten zur Hälfte mit Flüssigkeit bedeckt sein. Im geschlossenen Topf 90 Minuten im Backofen schmoren.

Das Kaninchenfleisch ist gar, wenn es sich vom Knochen löst. 10 Minuten vor Ende der Schmorzeit Sahne in den Topf gießen. Wird die Sauce zu dünn, den Deckel abnehmen, damit sie einkochen kann.

Dazu passen frische Möhren und Kartoffeln in jeder Art.

Lapin en gibelotte
Kaninchenfrikassee in Weißwein

Zutaten für 4 Personen:

1	Kaninchen, in acht Portionsstücke zerlegt
	Salz, Pfeffer
1	Stengel Thymian
3	Stengel Petersilie
1	Zweig Rosmarin
2	Knoblauchzehen
150 g	geräucherter Schweinebauch, gewürfelt
1 EL	Butterschmalz
4 cl	Cognac
2–3 EL	Mehl
1/8 l	Fleischbrühe
1/8 l	Weißwein
2–3 EL	Tomatenmark
400 g	Tomaten, enthäutet und gewürfelt (Flüssigkeit auffangen)
200 g	Champignons, halbiert
1 Prise	Zucker

Fleisch salzen und pfeffern. Kräuter zusammenbinden. Knoblauchzehen pressen. Fleisch damit einreiben.

In einem Schmortopf Schweinebauch mit Butterschmalz auslassen. Kaninchenteile darin von allen Seiten anbräunen. Mit Cognac übergießen und flambieren.

Mit Mehl bestäuben, umrühren und mit Fleischbrühe und Weißwein aufgießen. Tomatenmark und Tomaten mit Flüssigkeit zugeben. Alles gut verrühren und das Kräutersträußchen einlegen.

Champignons zufügen und alles 40 Minuten im geschlossenen Topf köcheln lassen. Wenn das Fleisch weich ist, Kräutersträußchen entfernen. Sauce mit Zucker abschmecken. Dazu passen Bandnudeln.

Der Wachmann
Virginie Brac

Jeden Tag zwischen zehn und zwölf beendet Micheline ihren Arbeitstag in ihrer Drei-zimmerwohnung Marke Meister Proper im sechsten Stock ihres Hochhauses am Rande der Trabantenstadt.

Roger sagt, man könnte vom Fußboden essen. Die gläsernen Nippesfi-gürchen auf den blitzenden Regalbrettern sehen sie freudlos an, das schwarze Ledersofa thront steif vor dem Fernseher mit dem Zierdeckchen und dem aus Spanien mitgebrachten Aschenbecher in Form einer Gitarre.

Micheline irrt in der Wohnung umher, betrachtet sich im Spiegel, wiegt prüfend ihre Brüste. Im blaßrosa Neonlicht des Badezimmers erscheint ihr Fleisch erstaunlich weiß und zart. Sie findet sich noch sehr ansehnlich. Für wen? Wozu? Sie hat einen Martini zuviel intus, aber das wird niemandem auffallen.

Die Stahlrahmenfenster öffnen sich zu den Rübenfeldern hin, aus denen die Baustellen für die Hochhäuser Schlammfelder gemacht haben. Unten säumen kümmerliche Bäume den Asphaltweg, auf dem Micheline jeden Tag mit ihrem Einkaufswägelchen zum Einkaufszentrum geht. Micheline weiß im voraus, daß sie nichts kaufen wird. Nicht wegen des Geldes, son-dern weil sie nichts brauchen. Sie mischt sich einfach gern unter die eili-gen Leute, schaut sich die Schaufenster an, läßt sich Gebrauchsanweisun-gen erklären. Sie liebt das Gefühl, zu den achtbaren Leuten zu zählen, die

so ganz anders sind als das Gesindel, das sich nach und nach in den Hoch-
häusern breitgemacht hat, braunhäutig, schmutzig und laut. Micheline
kennt ihre Nachbarn nicht. Sie hat keinerlei Kontakt zu ihnen. Sie weiß
nur, daß darunter welche sind, die den Behörden Probleme machen, Leute,
die zu laut reden und lachen und irgendwelche Dinge kochen, die man bis
in den Aufzug riecht. Seit sie eine Mikrowelle besitzt, muß Micheline nicht
mehr diesen Kampf gegen die Gerüche ausfechten. Die Deckelbehälter, die
sie zum Abendessen aus der Tiefkühltruhe zieht, haben dieses Problem
gelöst.

Micheline geht im behaglichen Bauch der Einkaufspassage unter den
Klängen einer von unsichtbaren Lautsprechern ausgesonderten Unterhal-
tungsmusik umher. Das Sicherheitsgefühl, das ihr ein ansehnliches Bank-
konto, Rogers Lebensversicherung, die gesicherte Altersversorgung und
die Eigentumswohnung verleihen, verwandelt sich wie jeden Tag in leise
Euphorie. Überall wird sie von den Verkäuferinnen mit einem Lächeln
empfangen. Ohne jede Aufdringlichkeit selbstverständlich. Wenn eine dieser dummen Puten sich unterstehen würde, ihr unaufgefordert einen Rat
zu geben oder eine deplazierte Bemerkung fallenzulassen, würde Micheline sich unverzüglich bei ihrem Chef beschweren. Sie hat auch schon
erreicht, daß die eine oder andere gefeuert wurde.

Etwas Kaltes, Feuchtes an ihrer Wade reißt sie aus ihren Gedanken. Sie
gibt einen kleinen spitzen Schrei von sich und dreht sich ruckartig um.

»Entschuldigen Sie bitte, Madame«, sagt der blonde Wachmann,
während er seinen Hund ans Knie zurückzieht.

Der Wachmann hat vielleicht noch ein paar weitere Worte gesagt, doch
sie hat nicht hingehört, so fasziniert ist sie von seinem Mund mit den
vollen Lippen unter azurblauen Augensternen. Der junge Mann entfernt
sich, sein Gang in den dicken schwarzen Stiefeln, die bis zum Knöchel reichen, ist geschmeidig. Er trägt eine marineblaue Armeehose, die seine
schmalen Hüften, seinen festen Hintern gut zur Geltung bringt. Atemlos
betrachtet Micheline seinen blonden, rasierten Nacken und die Schultern,
die aus dem T-Shirt ragen. Sie hat das Gefühl, als habe ihr jemand einen
Schlag in die Magengrube versetzt. Sie verbringt den Nachmittag beim
Friseur.

Am Abend schleicht sie um den Fernseher herum, angeblich um das
Programmheft zu suchen. Sie wartet auf einen Kommentar von Roger zu
ihrer neuen Frisur, der starrt jedoch unbeirrt auf den Bildschirm, und sie
pflanzt sich schließlich in ihrem blaßblauen Nylonmorgenrock vors Fenster. Sie starrt in die Nacht über dem breiten unbebauten Gelände, auf die
verlassenen Lagerhallen am Rande der Fernstraße, um die herum man

vage ein paar Gestalten schleichen sieht. Gewöhnlich beobachtet Micheline sie mit dem Fernglas, in der Hoffnung, die Gauner bei der Polizei anzeigen zu können. Heute abend kommt sie nicht einmal auf den Gedanken. Sie wollte, es wäre schon morgen.

Die folgenden Tage streicht Micheline von morgens bis abends durchs Einkaufszentrum. Die lange Reihe neonbestrahlter Schaufenster in der Einkaufspassage spiegelt das Bild einer zu stark geschminkten Frau, die wie für einen Ball angezogen ist. Zwanzigmal ist sie ganz dicht an ihm vorbeigekommen. Da sie sich nicht traut, ihm auf Schritt und Tritt zu folgen, setzt sie sich in die Cafeteria. Gerade beugt er sich nieder, um ein verlorengegangenes Kind auf den Arm zu nehmen. Micheline hat nur Augen für den Stoff seiner Armeehose, der sich über den Muskeln seiner Oberschenkel spannt. Der junge Mann bringt das Kind zum Supermarkt. Am Boden zerstört, sieht sie, wie er der Hosteß, an die er das Kind weiterreicht, ein Lächeln schenkt, von dem man Durst bekommt.

Mechanisch läuft Micheline in das nächstbeste Geschäft. Sie geht zwischen den Regalen mit Schönheitsprodukten entlang und starrt blind auf die schillernden Verkaufsständer. Plötzlich läßt sie eine Parfumflasche diskret in ihre Handtasche gleiten. Als sie sich anschickt, das Geschäft zu verlassen, fragt die Verkäuferin sie mit frostiger Stimme, ob sie nicht irgend etwas vergessen habe. Micheline ist empört, droht damit, Krach zu schlagen; die Verkäuferin ist gezwungen, den blonden Wachmann zu rufen. Micheline verspürt keinerlei Scham, als er sie in das Büro des Wachdienstes schleppt. Sie nimmt die Blicke nicht wahr, die man ihr zuwirft. Triumphierend schreitet sie an seiner Seite.

Das Büro ist ein enger Raum, in dem die Luft trotz der Klimaanlage stickig ist. Micheline fühlt sich schweißgebadet. Sie hat das Gefühl, daß der Wachmann, der so hart mit ihr spricht, nackt ist, daß sie hartnäckig auf sein anschwellendes Geschlecht starrt. Sie will von hier verschwinden, ihre obszöne Vorstellung loswerden, bevor er ihre Gedanken lesen kann. Mit klopfendem Herzen schlägt sie ihm vor, die Parfumflasche zu bezahlen.

»Sag mal, was glaubst du eigentlich?« bellt der junge Mann bissig. »Daß das hier eine Lotterie ist? Daß man nur zahlt, wenn man sich erwischen läßt?«

»Hören Sie«, stammelt Micheline, »ich versichere Ihnen, ich wollte …«

»Halt die Klappe. Du kommst unverzüglich vor Gericht und gehst einen Monat hinter Gitter. Schlampen wie du sind der Ruin fürs Geschäft.«

»Warten Sie«, heult Micheline auf. »Es ist nicht so, wie Sie denken. Ich habe Geld.«

Der Wachmann sieht sie unbewegt an. Micheline hat das Zauberwort ausgesprochen. Hat Roger ihr nicht tausendmal eingetrichtert, daß alles, absolut alles käuflich ist? Mit zitternder Hand leert sie ihr Portemonnaie auf dem Tisch aus: über 1000 Franc. Der Wachmann zählt die Scheine, steckt sie mit einem bösen Blick, der ihn nur noch schöner aussehen läßt, in die Tasche.

»Sie können gehen«, stößt er hervor, so als müsse er sich bei ihrem Anblick gleich übergeben. Mit einer kurzen Bewegung des Kinns weist er ihr die Tür. Micheline geht am Boden zerschmettert hinaus.

Es wird Nacht. Um diese Uhrzeit schließen die Geschäfte. Micheline wartet auf dem Parkplatz des Einkaufszentrums, hinter einem Auto versteckt. Sie wartet auf die junge Verkäuferin, um ihr zu erzählen, auf welche Weise der Wachmann sich die Situation zunutze gemacht hat. Sie will der jungen Frau bezüglich dieses Mannes die Augen öffnen. In einem ersten Reflex hatte sie zum Polizeirevier laufen wollen, aber wie hätte sie erklären sollen, daß sie eine Parfumflasche gestohlen hatte? Und Roger, der einmal im Monat, wenn auf der Baustelle, wo er als Polier arbeitet, Feierabend ist, im Polizeiverein Karten spielt?

Die dem Personal vorbehaltenen Metalltüren spucken Angestellte aus, deren Gesichtsfarbe grünlich wie ein Froschbauch ist. Micheline ist erstaunt, wie schwächlich, abgezehrt und durchsichtig die Angestellten ohne ihre Uniformen aussehen. Geschieht ihnen ganz recht, was sind sie auch so jung.

Der Wachmann kommt nach den anderen heraus, bekleidet mit einem Wildledermantel, den er wie ein Cowboy offen über Jeans und einem weißen T-Shirt trägt.

»Dany!« ruft eine helle Stimme über den Parkplatz. Der Wachmann dreht den Kopf, und Micheline entdeckt im gleichen Moment wie er die kleine Verkäuferin. Die junge Frau lacht mehrfach laut auf. Ihr Gesprächspartner zieht aus seiner Tasche die Scheine, die er Micheline abgenötigt hat, und teilt das Geld mit ihr. Begeistert drückt ihm das junge Mädchen einen Kuß auf die Wange und eilt leichtfüßig zur Bushaltestelle. Versteinert beobachtet Micheline, wie der Mann mit seinem Hund in ein verstaubtes braunes Wohnmobil steigt. Er heißt also Dany.

Als sie nach Hause kommt, findet sie Roger mit dem Fernglas am Fenster. Er starrt zu den verlassenen Lagerhäusern am Rande des unbebauten Geländes hinunter, doch Roger ist nicht interessiert.

»Schau dir diese kleinen Dreckskerle an, die machen ihre Sauereien keine fünf Schritte von hier«, geifert er.

»Das Abendessen ist in sieben Minuten fertig«, sagt sie, um ihn zu

beschwichtigen. Das Schlimme ist, daß sie nicht lügt. Sie schiebt eine Tief-kühlpackung in die Mikrowelle und hat in vier Minuten zwei Tellermenüs fertig. Als sie ins Wohnzimmer zurückkommt, hat Roger den Fernsehap-parat angestellt. Sie ist gerettet.

Schlafen ist unmöglich in dieser Nacht. Micheline wandert durch die Wohnung und denkt an Dany und die Vorteile, die er aus einer Beziehung mit ihr ziehen könnte. Sie würde sich um ihn kümmern, ihn in gute Restaurants führen, ihm dabei helfen, sich neu einzukleiden. Das Wohn-mobil hätte sicher ein wenig Komfort nötig. In ihrem Nylonmorgenman-tel ans Fenster gepflanzt, bemerkt sie ein verdächtiges Hin und Her um die Lagerhäuser herum. Wie Roger immer sagt, gehen diese Gauner inzwi-schen ganz ungeniert vor, in einer Weise, daß man sich fragt, ob sie nicht irgendwie gedeckt werden. Allein dieser Gedanke verhindert, daß sie ans Telefon rennt, um die Polizei zu benachrichtigen. Micheline stellt das Fern-glas scharf. Das Wohnmobil springt ihr mitten ins Gesicht. Die hinteren Türen stehen offen, und zwei oder drei Männer ziehen daraus Kisten her-vor. Einer von ihnen trägt einen langen Wildledermantel. Sie weiß, daß er es ist. Vorsichtig stellt sie das Fernglas ab.

Micheline geht die Fernstraße entlang. Seit es den Autobahnanschluß gibt, herrscht hier wenig Verkehr. Die Lagerhallen finden keine Abnehmer mehr. Micheline hat einen roten Rock angezogen und ein enges Maschen-trikot, das ihre Brust modelliert. Sollte jemand sie fragen, würde sie sagen, sie gehe spazieren.

Bei den Lagerhallen angekommen, geht sie vorsichtig um die Gebäude herum. Der Ort scheint verlassen zu sein. Micheline klettert auf einen Schutthaufen, um durch ein Oberlicht, dessen Scheibe halb zerbrochen ist, zu schauen. Im Halbdunkel erkennt sie Matratzen am Boden und einen Gaskocher. An der Seite stehen Dutzende von Hi-Fi-Kartons mit dem Schriftzug des Supermarkts, in dem der Wachmann arbeitet. Der dreckige Dieb.

»He, Alte! Suchst du was?«

Sie sind zu zweit, zwischen sechzehn und zwanzig Jahren, in Jeans und Blousons mit abgeschnittenen Ärmeln; sie sehen mager und bedrohlich aus.

»Ich bin hier, um mit Dany zu reden«, erwidert Micheline, ohne sich aus der Fassung bringen zu lassen. Das Vergnügen, das es ihr bereitet, seinen Namen auszusprechen, läßt sie ihre Angst vergessen. Sie hat dadurch das Gefühl, mit ihm in einer besonderen Verbindung zu stehen. Die beiden jugendlichen Rowdys starren sie perplex an.

»Er ist nicht da.«

»Schade«, seufzt sie. »Ich hoffte, ihn sprechen zu können, bevor er zur Arbeit geht.«

Auf dem Weg zurück zum Einkaufszentrum gefällt sich Micheline in der Vorstellung, eine reife Frau voller Geheimnisse zu sein. Ihre Entdeckung von heute nacht liefert ihr die erträumte Gelegenheit, mit Dany auf einer neuen Grundlage fortzufahren. Er wird jetzt wohl verstehen, daß sie nicht seine Feindin ist, im Gegenteil. Plötzlich steht er vor ihr mit dem muskulösen Oberkörper einer griechischen Statue, seinen Stiefeln, seinem Hund. Er schwitzt, seine Haut glänzt leicht, wie geschaffen dafür, genüßlich abgeleckt zu werden.

»Ich muß mit Ihnen reden«, stammelt Micheline.

Bei ihr haben sich durch den Schweiß zwei große Flecken unter den Achseln gebildet, die Wimperntusche ist an den Unterlidern verschmiert. Der junge Mann mustert sie verächtlich.

»Na denn«, sagt er, »schieß los.«

Dieses Duzen, dieser brutale und unerwartete vertrauliche Umgangston, trifft sie mitten in den Unterleib. Sie ergreift seine Hand und küßt sie mit Leidenschaft. Er entreißt sich ihrer Umklammerung mit wütendem Blick.

»Was fällt dir ein? Spinnst du? Verzieh dich, bevor ich meinen Hund loslasse!«

Am Abend findet Micheline kaum die Kraft, den Anschein zu wahren. Roger, den sie seit Jahren nicht mehr sieht und hört, der im Laufe der Zeit zu einer Art Phantom geworden ist, dem es ein paar Stunden am Tag zu gehorchen gilt, erscheint ihr jetzt verabscheuungswürdig. Während sie aufs Geratewohl zwei Tiefkühlpackungen aus der Gefriertruhe zieht, um sie mechanisch in die Mikrowelle zu stopfen, fragt sie sich, wie sie sich ein Leben lang hat einsperren lassen können von diesem plumpen, muffigen, selbstgefälligen Mann, wie sie so an sich hat verzweifeln können, daß sie es aufgegeben hat, Besseres zu finden. Was für ein Mensch ist sie denn, daß sie sich mit so wenig zufrieden gibt?

Es klingelt. Micheline geht die Tür öffnen und findet sich Dany gegenüber. Er hat seine Uniform abgelegt und trägt denselben Mantel, dasselbe weiße T-Shirt. Seinen Hund hat er nicht dabei. Mit weichen Knien, stumm vor Schreck, läßt Micheline ihn eintreten.

»Tut mir leid, Sie zu stören«, entschuldigt sich Dany, indem er sich direkt an Roger wendet, »aber Ihre Frau war vor zwei Tagen Zeugin eines Diebstahls ...«

»Ah ja?« brummelt Roger, »davon weiß ich nichts.«

»Ich ... ich habe wohl vergessen, es dir zu erzählen«, murmelt Micheline entschuldigend.

»Ich wollte Sie bitten, ein oder zwei Punkte Ihrer Aussage zu präzisieren«, fährt Dany fort. Voller Panik sieht Micheline auf das Blatt in seiner Hand, das er sie angeblich in dem Büro des Wachdienstes hat unterschreiben lassen. Warum lügt er? Warum ist er gekommen?

»Was für ein herrlicher Ausblick!« bemerkt der junge Mann und tritt ans Fenster. Er starrt auf das Fernglas neben den Tellertabletts mit den Fertigmenüs, die Micheline in aller Eile auf dem Büffet abgestellt hat. Hinter der gläsernen Fensterfront erstreckt sich als dunkler Tintenfleck das unbebaute Gelände, neben dem sich die weißlichen Blöcke der Lagerhallen erheben. Er versteht. Die anderen hatten recht. Micheline folgt seinem Blick, sieht jedoch nur die schaurigen und jämmerlichen Tellertabletts, die nach Altersheim dritter Klasse aussehen.

»Was führst du denn mit dem Kerl im Schilde?« fragt Roger, als Dany wieder weg ist.

»Aber ...«

»Bau bloß nicht darauf, daß ich dem einen Job verschaffe. Typen wie der auf der Baustelle – und es verschwinden zwanzig Prozent des Baumaterials in der Zeit, in der du dir den Hintern wischst ...«

Micheline rührt sich nicht mehr, atmet nicht mehr, bis die Wogen sich geglättet haben. Zaghaft stellt sie ihm den stinkenden künstlichen Brei hin, den sie heißgemacht hat. Roger verschließt sich wie eine Auster. In seine Ecke des Sofas versunken – genau gegenüber dem Fernseher – ißt er. Micheline plaziert ihren Hintern am anderen Ende, das Tellertablett auf den Knien. Sie sieht sich durch die Augen von Dany, eine alte Frau mit künstlichem Gebiß, saft- und kraftlosem Fleisch und einem ausgeleierten Geschlecht. Verzweifelt denkt sie, daß alles hätte anders sein können. Er hätte in dem Moment aufkreuzen können, in dem sie dabei gewesen wäre, im Eßzimmer ein Kalbsblanquette mit einem guten Brouilly zu servieren. Sie hätte ihm vorgeschlagen zu bleiben, und er hätte sich der Aussicht auf ein gutes Essen in der gemütlichen Atmosphäre eines richtigen Heimes nicht widersetzt. Es ist alles ihr Fehler. Wenn sie sich Mühe geben würde, könnte alles anders sein.

Seit ein paar Tagen geht Micheline nicht mehr vor die Tür. Sie hat ihre letzte Martiniflasche geleert. Immer wieder erinnert sie sich an Danys Blick auf die Tellertabletts und denkt an Selbstmord. Erst ganz am Ende der Woche, als ihre Reserven aufgebraucht sind, zieht sie schließlich ihr Einkaufswägelchen zum Supermarkt.

Micheline hat ihre Einkäufe fast beendet, als der Wachmann vor ihr auftaucht. Sie setzt gerade an, ihm zu schwören, daß sie nichts gestohlen hat, als sie mitbekommt, daß er von etwas anderem redet.

»Ich habe dich falsch eingeschätzt«, vernimmt sie. »Wir sollten uns näher kennenlernen.«

»Wenn Sie wollen«, stammelt Micheline, völlig aus dem Häuschen.

»Ich dachte, wir sagen ›du‹?«

Die Augen in Höhe seiner flachen, breiten Brust, sieht sie nur noch Kilometer blonder Brustbehaarung.

»Kommst du auf ein Glas zu mir nach Hause?«

»... zu dir nach Hause?«

»Na ja, zu meiner Karre. Die steht gegenüber von den Lagerhallen an der Fernstraße. Meine Kumpels haben mir erzählt, daß du schon mal da warst.«

Wieder zurück in ihrer Wohnung, hat Micheline das Gefühl, im Traum zu wandeln. Sorgsam hebt sie den Deckel vom Schmortopf, nimmt das Fleisch und das Gemüse heraus und bereitet die Sauce für ihr Blanquette zu. Sie ist ganz begeistert, daß die Einladung genau auf den Abend fällt, an dem Roger im Polizeiverein Karten spielt. Sie streift ihr elegantestes Kleid über, das aus schwarzem Jersey, dessen weiter Ausschnitt mit kleinen schwarzen, ganz weichen Federn besetzt ist. Trotz der Hitze entscheidet sie sich dafür, ihre allerfeinsten Seidenstrümpfe anzuziehen, die sie mit ihrem Strumpfhalter befestigt. Warum nicht alle Register ziehen?

Micheline macht die Tasche zu, in der sie die Plastikdosen mit dem Reis und dem Blanquette sowie eine Flasche Brouilly verstaut hat. Zum Dessert hat sie Cremeschnitten vorgesehen. Wenn Gott ihr die Wahl einer letzten Mahlzeit auf Erden ließe, würde sie sich ohne Zögern für dieses traditionelle französische Gericht entscheiden, begleitet von einem edlen, kühlen und vollmundigen Tropfen. Und nicht für eine dieser lächerlichen exotischen Speisen, mit denen die Rezeptseiten der Frauenzeitschriften gefüllt sind. Der Currygeruch im Treppenhaus läßt sie lächeln. Wer will sich schon den Magen mit derartigem Zeug verätzen?

Micheline geht stolz die Fernstraße entlang, als die Nacht anbricht. Mit ihren hohen Absätzen knickt sie beim Gehen ein wenig um, aber das beeinträchtigt ihre Haltung in keiner Weise. Sie hört Danys Wohnmobil auf ihrer Höhe bremsen.

»Steigst du ein?«, fragt der junge Wachmann.

Sie sind da. Micheline steigt wortlos aus, Dany folgt ihr mit dem Hund. Sie betreten einen riesigen Schuppen mit Wellblechdach, in dem eine drückende Hitze herrscht.

»Wir haben Glück, der Brouilly ist noch kühl«, erklärt sie und geht auf die Kiste zu, die als Tisch zu dienen scheint. »Hast du Gläser?«

Überrascht schaut er ihr zu. Sie entkorkt die Flasche und gießt die wun-

dervoll purpurfarbene Flüssigkeit in ein nicht ganz sauberes Glas. Sie probiert, schnalzt befriedigt mit der Zunge, reicht ihm ein zweites Glas.

»Willst du was zu essen machen? Also, ich dachte, du hättest etwas anderes vor ...«

Sie blickt ihm fest in die Augen, ohne mit der Wimper zu zucken.

»Es ist schon alles fertig«, antwortet sie lakonisch. »Ich habe auch frisches Brot und ein Dessert mitgebracht. Du bist doch nicht in Eile, oder? Du kannst doch wenigstens kosten ...«

»Und?« fragt sie. »Wie findest du's?«

»Es ist gut«, gibt der junge Mann zu.

Sie haben keine drei Worte gewechselt, seit sie hier sind. Sie hat einen Ölkanister gefunden, um darauf ihren dicken, in schwarzen Jersey gezwängten Hintern niederzulassen. Ihre schwarzbestrumpften Beine sind noch sehr schön. Er lümmelt sich auf der Lastwagenbank, stopft sich voll, tunkt die Sauce mit einem Stück Brot auf, tut sich noch einmal auf, leert die Flasche Wein. Ihm ist heiß, aber er fühlt sich seltsam entspannt. Die blonde Frau mit ihren Hängebacken scheint ihm nicht mehr so abstoßend. Er findet sie sogar recht nett, so ungekünstelt wie ihr Abendessen, das ihm ausgezeichnet schmeckt. Er hat seit Jahren kein Blanquette mehr gegessen.

»Das letztemal, das war bei meiner Mutter in der Ardèche. Ich habe als Kind sämtliche Sommer dort verbracht.«

Erstaunt darüber, keine Angst, keinerlei Bedauern zu empfinden, schwebt sie auf einer kleinen Wolke des Glücks. Es sollte ihr also doch noch gegeben sein, ihrem Sarkophag zu entkommen, in dem sie seit Jahren schlummert, und ein wenig zu leben. Was für ein Sieg. Egal, wenn er auch nur kurz sein sollte.

Nach dem Essen gehen sie in die lauwarme Nacht hinaus. Micheline wundert sich, daß sie diesen Ort finster gefunden hat. Was ist das Leben doch schön. Sie hört Dany in ihrem Rücken rüde und harte Worte sprechen. Sie dreht sich langsam zu ihm um. Sie kann die schwarze Waffe in seiner Hand ganz genau erkennen, bereit, ihr das Hirn aus dem Kopf zu pusten, aber es gelingt ihr zu lächeln. Sie erinnert sich an seinen rasierten Nacken, die nackten Schultern, die sehnigen Muskeln an seinem Unterarm, wenn er an der Leine zieht, die Glut, die er entfacht hat.

»Los, kletter in den Wagen, ich fahr dich nach Hause.«

»Du ... du schießt nicht?«

Sie hat das Gefühl, schwer auf die Erde zurückzufallen.

»Hier. Du gibst die Knarre deinem Alten zurück, er soll seinen Dreck alleine machen, mich gehen eure Geschichten nichts an.«

»Roger?« murmelt Micheline.

Und mit einemmal bedauert sie, daß er nicht abgedrückt hat. Dany nimmt ihre Hand und zieht sie zum Wohnmobil, als habe er es sehr eilig, sie loszuwerden. Micheline stolpert auf ihren Absätzen, protestiert.

»Dany!«

Er bleibt stehen.

»Was?«

»Du kennst Roger?«

»Nein. Er kam gestern abend nach seiner Arbeit zu mir ins Einkaufszentrum. Er hat es gewittert, daß ich dich kaltmachen wollte. Er hat geschworen, mir die Bullen auf den Pelz zu jagen, wenn ich es nicht richtig machen würde.«

»Hat er dir Geld gegeben?«

»Nein, bloß die Knarre.«

Die Scheinwerfer fallen auf die Straße und die Hochhäuser in der Trabantenstadt dahinter mit ihren Tausenden Sarkophagen. Das Wohnmobil hält vor der Tür zum Aufgang D.

»Salut, Micheline.«

»... Salut.«

Er lächelt sie zum erstenmal an, nennt sie bei ihrem Vornamen. Ihr Herz bricht. Mechanisch streicht sie über ihre Dauerwelle. Nicht weinen. Morgen ist ein neuer Tag, ein normaler Tag, ein Tag, an dem das Einkaufszentrum von 9 bis 19 Uhr geöffnet hat.

»He, Micheline!«

Was sagt er? Er hat die Fensterscheibe heruntergelassen und streckt den Kopf ein Stück heraus.

»Paß auf dich auf«, rät er ihr an. »Und koch ihm doch mal ein Blanquette.«

Blanquette de veau
Kalbsragout

Zutaten für 6 Personen:

1–1,5 kg	Kalbfleisch (Brust oder Schulter), gewürfelt
3	mittelgroße Möhren, in Scheiben geschnitten
1	große Zwiebel, geviertelt
2	Knoblauchzehen
3 TL	Thymian
	Salz, Pfeffer
2–3	Lorbeerblätter
4	Gewürznelken
½ Flasche	trockenen Weißwein (einfacher Burgunder oder Muscadet)
400 ml	Wasser
50 g	Butter
2	gehäufte EL Mehl
150 ml	Sahne
1	Eigelb

Fleisch mit Möhren, Knoblauchzehen, Zwiebel, Thymian, Nelken, Salz, Pfeffer, und Lorbeerblättern in einen Schmortopf mit gut schließendem Deckel geben. Wein und Wasser darübergießen. Im geschlossenen Topf bei mittlerer Hitze etwa 1–1½ Stunden kochen lassen.

Fleisch und Gemüse etwas abkühlen lassen; herausnehmen und warmstellen.

Butter in einer Kasserolle bei geringer Hitze schmelzen. Mehl unterrühren. Fleischbrühe unter ständigem Rühren nach und nach angießen. Wenn die Sauce eine sämige Konsistenz erreicht hat, Sahne unterrühren. Topf von der Herdplatte nehmen und Sauce ein wenig abkühlen lassen.

Eigelb in einem Schüsselchen zügig mit etwas Sauce verrühren. Dann erst in die Kasserolle geben.

Fleisch und Gemüse hinzufügen. Vorsichtig umrühren. Wenn nötig, erwärmen. Es darf nicht mehr kochen! Mit Reis servieren.

Süße Sünden und tödliche Törtchen

Ein altes Familienrezept
Paula Matter

»Großer Gott, sie kocht so schlecht, wie sie schreibt.«
»Noch schlechter.«

»Ich weiß nicht – sie schreibt schon ganz schön miserabel!«

Ich lauschte ihrem Gegacker, hörte, wie sie über mich herzogen. Sie hatten keine Ahnung, daß ich hinter der Küchentür stand und jedes Wort mitbekam. Zeit für meinen Auftritt.

»Psst, sie kommt«, flüsterte Karen. Mit großen Augen betrachtete sie die Auflaufform in meinen Händen. Ich stellte sie vor ihr ab und lächelte.

»Oh, Penny, ich kriege bestimmt nichts mehr runter.«

»Bitte, ich bestehe darauf. Es kommt ganz frisch aus dem Ofen, so wie es meine Großmutter immer zubereitet hat – ein altes Familienrezept.«

Beim Gedanken an meine Großmutter wurde mein Lächeln breiter. So viele schöne Erinnerungen. Ich wußte genau, daß Babs noch etwas essen würde. Sie blickte mit glasigen Augen auf den Nachtisch. Ihre Schale war blitzblank. Sie sah aus, als würde sie gleich vor Extase sterben. Ich schaufelte mit dem Servierlöffel eine große Portion Apfelstreusel-Dessert in Babs' Schale und dekorierte sie mit einem Klecks Schlagsahne.

»Na, über was habt ihr euch denn unterhalten, als ich in der Küche war?«

Stille. Alle drei waren totenstill. Meine drei lieben Partnerinnen unseres Kritikkreises. Drei Frauen, die Woche für Woche meine Kurzgeschichten

lasen und positive, ermutigende Dinge zu mir sagten. Mir direkt ins Gesicht. Dieselben drei, die hinter meinem Rücken über mich herzogen und sich über meine Schreibversuche lustig machten. Ich sah sie an, wie sie in meinem Wohnzimmer beisammen saßen. Karen, Barbara und Alice. Statt meine Frage zu beantworten, griffen sie nach ihren Schalen und stopften sich den Mund mit meinem Dessert voll. Ich hatte Zeit.

»Ißt du denn nichts davon, Penny?« fragte Alice mit vollem Mund.

Ich schüttelte den Kopf. »Ich bin gegen Äpfel allergisch. Ist das nicht schrecklich? So ein leckerer Nachtisch, und ich darf nichts davon essen.«

Babs nickte eifrig. Wahrscheinlich dachte sie, sie könne meinen Anteil haben. Von mir aus.

»Und? Wie schmeckt es euch?«

Alice und Karen wechselten einen Blick. Karen war die dreisteste von allen und würde bestimmt zuerst antworten. Sie enttäuschte mich nicht.

»Mhm, sehr lecker, Penny. Ein altes Familienrezept, hast du gesagt?«

»Ja. Meine Großmutter hat es im Lauf der Jahre an all' ihre Töchter und Enkelinnen weitergegeben. Wir sind alle großartige Köchinnen, es liegt uns einfach im Blut.«

Ich hatte erwartet, daß sie sich bei diesem Satz verschlucken würde. Statt dessen lächelte sie nur höflich. Eins muß man ihr lassen, sie kann wirklich gut jemandem ins Gesicht lügen. Aber Achtung, sobald man ihr den Rücken zudrehte! Ich würde die drei erst einmal beobachten. Und warten.

»Also, Karen, meinst du, meine Geschichte ist jetzt besser geworden? Ich habe seit unserem letzten Treffen wirklich hart daran gearbeitet.«

Sie schob sich noch einen Löffel Nachtisch in den Mund. Vermutlich wollte sie Zeit schinden, bis ihr etwas Nettes einfiel. Aber ich wußte, wie ich sie zum Sprechen bringen konnte.

»Du weißt doch, wie sehr ich deine Meinung schätze. Du bist so unglaublich begabt.«

Das genügte. Ihre Augen leuchteten auf, und sie schluckte.

»Wie ihr ja wißt, hatte ich bereits mehrere Veröffentlichungen. Ich will ja wirklich nicht damit angeben, aber das ist nun einmal eine Tatsache.«

Stimmt. Eine Tatsache, die sie uns immer wieder unter die Nase rieb. Alice und Babs nickten und lächelten ihr bescheiden zu.

»Und als Autorin zweier veröffentlichter Kurzgeschichten ist mein Rat für unveröffentlichte Autorinnen sicher von großem Nutzen.«

Alice und Babs hingen an ihren Lippen und nickten eifrig. Ein widerwärtiger Anblick. Ihre Dessertschalen waren jetzt ebenfalls leer. Während sie aufmerksam der Selbstbeweihräucherung von Miss-Karen-Mehrfach-veröffentlicht lauschten, füllte ich nach.

Sie waren so mit Karen beschäftigt, daß sie ohne nachzudenken nach den Schalen griffen und sich die warmen, würzigen Äpfel in den Mund schoben. Konnte nicht schaden, Karens Schale auch aufzufüllen. Sie würde sicher bald Luft holen müssen. Ich hatte ihre Wie-ich-veröffentlicht-wurde-Geschichte schon so oft gehört, daß ich sie auswendig kannte. Irgendwann kam sie schließlich zum Ende. Sie lehnte sich im Sessel zurück, lächelte uns arme Unveröffentlichte selbstgefällig an und griff nach ihrem Dessert. Ich könnte wetten, daß sie Applaus erwartete. Hätten die beiden anderen nicht die Hände voll gehabt, hätten sie sicher geklatscht. Mir wurde fast übel, als ich alle drei betrachtete.

Dennoch mußte ich in Gedanken lächeln. Übel – das würde ihnen auch bald werden, wenn ich Omas Spezialrezept richtig zubereitet hatte.

»Danke, Karen, daß du uns diese wunderbare Geschichte – erneut – erzählt hast.« Ich schob die Auflaufform zu Babs hinüber. Ohne Zögern nahm sie sich einen Nachschlag. Ich wandte mich wieder Karen zu.

»Noch mal wegen meiner Geschichte. Kannst du Fortschritte erkennen?«

»Ja, also ...«

»Ich habe die Stellen, an denen ihr letzte Woche etwas auszusetzen hattet, stark überarbeitet. Der Handlungsstrang, die Figuren, die Grammatik. Ich habe die ganze Woche geschuftet.«

Karen nickte. »Ja, das ist nicht zu übersehen.«

Wenn ich nicht genau aufgepaßt hätte, wäre mir das Zwinkern entgangen, das sie den anderen zuwarf. Aber ich hatte sie alle durchschaut, schon vor Wochen. Ich hatte mir fest vorgenommen, sie mit ihren Gemeinheiten, ihrer Scheinheiligkeit nicht davonkommen zu lassen. Ich hatte ein unerschütterliches Lächeln aufgesetzt, und langsam tat mir davon das Gesicht weh, ich lächelte aber weiter. Konnte ihnen ja nicht verraten, was hier los war. Was hier gleich los sein würde.

»Du meinst also, sie ist jetzt gut genug für eine Veröffentlichung?«

Diesmal verschluckte sie sich wirklich. Ich sprang auf und eilte in die Küche. Als ich zurückkam, klopften Alice und Babs ihr auf den Rücken.

»Hier, Karen, trink das. Dann wird es besser.« Ich mußte ihr dabei helfen, das Glas zu halten, während sie die Milch hinunterspülte. »So, siehst du. Schön austrinken. Braves Mädchen.«

Tränen strömten über ihre Wangen; mit zitternder Hand faßte sie sich an den Hals.

»Du liebe Güte, Karen, ist alles in Ordnung? Noch ein bißchen Milch?«

Sie schüttelte den Kopf. »Nein, danke. Ich weiß auch nicht, was los ist.« Sie hielt sich die Hand vor den Mund. »Mir ist auf einmal so übel, und mein Magen brennt wie Feuer.«

»Oje, oje! Und das einzige, was du gegessen hast, sind vier Portionen von meinem Apfeldessert. Lieber Himmel!«

Ich hörte die anderen nach Luft schnappen. Alice starrte auf die leere Auflaufform und die Schalen auf dem Tisch. Ihre Augen wurden schmal, und sie funkelte mich an.

»Penny, was ist in deinem Apfeldessert? Irgend etwas, wovon Karen solche Beschwerden bekommen kann?«

Bevor ich antworten konnte, stöhnte Babs laut auf. Wir sahen sie rückwärts stolpern und auf dem Sofa zusammensinken.

»Ich fühl' mich auch nicht gut. Meine Brust«, ächzte sie. »Dieser Druck auf meiner Brust. Ich glaube, ich sterbe. Alice, Hilfe!«

Ich packte Alices Arm, bevor sie zu Babs hinübergehen konnte. Ich sah ihr fest in die Augen. »Du siehst auch nicht so besonders aus. Deine Lippen sind blau, deine Haut ist kalt und feucht. Ist alles in Ordnung?«

Sie schluckte schwer, schloß kurz die Augen und sah mich dann wieder an. »Mein Gott, Penny, was hast du getan?«

»Recherche betrieben. Karen sagt uns doch immer, wie wichtig Recherche ist, damit unsere Geschichten glaubwürdig werden.«

»G – glau – b – würdig? Recherche? Was ...« Ich ließ ihren Arm los, und sie glitt langsam zu Boden. Ich stieg über sie hinweg, um nach Babs zu sehen. Sie hatte am meisten gegessen und würde wohl zuerst dran glauben müssen. Zu meiner Überraschung schlug sie die Augen auf. Ich kniete mich neben sie.

»Penny ... ich ... ich hab' gehört, was du gesagt hast ... die Recherche«, sagte Babs. Ihre Stimme war voller Angst und Schmerz.

»Kämpf' nicht dagegen an, Babs«, flüsterte ich und streichelte sanft ihre Stirn. »Ich wollte dir das nicht antun, wirklich nicht. Du hast mit deiner Kritik immer versucht, mir zu helfen, aber ich kann doch schlecht eine Zeugin am Leben lassen, oder?«

Die zarte Berührung und meine weiche Stimme beruhigten sie. Mit einem letzten Seufzer hauchte sie ihr Leben aus. Ich schloß ihre Augen. Danach räumte ich das Geschirr vom Tisch. Erst würde ich diese Unordnung beseitigen, und dann kämen die anderen und würden mir bei den größeren Aufräumarbeiten helfen. Nie zuvor hatten wir drei Leichen gehabt. Jedenfalls nicht auf einmal. Vier reiche tote Ehemänner im Lauf der Zeit, angefangen bei meinem Großvater. Aber es lagen immer Jahre dazwischen. Ich dachte an unser Familienmotto und mußte lächeln: »Gut sind Freunde in der Not. Bessre helfen auch bei Tod«.

Schwestern sind die besten Freunde. Vor allem verwitwete Schwestern mit jeder Menge Zeit und Geld.

Apple Crisp
Apfelstreusel-Dessert

Ein beliebtes amerikanisches Dessert, besonders in der kalten Jahreszeit.
Es ist Bestandteil vieler Weihnachtsmenüs.

Zutaten für 6–8 Personen:

8	säuerliche Äpfel, geschält und in dünne Scheiben geschnitten
4–5 EL	brauner Rohrzucker
1 TL	Zimt

Für die Streusel:

100 g	Mehl
70 g	weiche Butter
70 g	brauner Rohrzucker
1 Msp	Salz

Backofen auf 175° C vorheizen. Apfelscheiben in eine große, flache Auflaufform schichten. Rohrzucker und Zimt mischen, die Hälfte über die Äpfel streuen.

Mehl, Butter, Zucker und Salz mit den Händen verkneten und zu Streuseln krümeln. Über die Äpfel geben. Restliche Zimt-Zucker-Mischung darüberstreuen.

Etwa 30 Minuten backen, bis die Äpfel weich sind.

Heiß mit Schlagsahne oder Vanilleeis servieren.

Kirstens Brauttraum
Nina Schindler

»Und als Nachtisch wollte ich dann einen Brauttraum machen«, sagte ich zu meiner Lieblingskusine Kirsten, die begeistert quietschte: »Nein, so was gibt es wirklich?«

Ich nickte und sah auf meinen Zettel mit den Notizen für das kalte Buffet, während ich zum tausendsten Mal überlegte, was wir beide doch für ein Glück gehabt hatten.

Unsere Elternhäuser hatten beide in der gleichen langweiligen Straße in der langweiligen Kleinstadt gestanden, und was uns gewissermaßen von Babybeinchen an zu Verbündeten machte, war die gemeinsame Erkenntnis, daß wir da rauswollten – um fast jeden Preis. Was uns heute noch zusammenhielt, war die schlichte Tatsache, daß wir uns wirklich mochten, was unter Verwandten ja nicht gerade häufig vorkommt.

Nach unserer Abwanderung aus Dossenheim nach Frankfurt hatten wir uns erstmal in das wilde Partyleben gestürzt – wir waren beide auf unsere Art sehr sexy, und die Männer waren anscheinend ganz wild auf Frischfleisch vom Lande. Doch gleichzeitig hatten wir sehr zielstrebig unsere Karrieren begonnen: Kirsten in der Modebranche und ich in der Haute Cuisine. Während sie ihre blonden Locken zu aufregenden Frisuren türmte, mußte ich meine schwarze Lockenpracht unter dem gestrengen Blick meines ersten Chefs mit mehreren Haarnetzen bändigen, damit auch wirklich kein Haar in die Suppe fiel.

»Und ich brauche mir wegen Essen und Getränken keinen einzigen Gedanken mehr zu machen?« Sie grinste selig. »Ich hätt' ja nie gedacht, daß ich mich mal so aufs Heiraten freuen würde!«

Kirsten war aufgestanden und tanzte im Zimmer herum. »Ich liebe Ingo! Er ist der beste, der liebste, der zärtlichste ...«

»Nun mal langsam!« hakte ich ein. »Es gibt schließlich auch noch Leo.«

Sie warf mir eine Kußhand zu und verschwand in ihrem Schlafzimmer, weil sie mir ihre Brautschuhe zeigen wollte. Das Kostüm, das sie zur Trauung tragen wollte, kannte ich schon – ein Traum aus Wildseide und von ihr selbst entworfen. Während ich die Schuhe bewunderte und mich fragte, wie sie es auf diesen Absätzen länger als fünf Minuten aushalten wollte, piepste Kirstens Handy, und sie verschwand nach nebenan, um mit ihrem Ingo zu turteln.

Wir hatten es wirklich geschafft. Kirsten war mittlerweile Einkäuferin für eine Kaufhauskette, und ich hatte einen Spitzenposten in einem Vier-Sterne-Tempel.

Auch unser beider Liebesleben war inzwischen aufs allerbeste geregelt – nun stand sogar eine veritable Hochzeit ins Haus. Kirsten und Ingo schienen wirklich füreinander bestimmt zu sein; ihm gehörte ein beträchtliches Aktienpaket, und die freie Zeit vertrieb er sich mit Immobiliengeschäften. Ein Traumpaar, die beiden – doch leider gab es auch hier den berühmten Wermutstropfen im Sektkelch: Ingos Mutter. Sie war eine von der allerfiesesten Sorte, eine Strafe für jede Frau, die es wagte, sich an ihren Sohn heranzumachen. Hetty war ein Stinktier erster Klasse und hatte natürlich von Anfang an versucht, die Heirat zu durchkreuzen, aber sie hatte sich dem wohl unerwartet ehernen Widerstand ihres Sohnes beugen müssen: Er bestand darauf, die Landpomeranze, wie Hetty Kirsten verächtlich bezeichnete, zu ehelichen.

Alle Versuche, Hetty zum Zeitpunkt der von ihr so erfolglos hintertriebenen Vermählung irgendwie außer Landes zu schaffen, waren gescheitert. Sie bestand darauf, die Hochzeit ihres Einzigen durch ihre unerfreuliche Gegenwart – verschärft durch spitze Bemerkungen, gemeine Anspielungen und miese Laune – zu verunzieren. Seufzend hatten sich die Brautleute in ihr Schicksal ergeben und verzweifelt bemüht zu vergessen, wie Hetty damals schon versucht hatte, die Verlobung platzen zu lassen, indem sie Kirsten nicht nur mit beharrlicher Penetranz »Maria« nannte, sondern nicht einmal davor zurückgeschreckt war, auch noch drei durch einen Privatdetektiv ausfindig gemachte Ex-Lover von Kirsten anzuschleppen und den Gästen als »Marias« derzeitige Liebhaber vorzustellen. Die Verlobungsfeier hatte damit geendet, daß Kirsten im Bett lag und die Kis-

sen vollheulte, während Ingo nur mit Mühe am Muttermord gehindert werden konnte.

Als Kirsten jetzt wieder ins Zimmer kam, vergewisserte ich mich noch einmal: »Ihr konntet Hetty also nicht weglocken?«

Kirsten seufzte. »Nein. Den Spaß, mir noch mal richtig eins auszuwischen, will sie sich partout nicht nehmen lassen! Weißt du, was sie angekündigt hat? Sie will auf dem Empfang eine Rede halten!« Ihr schauderte. »Du kannst dir ja vorstellen, was sie da wieder gegen mich loslassen wird, wahrscheinlich brauche ich die gesamten Flitterwochen, um mich davon zu erholen.«

Ich streichelte ihren Arm. »Schätzchen, du kannst dich beruhigen. Sie wird auf eurem Empfang kaum in Erscheinung treten, und es wird zu keiner Rede kommen – das ist mein Hochzeitsgeschenk Nummer zwei.«

Kirsten starrte mich an. »Wahnsinn! Wenn du das schaffen könntest! Du bist wirklich ...«

»Laß gut sein – das macht mir doch auch Spaß!«

Wir besprachen noch Details, und dann machte ich mich auf den Heimweg.

Ich hätte singen können vor Glück. Nicht nur Kirsten freute sich auf ihren Hochzeitstag – nein, ich genauso! Denn das Schicksal hatte es gewollt, daß mein von profitsüchtigen Vorgesetzten nach Silicon Valley verschickter Leo just an diesem Wochenende zu einer Planungskonferenz noch Frankfurt eingeflogen werden sollte. Am Donnerstag war Sitzung, am Freitag die Trauung, und von Freitag nacht bis Samstag abend würde Leo mir gehören – mir ganz allein.

Nach einigen Jahren der One-night-stands und flüchtigen Beziehungen war nämlich auch mir die große Liebe begegnet: groß, mager, mit schütterem Haar – rein äußerlich also ganz anders als meine bisherigen Partner. Aber als Liebhaber war Leo eine Granate – leidenschaftlich, hingebungsvoll, zärtlich, fürsorglich – schlicht: vollkommen.

In den nächsten Tagen komponierte ich weiter in Gedanken an dem Hochzeitsbuffet herum, ich hatte mir freigenommen, um alles in meiner Küche vorbereiten zu können: zu filetieren, marinieren, frittieren, blanchieren etc. Donnerstag nacht kam mein Liebster völlig ausgelaugt von seiner Konferenz, und auch ich war nach der Vorbereitung eines Buffets internationaler Gaumenfreuden für vierzig Personen nicht mehr ganz taufrisch. Wir verschoben die von uns beiden so heiß ersehnte Liebesnacht also auf den nächsten Abend.

Die Trauung war hochromantisch, und ich heulte mein vorsorglich eingestecktes Tüchlein von Hermès klatschnaß. Ein Seitenblick auf Leo

zcigte, daß es ihn auch sehr mitnahm – er warf mir einen glühend heißen Blick zu, der in mir die Vorfreude auf die kommende Nacht auflodern ließ.

Der Empfang fand im Penthouse des Bräutigams statt, wo bereits seit dem frühen Morgen meine Köstlichkeiten warteten. Nachdem das Buffet aufgebaut war und die Gäste sich wie ausgehungert darüber hermachten, setzte ich Plan zwei in die Tat um. Ich näherte mich dem Stinktier Hetty, die sich in den bisherigen Stunden dadurch ausgezeichnet hatte, daß sie lauthals jammerte, weil Mütter bei der Heirat die Söhne verlören und dann auch noch an eine ...

Als erstes stellte sie sich vor meine Dim Sums und jaulte, daß man nur noch Ausländerfraß vorgesetzt bekäme, und sie hätte ja gleich gewußt, daß dieses Landei Kirsten nicht an die von ihr bevorzugten Speisen denken würde ... sie äße doch nun mal am liebsten süß ... Ich tippte ihr auf die Schulter und zeigte auf die dreistöckige Hochzeitstorte, aber sie schnaubte nur, soviel Buttercreme würde ihren Cholesterinspiegel für Jahre hochtreiben. Während immer mehr Gäste mit dem Reden und Kauen oder beidem aufhörten, um das Schauspiel zu genießen, und Kirsten anfing, sich nervös am perfekt sitzenden Schleierhütchen zu zupfen, flüsterte ich Hetty leise ins Ohr: »In der Küche steht eine extra Portion Brauttraum für Sie« – wohl wissend, daß sie dem niemals würde widerstehen können, denn Hetty ist ein Leckermaul widerlichster Sorte.

Aus Prinzip, und weil ich zur falschen Familie gehöre, schnaubte sie erst einmal wieder geringschätzig, doch dann folgte sie mir willig in Ingos Küche, wo ich auf dem Tisch den Brauttraum aufgebaut hatte: Sahnig weiß und schaumig süß stand er in der mit Himbeeren gefüllten Schale und zeigte sich seines Namens würdig.

»Ahhh!« entfuhr es Hetty, bevor sie sich wieder unter Kontrolle hatte und ihre entgleisten Gesichtszüge wieder in die gewohnte häßliche Anordnung gebracht hatte. »Was soll das denn sein?« erkundigte sie sich mißtrauisch.

»Ein Brauttraum«, gurrte ich. »Die anderen Gäste dürfen natürlich erst nachher davon naschen. Doch wenn Sie dem Buffet partout nichts abgewinnen können, mach ich doch glatt eine Ausnahme – schließlich muß ich an meinen Ruf denken!«

Giftnudel Hetty fuhr sich mit der Zunge über die Lippen.

»Ach, kosten könnte ich schon mal ... es muß ja jemand darauf achten, daß Sie die Gäste nicht vergiften, nicht wahr?«

Ich bewegte keinen Muskel in meinem starr lächelnden Gesicht. Es sind immerhin schon Leute wegen geringerer Gemeinheiten vom Leben in den Tod befördert worden ...

Ich holte einen Dessertteller herbei und lud ihr eine ordentliche Portion auf. Sie kostete. Sie schluckte. Sie schnurrte fast vor Begeisterung und mampfte los wie ein Scheunendrescher. Ich tat so, als müßte ich noch Kleinigkeiten an den Platten richten, die darauf warteten, das Buffet zu ergänzen, und beobachtete sie aus den Augenwinkeln. Es schmeckte ihr. Begreiflicherweise – der Brauttraum ist etwas für Naschkatzen –, auch wenn es sich hier eigentlich eher um ein stinkendes Frettchen handelte. Sie lud sich noch einmal auf und schaufelte auch diese Portion in sich hinein.

Ich atmete auf. Es war geglückt. Hetty schaffte sogar noch eine dritte Ladung und kicherte hämisch. »Jetzt ist von Ihrem schönen Brauttraum leider fast gar nichts mehr übrig ...«

»Ach, das macht doch nichts«, sagte ich so liebenswürdig, wie ich es mir abringen konnte, und ergriff ihren Arm. Auf dem Weg über den Flur stolperte sie schon etwas, und ich schaffte es gerade noch, den mächtigen, in fleischfarbene Seide gezwängten Leib im Schlafzimmer aufs Bett zu bugsieren, da war sie auch schon für diese Welt verloren – jedenfalls für eine angemessene Zeit.

Es hatte also geklappt. Die geniale Mischung aus Schlafmitteln und k.-o.-Tropfen, die mir ein Liebhaber aus früheren Tagen, seines Zeichens Chemiker bei Hoechst, gemischt hatte, tat ihre Wirkung.

Ich kehrte rasch in die Küche zurück, holte den eigentlichen Brauttraum aus dem Kühlschrank und brachte ihn zum Buffet. Über die Köpfe der vielen Gäste hinweg suchte mein Blick Leo – da war er: groß, lieb, männlich und verzehrte mich mit seinen Blicken. Mir wurde ganz heiß vor Vorfreude. Unter meinem weißen Kaschmiranzug trug ich nur ein Seiden-T-Shirt und einen winzigen weißen Tanga – den würde er mir schon bald vom Leib reißen ... Ich lächelte Leo zu. Dann schlüpfte ich durch die fröhlich feiernde Menschenmenge bis zur Braut. Kirsten sah mich erwartungsvoll an – ich nickte – sie strahlte. Wir verdrückten uns unauffällig aus dem Raum. Im Flur legte ich den Finger auf die Lippen und zog sie leise zum Schlafzimmer. Beim Anblick des mittlerweile schnarchenden fleischfarbenen Seidenklopses Hetty fing sie an zu kichern. Rasch zog ich sie wieder hinaus und schloß die Schlafzimmertür.

»Du bist wundervoll!« Sie gab mir auf beide Wangen einen dicken Kuß und grinste. »Das ist ein echter Brauttraum: eine sprachlose Hetty – mein schönstes Hochzeitsgeschenk!«

Ich wollte eigentlich zu Leo. Doch erst nach längerem Suchen entdeckte ich ihn, wie er gerade wieder ins Zimmer trat, einen Teller mit einem letzten Restchen des Brauttraums in der Hand.

»Du hast dich wirklich übertroffen, Liebling!« sagte er, während meine

Hand verstohlen um seine Taille glitt und zu gern in die knackigen Pobacken gezwickt hätte.

Ich seufzte selig. Er schmatzte dezent.

»Ich hab' noch eine ganze Portion in der Küche ergattert.« Leo verdrehte lustvoll die Augen.

»Ach, Paul«, sagte mein Liebster und sah tief in meine Augen, »das ist einfach köstlich. Das mußt du auch mal für uns machen.«

Brauttraum-Dessert

Zutaten für 1 Kranzform:

6	Eier
6 Blatt	weiße Gelatine oder zwei Tütchen
½ l	Sahne
1 Tasse	Zucker
1 TL	Vanillearoma
	Kokosraspeln
	frische Beeren (falls nicht erhältlich, Maraschinokirschen)

Eiweiß steif schlagen. Gelatine nach Anweisung einweichen, quellen lassen und auflösen. Unter den Eischnee heben.

Sahne steif schlagen, Zucker und Vanille dazugeben. Vorsichtig unter den Eischnee heben und gründlich vermischen.

Eine Kranzform einfetten, mit Kokosraspeln ausstreuen und die Sahne-Eischneemasse einfüllen. Mindestens 5 Stunden in den Kühlschrank stellen.

Vor dem Servieren auf eine Platte stürzen und mit Beeren und Kokosraspeln garnieren.

Der Rhabarberwald
Ann Granger

Mutter war eine gute Köchin und eine gute Gärtnerin.

Alles Obst und Gemüse, das wir brauchten, baute sie in dem langen schmalen Garten hinter unserem Haus an. Bei ihr gedieh fast alles, aber besonders gut erinnere ich mich an den Rhabarber, und wie fasziniert ich immer von den rosa Stengeln und großen grünen Blättern war, die man je nach Witterung als Regen- oder Sonnenschirm benutzen konnte. In Gedanken schmecke ich immer noch Mutters Rhabarbergerichte ... ihr gelang einfach alles.

Sie war eine winzige, energische Frau. Sie ging nicht einfach, sondern trottete schnell wie ein Terrier auf einer Fährte, immer die nächste Aufgabe schon im Blick. Jedenfalls kam es mir damals so vor. Wenn man älter wird, sieht man Dinge anders als in der Kindheit.

Mein Vater jedoch war eine düstere Gestalt. Er war schlaksig und machte ein Gesicht wie sieben Tage Regenwetter, und selbst zu seinen besten Zeiten war er mißmutig. Er hatte schon immer als etwas schwierig gegolten, aber mit der Zeit wurde das immer schlimmer.

Mit jedem bekam er Streit: Nachbarn, Kollegen, Ladenbesitzern. Er verlor einen Job nach dem anderen und fand schließlich gar keinen mehr, weil niemand mit ihm arbeiten konnte oder wollte. Er glaubte, daß im Dorf eine Verschwörung gegen ihn im Gang war. Deshalb mietete er unser

einsames Häuschen weitab von allem, und Mutter legte den Garten an.

Wir hatten nur wenig Geld. Damals war die Unterstützung von der Regierung nicht sehr hoch. Es hieß arbeiten oder verhungern, und da Vater nicht arbeitete, hätten wir ganz schön gehungert, wenn Mutter nicht gewesen wäre. Nach und nach grub sie jeden Quadratzentimeter Boden am Häuschen um und quetschte noch eine Reihe Bohnen oder Kartoffeln, noch einen Stachelbeer- oder Johannisbeerstrauch dazu. Manchmal wünschte sie sich etwas Platz für ein paar Blumen, aber das war ein Luxus, den wir uns nicht leisten konnten. Sparen war die Devise.

Damals hatten wir noch keine Kühltruhe. Sie kochte Marmelade und Chutneys, legte Zwiebeln und rote Bete ein. Grüne Bohnen wurden kleingeschnitten und mit Salz in große Töpfe eingelegt. Das Salz kam in Blöcken, die man mit einem Nudelholz zerkleinern mußte. Das war meine Aufgabe.

Sie hielt auch Hühner, deshalb hatten wir frische Eier, und wenn eine Henne nicht mehr legte, wanderte sie in den Kochtopf und wurde zum Festessen.

Von Frühling bis Jahresende war Mutter schon bei Tagesanbruch im Garten. Ich wachte in meinem kleinen Zimmer unter dem Strohdach auf, wenn die Sonnenstrahlen durch das Gaubenfenster fielen, und hörte, wie Mutter mit der Hacke auf das Unkraut losging. Sie verdiente etwas Geld, indem sie in den großen Nachbarhäusern putzen ging. Nach dem Frühstück, wenn sie bereits eine Stunde im Garten gearbeitet hatte, stieg sie auf ihr altes Fahrrad, um Dielen und Fenster anderer Leute zu wienern. Wenn sie nach Hause kam, wienerte sie die eigenen. Selbst als Dreikäsehoch war mir klar, daß sie gern für andere arbeitete, weil sie dadurch aus dem Haus kam und andere Menschen sah. Wir hatten keine Freunde. Vater hätte keinen Besuch erlaubt.

Er verbrachte seine Zeit damit, an irgendwelchen Sachen herumzubasteln oder Radio zu hören. Zuerst hatte er noch dies und das für andere erledigt, um etwas zu verdienen, aber seine aufbrausende Art vergraulte die Leute nach und nach ganz. In der Zeit kurz nach unserem Umzug ging er bei gutem Wetter ins Dorf und las Zeitung in der kleinen Bibliothek, die von Miss Nibbs geleitet wurde. Sie war freundlich und kurzsichtig, trug einen Kneifer und spielte sonntags Harmonium in der Methodistenkirche.

Ich brauche nicht zu erwähnen, daß Vater sich bald mit Miss Nibbs zerstritt. Sie gab zu, daß er sie von Anfang an nervös gemacht hatte, wenn er den ganzen Tag dort saß. Aber was das Faß zum Überlaufen brachte war, daß er anfing, in der Zeitung mit einem roten Stift alles durchzustreichen, was er nicht billigte. Miss Nibbs meinte, sie schätze Menschen mit ent-

schiedener Meinung. Sie hätte selbst einige feste Überzeugungen. Dazu gehöre auch, daß in die Zeitungen und Bücher ihrer Bibliothek nichts hineingeschrieben würde. Also erhielt er Hausverbot.

Danach saß Vater zu Hause und erinnerte sich an jeden Streit, den er je gehabt hatte, und wienerte seinen Haß auf andere.

Eines Tages, ich war etwa elf, kam ich aus der Schule und traf Mutter in der Küche, wo sie die Gläser und Flaschen in ihrem Vorratsschrank musterte. Ohne mich anzusehen, sagte sie: »So kann das nicht weitergehen. Es muß etwas geschehen.«

»Was denn?« fragte ich, aber sie antwortete nicht, und ich glaube, sie sprach mehr mit sich selbst.

Am nächsten Tag blubberte Grünzeug in einem der vielen Töpfe auf dem Herd. Es roch bitter, und deshalb war ich froh, daß Mutter sagte: »Davon haben wir nicht soviel, Stevie, laß das mal für Dad.«

Das hatte ich schon oft gehört, denn wenn es wenig zu essen gab, bekam Vater trotzdem immer einen vollen Teller, meiner war einigermaßen gefüllt, Mutter aß nicht viel.

Vielleicht dachte sie, ich wäre enttäuscht. »Aber es gibt gekochten Rhabarber zum Nachtisch. Das magst du doch, Stevie?« fuhr sie daher fort.

Die rosagrünen Rhabarberstengel auf dem Küchentisch hatte ich schon entdeckt.

Am Ende des Gartens hatte Mutter einen Komposthaufen angelegt. An dem Abend brachte ich die Reste dorthin, und als ich sie daraufschüttete, fiel mir auf, daß die Rhabarberblätter nicht dabei waren. Aber ich dachte nicht weiter darüber nach.

Ich hatte mich nämlich zu dieser Zeit in ein Mädchen namens Winifred Pearce verliebt. Sie hatte von allen Mädchen aus der Klasse die längsten Zöpfe. Sie konnte sich daraufsetzen. Sie war auch klug und konnte jedes Wort buchstabieren. Sie ließ mich ihre Stifte anspitzen.

Danach sah ich oft einen kleinen Topf mit dunkelgrünen Blättern auf dem Herd kochen. Der Inhalt landete als glänzendes Häufchen auf Dads Teller, zusammen mit Kartoffeln und Möhren. »Ich halte nicht viel von diesem Spinat, Jeanie«, murmelte er ein- oder zweimal.

»Er enthält Eisen. Aber wenn es dir nicht schmeckt, kann ich natürlich Stevie ins Dorf schicken, damit er für dich eine Dose Erbsen kauft ...« erwiderte Mutter darauf.

»Kommt gar nicht in Frage!« schnaubte er. »Spare in der Zeit, dann hast du in der Not.« Und machte sich entschlossen ans Essen.

Mir fiel auf, daß im Vorratsschrank eine neue Reihe Gläser mit zerkleinertem Salz auftauchte. Sie enthielten keine grünen Bohnen, sondern

kleingeschnittene dunkelgrüne Blätter. Sie hatte den neuen Spinat für den Winter eingemacht.

Im Spätsommer saß ich mit Winifred auf der Bank hinter dem Schulhof. Sie flocht eine Kette aus Gänseblümchen, die ich für sie pflückte. »Deine Mutter hat meiner Mutter erzählt, daß dein Vater nach Norden geht, um sich Arbeit zu suchen, im nächsten Frühling vielleicht«, sagte sie.

Ich war wie vor den Kopf geschlagen. Wir besprachen Familienangelegenheiten nie mit Außenstehenden, und daß Mutter so etwas beiläufig erwähnt haben sollte, konnte ich nicht glauben. Noch weniger konnte ich allerdings glauben, daß mein Vater sich aufraffen und wieder nach Arbeit suchen wollte, und was das Reisen betraf...

Vor Winifred wollte ich jedoch nicht dumm dastehen. »Das stimmt!« sagte ich deshalb. Das machte die Runde durchs Dorf, und ein paar Leute sprachen mich darauf an.

Ich fragte Mutter danach, und sie bejahte, aber ich sollte nicht mit Vater darüber sprechen, weil er Tratschen nicht leiden konnte. Also sagte ich nichts zu ihm und er auch nichts zu mir. Er war sowieso nicht besonders gesprächig.

Vater sah selbst zu seinen besten Zeiten nicht sehr gesund aus, aber als der Sommer zu Ende ging, wirkte er richtig krank. Er klagte über Bauch- und Kopfschmerzen, Schwindel und Übelkeit. Seine Haut war gelblich. Mutter gab ihm doppeltkohlensaures Natron.

Den Winter über wurde es schlimmer, und als der Frühling kam, schlief er unten neben dem Badezimmer. Weil unser Häuschen so alt war, waren Bad und Toilette in einem Anbau untergebracht. Vater mußte nachts mittlerweile dauernd raus.

Dr. Briggs war unser Hausarzt, aber Vater war schon seit langem mit ihm zerstritten und nannte ihn einen Quacksalber. Dr. Briggs wußte das und mochte Vater auch nicht besonders. Als die Bauchschmerzen schlimmer wurden, mußte Vater zu ihm gehen. Er wurde kurz abgefertigt. Dr. Briggs wies darauf hin, daß es nicht der Blinddarm sein könnte, weil der ihm schon als Kind herausoperiert worden war. Dr. Briggs hielt Vater für einen Simulanten. Er meinte, wenn Vater dächte, er (Briggs) würde für ihn (Vater) den Behörden bestätigen, daß er arbeitsunfähig war, dann hätte Vater sich aber geirrt, vor allem wenn er sich damit vor der Arbeitssuche im Norden drücken wollte.

Vater kam nach Hause und sagte, Dr. Briggs wäre ein Scharlatan und außerdem wirr im Kopf, schwafelte von Reisen in den Norden oder so. Er konnte sich keinen Reim darauf machen, aber eins wußte er: Zu dem würde er nicht mehr gehen.

Also ging Mutter in die Bibliothek, und Miss Nibbs suchte ihr das Medizinhandbuch heraus. Mutter las darin alles nach und teilte Vater anschließend mit, daß seine Symptome von Streß und Niedergeschlagenheit verursacht würden. Vater glaubte, daß jeder gestreßt und niedergeschlagen werden würde, wenn er solche Bauchschmerzen hätte und keine Hilfe in Sicht wäre außer einem debilen Arzt, der von Reisen in den Norden faselte.

Mutter meinte, daß es ihm im Frühling sicher besser ginge. Aber da wurde es noch schlimmer. Er war träge geworden, seine Hände und seine Fußgelenke waren geschwollen, und er hatte ständig Bauchschmerzen.

Eines Morgens wachte ich sehr früh auf, noch bevor es hell wurde, und hörte ihn unten herumstolpern. Abwechselnd stöhnte, fluchte und würgte er. Dann schrie er auf und rief mit schrecklicher Stimme: »Jeanie!«

Ich krabbelte aus dem Bett, aber als ich den Kopf durch die Tür steckte, kam Mutter den Flur entlang und schob mich zurück. »Geh wieder ins Bett, Stevie. Dad hat nur wieder einen Anfall!«

Ich lag da und hörte, wie sie unten herumgingen. Ich meinte, Vater murmeln zu hören, als ob er im Delirium wäre, aber dann wurde er still. Trotzdem hörte ich es noch eine Weile rumoren.

Ich stand auf, zog mich an und fragte mich, was ich tun sollte, denn ich hatte Angst, nach unten zu gehen. Da kam Mutter wieder. Sie hatte immer noch ihr Nachthemd und einen alten Bademantel an, und ihre Haare waren zu einem langen Zopf geflochten. Sie war ganz ruhig. Sie setzte sich auf die Bettkante und nahm meine Hand.

»Stevie, dein Vater ist gestorben. Ich habe ihn ordentlich aufgebahrt. Möchtest du ihn sehen?«

Ich ging mit ihr nach unten, und da lag er auf seinem Bett. Sie hatte ihn gewaschen und rasiert und das Bett frisch bezogen. Er sah friedlich aus, und um ehrlich zu sein, viel glücklicher als im Leben.

»Stevie«, sagte Mutter, »du erinnerst dich doch bestimmt daran, daß Dad bei allem immer großen Wert auf Sparsamkeit gelegt hat. Beerdigungen sind sehr teuer, und er wäre sicher dagegen, soviel Geld auszugeben. Was hältst du davon, wenn wir Dad im Garten begraben? Beim Komposthaufen? Nur mußt du mir dabei helfen, und du darfst es keinem sagen. Der Pfarrer wird sich vielleicht ärgern, weil er sich um seine Gebühr betrogen fühlt, und der Bestattungsunternehmer wird bestimmt böse auf uns sein, wenn wir keinen Sarg bei ihm kaufen.«

Wir haben es ordentlich und anständig gemacht. Wir wickelten Dad in ein blaues Laken und legten ihn in das Grab, das wir schön gerade ausgehoben hatten. Dann bedeckten wir ihn sehr sorgfältig mit Erde, und Mut-

ter gab sich dabei die gleiche Mühe, die sie sich immer beim Pasteten-backen machte. Dann hielten wir uns an den Händen und beteten. Ich glaube nicht, daß der Pfarrer es besser gemacht hätte.

»Wenn die Erde sich ein bißchen gesenkt hat, pflanze ich hier etwas«, sagte sie zu mir. »Damit es hübsch aussieht.«

Mutter ging ins Dorf und erwähnte nebenbei, daß Dad nach Norden gefahren war, um Arbeit zu suchen. Einige Leute sagten zu mir, daß sie ihm dabei viel Erfolg wünschten.

Mir war nicht wohl dabei, Winifred belügen zu müssen. Ich ging ihr aus dem Weg, und das nahm sie mir übel. Wenn sie spitze Bleistifte brauchte, gab sie die Bleistifte einem großen, frechen Rotschopf, dessen Vater Schweine hielt.

Nach ein paar Wochen ging Mutter ins Dorf und weinte ein bißchen im Dorfladen. Als sich ein paar Leute besorgt um sie versammelt hatten, schnüffelte sie eine Anspielung ... aber das genügte.

Danach sprachen die Leute über meinen Vater nur noch im Flüsterton. Sie erzählten sich, daß Norman Yarrow oben im Norden eine andere Frau gefunden hatte und nicht mehr zurückkehren würde. »Wenn Sie mich fra-gen«, sagten sie, »sind Jeanie und der Junge ohne ihn besser dran. Er war immer ein Jammerlappen und arbeitsscheu obendrein.«

Niemand erwähnte ihn mehr. Etwa ein Jahr später, als ich an einem reg-nerischen Nachmittag in Mutters Gartenhandbuch blätterte, stieß ich auf einen Abschnitt über Rhabarber. Darin hieß es, daß zwar die Stengel eßbar seien, die Blätter aber giftig und »keinesfalls verzehrt werden dürfen«. Ich klappte das Buch zu, stellte es wieder aufs Regal und sagte nichts zu Mutter.

Nach meinem Schulabschluß suchte ich mir eine Arbeit. Jetzt hatten wir mehr Geld, und Mutter mußte nicht putzen gehen und konnte im Garten ein paar Blumen pflanzen. Winifred ging auf die High-School in der Stadt und wurde Bibliothekarin. Ich habe ja gesagt, daß sie schlau war. Sie wurde Miss Nibbs' Nachfolgerin in unserer Bibliothek, bis die ganz geschlossen wurde. Dann verließ sie das Dorf, um woanders zu arbeiten, und heiratete einen Lehrer.

Das ist jetzt über vierzig Jahre her. Weihnachten vor fünfzehn Jahren ist Mutter gestorben. Ich wohne noch in dem Häuschen. Es steht nicht mehr so einsam, weil ringsum Häuser gebaut wurden. Mein Nachbar ist nett. Wenn ich im Garten bin, lehnt er am Zaun und bewundert mein Obst und Gemüse.

»Sie haben da aber preisverdächtigen Rhabarber, Mr. Yarrow! In jeder

Ausstellung würden Sie abräumen. So was wie Ihren hab' ich noch nie gesehen!« sagt er immer und zeigt auf das Beet hinten im Garten.

Das glaube ich ihm gerne. Die Stengel sind fast meterhoch und so dick wie mein Handgelenk und die Blätter groß wie Palmwedel.

Aber ich ernte nie etwas davon. Mir ist wohl doch der Appetit darauf vergangen.

Rhabarberpfannkuchen

Zutaten für 6 Personen:

2 EL	Erdbeersirup
5 EL	Zucker
350 g	Rhabarber, längs halbiert und in 2 cm breite Stücke geschnitten
2	Eier, getrennt
1 Prise	Salz
5 EL	Mehl
5 EL	Milch
3 EL	Butterschmalz
250 ml	Sahne
1 TL	Zimt

Sirup mit 2 EL Zucker und 6 EL Wasser aufkochen. Bei starker Hitze 5 Minuten einkochen lassen. Rhabarber zugeben und bei mittlerer Hitze 3–4 Minuten dünsten.

Eiweiß mit Salz steif schlagen. In einer Schüssel Mehl mit Milch verrühren. Restlichen Zucker und Eigelb zufügen und glatt-rühren. Zwei Drittel des Rhabarbers mit dem Eischnee unter den Teig heben.

Bei mittlerer Hitze ½ EL Schmalz in einer Pfanne heiß werden las-sen. Pro Pfannkuchen 1 EL Teig hineingeben und von beiden Sei-ten 3–4 Minuten backen. Auf diese Weise den restlichen Teig verarbeiten. Fertige Pfannkuchen inzwischen warm stellen.

Sahne mit restlichem Zucker steif schlagen. Zimt einrieseln lassen. Pfannkuchen und Sahne auf Desserttellern anrichten, mit etwas Zimt bestäuben und mit dem restlichen Rhabarber gar-nieren.

Vanilleeis mit Rhabarbersauce

Zutaten für 6 Personen:

4–5 EL	Zitronensaft
3 EL	Zucker
300 g	Rhabarber, in ½ cm breite Stücke geschnitten
3 EL	Rosinen
400 ml	Vanilleeis
	Minze oder Zitronenmelisse zum Garnieren

Zitronensaft mit Zucker erhitzen und Rhabarber darin etwa 3 Minuten dünsten. Rosinen lauwarm abspülen und abtropfen lassen.

Rhabarber vom Herd nehmen und pürieren. Mit den Rosinen aufkochen und 2–3 Minuten köcheln lassen.

Heiße Sauce in Dessertschüsseln füllen. Vanilleeis auf die Sauce geben, mit Minze oder Melisse garnieren und sofort servieren.

Frieden für Tante Frieda
Michaela Küpper

Tante Frieda war klein, geradezu winzig klein. Und so mager wie eine mumifizierte Kinderleiche.

Einmal, als sie sich auf der Treppe das Bein brach, habe ich sie aufgehoben, sie wog kaum mehr als ein Schraubenschlüssel.

Schon mit zwölf überragte ich sie um Haupteslänge, was sie jedoch geflissentlich ignorierte, und das tat sie auch weiterhin, obwohl sie jedes Jahr ihren kleinen Erbsenschädel höher recken mußte, um mich mit ihren Blicken zu durchbohren. Sie hat es trotzdem immer geschafft.

Die Kleinsten sind die Schlimmsten, das hat mich die Erfahrung gelehrt, und nie, niemals sollte man den Fehler begehen, sie zu unterschätzen. In ihren Adern konzentrieren sich Gift und Galle zu einem gefährlichen Extrakt, und wenn sie zielgenau ihren Stachel ansetzen, dann ist der Einstich garantiert tödlich. Tante Frieda war also gerüstet für den täglichen Kampf ums Dasein, aus dem nur die Stärksten siegreich hervorgehen. Und gewinnen wollte sie immer.

»Wir werden ja sehen, wer hier das letzte Wort hat«, war eine ihrer Lieblingsfloskeln. Dabei reckte sie angriffslustig ihr kleines, spitzes Kinn nach vorn, und unter ihrem faltigen Hals hüpfte ihr Kehlkopf auf und ab wie bei einer alten Truthenne. Sprach's und marschierte durch die Tür, um ihrem Kirchenchor die Flötentöne beizubringen.

»Der General« habe ich sie heimlich genannt, aber dahinter steckte nicht ein Funken nachsichtiger Zuneigung, im Gegenteil, ich haßte sie. Ich habe sie immer gehaßt, solange ich denken kann. Die Leute meinen, ich hätte ihr viel zu verdanken, aber in Wahrheit war es umgekehrt: Sie hätte mir zu Dank verpflichtet sein müssen dafür, weil sie unumschränkt über mich herrschen, mich herumkommandieren konnte, denn was ist schon ein Befehlshaber ohne sein Regiment? Ein Nichts, ein Niemand. Ich habe sie davor bewahrt, ein Nichts zu sein, indem sie mich dazu gemacht hat.

»Wir müssen jeden Tag dafür beten, daß Gott sich deiner erbarmt«, pflegte sie mir einzuschärfen, damit ich ja nie vergaß, daß ich ein »Kind der Sünde« war. Das Kind einer gottlosen, bemitleidenswerten Frau, die mich »mein Wonnepumperl« genannt und in die Luft geworfen hatte, weit, weit hinauf in den blauen Himmel, um mich wieder aufzufangen und an ihren warmen, weichen Brüsten vor der Welt beschützen. Eine engelsgleiche Erscheinung mit lichtblondem Haar, das ihr in weichen Locken auf die Schultern fiel, mit sanften goldbraunen Augen, von seidigen Wimpern umschattet, mit diesem strahlenden Lachen; eine Frau in einem duftigen Sommerkleid, auf dem der Klatschmohn blühte, eine Frau, die niemand vor der Welt beschützt hat.

Daß sie irgendwann durch die Straßen irrte, weil sie sich verfolgt glaubte, daß sie Stimmen hörte, die ihr eines Tages befahlen, ihre Frisierschere zu nehmen und zuzustechen, von alldem weiß ich nur durch Frieda. »Drei Stiche in die Brust, alles war voller Blut, eine ganz entsetzliche Schweinerei.«

Sie brachten meine Mutter in eine geschlossene Anstalt, und seitdem existierte sie nicht mehr. Real war nur noch Tante Frieda, die mir ungerührt mit derselben Schere die Haare schnitt, immer schön kurz, weil sie das praktischer fand. Bei ihr ging nichts über das Praktische.

Ich war sechzehn, als ich ihr meine frischrasierte Glatze präsentierte, die Frisur, die doch »am allerpraktischsten« wäre, wie ich betont lässig kundtat. Dabei klopfte mein Herz wie wild, und mir wurde ganz mulmig, weil ich ihre Rache fürchtete. Die ließ nicht lange auf sich warten. Am nächsten Morgen war mein Motorroller weg, für den ich jeden Pfennig zusammengekratzt hatte, seit ich auf zwei Beinen stehen konnte. Mein ganzer Stolz. Sie hat ihn einfach über Nacht zum Sperrmüll gestellt, ich sollte ihn nie wiedersehen.

Meine Haare wuchsen, und Tante Frieda schrumpfte weiter vor sich hin. Mit jedem Tag und jedem Jahr wurde sie ungenießbarer.

»Aus dir wird nie was werden«, herrschte sie mich an, und ihre Unterlippe zitterte boshaft. Dann machte sie einen schnellen Schritt nach vorn

und griff zu. Ich wollte sie daran hindern, Mama anzufassen, aber es war schon geschehen. Mit abschätzigem Blick sezierten ihre kalten Vogelaugen das Bildnis meiner Mutter.

»Sie hat nie was getaugt, nicht das geringste. Ein Flittchen war sie, ein verkommenes Geschöpf. Dafür hat Gott sie bestraft.« Und sie tippte mit ihrem dürren Finger auf das Kind in Mamas Armen und drohte: »Auch dich wird Gott strafen, du bist genau wie sie.«

Das Bild fiel zu Boden, als ich nach ihrem schmalen Tuch aus schwarzer Kunstseide griff, das sie um den Hals trug.

Sie zappelte und zuckte wie eine Marionette, während ich zuzog, und ihre Augen quollen häßlich aus den Höhlen. Dann war es schon vorbei. Ich trug sie in ihr Schlafzimmer und legte sie aufs Bett. Sie sah jetzt aus wie ein gerupftes Suppenhuhn mit ihrem verbogenen, nackten Hals und den Lockenwicklern auf ihrem Kopf. Und Stille machte sich breit. Welch wundervolle Ruhe!

»Ein klassischer Raubmord«, erklärt Kommissar Schröder bedauernd. »Es tut mir sehr leid für Sie, Fräulein Pfeiffer.«

»Veronika«, hauche ich, »nennen Sie mich bitte Veronika.«

»Ihre Tante war ihre einzige Verwandte, nicht wahr?«

Sein Blick ruht auf mir, und ich schlage die Augen nieder. Mein Kleid ist schwarz wie die Trauer, doch blutroter Klatschmohn blüht darauf, und unter dem spinnwebfeinen Stoff blüht meine Haut. Was kann ich für die plötzliche Hitze? Woher so schnell etwas Passendes nehmen?

Doch Kommissar Schröder hat Verständnis für mich, sehr viel Verständnis. Armes Mädchen. Arme kleine Veronika.

Der Zeitpunkt ist günstig. Ich öffne den Kühlschrank und nehme die Torte heraus. Ein Traum aus Kirsch und Schokolade, eisgekühlt.

»Eine Nachbarin hat sie gebracht.« Ich lasse es wie eine Entschuldigung klingen, mein Tribut an die Pietät, denn Trauern und Tortenbacken, das gehört sich nicht.

In Wahrheit ist dieses Prachtstück mein Werk. Die kulinarische Krönung eines großartigen Tages.

»Es wäre doch schade, wenn sie verkommt.« Schon habe ich Schröder ein Stück untergeschoben. Er hebt noch abwehrend die Hand, aber es ist keine überzeugende Geste. Den Genießer habe ich ihm gleich angesehen.

Zögernd greift er zur Gabel und führt den ersten Bissen zum Mund. Oh, ich schmecke ihn deutlich. Samtig-kühl zergeht die Schokoladencreme auf der Zunge, entfaltet ihre zartschmelzende, tröstende Süße. Und dann das köstliche Aroma der Kirschen! Frisch und feurig zugleich, trunken

vom Bad in Friedas bestem Cognac, feiern sie die perfekte Vermählung mit blättrig-mürbem Fundament und Sahnewolken. Ah! Wie seine Züge sich glätten und die heimliche Verzückung offenbaren! Nie hat er etwas Köstlicheres gegessen.

Ich streife mir meine blonden Locken aus dem Gesicht, die auch das schmale Tuch aus schwarzer Kunstseide nicht bändigen kann, beuge mich nach vorn und lasse ihn einen tiefen Blick in meinen Ausschnitt werfen, während der letzte Bissen auf seiner Zunge zergeht.

Genug. Wir wollen nicht übertreiben.

In gramvoller Selbstvergessenheit lasse ich den Tränen freien Lauf und nehme ermattet das Taschentuch entgegen, das er mir schuldbewußt reicht.

»Wie oft habe ich ihr gesagt, sie soll ihr Geld nicht zu Hause verwahren«, schluchze ich.

»Immer lag die Kassette unter ihrem Kopfkissen. Sie hat behauptet, sonst könne sie nicht schlafen – und jetzt schläft sie für immer ...« Wieder kommen die Tränen, und Kommissar Schröder greift mitfühlend nach meiner Hand. Voll überfließender Dankbarkeit versenke ich meinen Blick in seine gutmütigen blauen Augen.

»Sie ruht jetzt in Frieden«, verspricht er tröstend, und seine Finger schließen sich innig um meine.

Ewiger Friede. Die schlimmste Strafe für Tante Frieda. Und ich nicke und spreche das letzte Wort über sie:

»Amen.«

Kirsch-Schokoladentorte

Für den Mürbeteig

300 g	Mehl
100 g	Puderzucker
1 Prise	Salz
1	Ei
	fein abgeriebene Zitronenschale
	Vanillezucker
200 g	kalte Butter in Flöckchen

In das Mehl eine Vertiefung hineindrücken und Zucker, Salz, Ei, Zitrone und Vanillezucker zugeben. Butterflocken auf den Mehlrand setzen und alles von außen nach innen rasch zu einem glatten Teig verarbeiten. Teig zu einer Kugel formen, mit Pergamentpapier abdecken und mindestens eine halbe Stunde im Kühlschrank ruhen lassen. Anschließend gefettete Springform (26 cm) mit Teig auslegen, einen Rand hochdrücken und Boden mehrfach einstechen. Bei 180–200° C etwa 20 Minuten backen.

Für die Schokoladencreme

2 Gläser	Schattenmorellen zu je 700 g, 400 ml Milch, 400 ml Kirschsaft
200 g	Schlagsahne
2 Päckchen	Schokoladenpuddingpulver
3 EL	Zucker
1 Päckchen	Vanillezucker
6 Blatt	Gelatine
4 cl	Cognac oder Rum

Kirschen abtropfen lassen und in Cognac einlegen. Gelatine nach Anweisung quellen lassen. Puddingpulver und Zucker in kaltem Kirschsaft anrühren. Milch aufkochen, Puddingpulver und Gelatine einrühren, nochmals aufkochen. Vom Herd nehmen. Sahne mit Vanillezucker steif schlagen. Kirschen mit Cognac und Sahne vorsichtig unter Puddingmasse heben. Masse in Form mit dem Mürbeteig geben und glattstreichen. Über Nacht kaltstellen. Torte mit Sahnetupfen garnieren.

Alleinstehende Frau, attraktiv, gute Köchin ...
Joanne Pence

»Ich werde es tun, Angie.« Stan Bonnette seufzte schwer und stützte die Ellenbogen auf den Tisch. »Ich habe keine andere Wahl.«

»Das ist viel zu gefährlich, Stanfield. Das lasse ich nicht zu.« Angelina Amalfi packte ihren Nachbarn am Arm. »Es gibt doch andere Möglichkeiten, Frauen kennenzulernen.«

»Dann sag mir eine.« Er zog einen Schmollmund.

Die beiden saßen am Tisch in Angies Penthouse, hoch oben in San Franciscos Russian Hill, und tranken Kaffee.

»Die Bank ist groß, voller alleinstehender Frauen, die bestimmt gern mit dir ausgehen würden. Du siehst nett aus, bist charmant, und man kann viel Spaß mit dir haben«, sagte sie.

»Pah! Ich kann mir nicht vorstellen, mit einer Arbeitskollegin auszugehen. Dann müßte ich mich ja dauernd benehmen. Außerdem könnte ich dann nicht mehr mit anderen Kolleginnen flirten. Ich müßte vielleicht sogar über die Arbeit reden. Und dieser Job ist doch so langweilig! Nein, so ist es viel besser. Du mußt mir helfen.« Er schob ihr die Zeitung wieder hin.

Sie wußte nicht, was sich seit ihrem letzten Blick auf die von Stan angestrichene Anzeige geändert haben sollte.

Alleinstehende Frau, 30 J., attraktiv, sehr gute Köchin, mag Oper, Konzert, Literatur und Strandspaziergänge. Sucht gleichgesinnten alleinstehenden Mann, Alter 30–50.

Angie legte die Zeitung beiseite. »Also wirklich, von Oper und Konzert hast du keinen blassen Schimmer, und deine Sportzeitung geht wohl kaum als Literatur durch.«

»Ach, Angie, in diesen Anzeigen übertreiben die Leute doch immer. Sie machen sich schöner und klüger, als sie eigentlich sind. Ich hoffe bloß, daß die hier wirklich so gut kocht. Das fiel mir als erstes ins Auge.«

»Typisch!« Angie betrachtete die kümmerlichen Überreste der Lasagne, die sie mit ihm geteilt hatte. Die Portion war eigentlich für vier Personen gedacht.

Er faltete die Hände. »Also gut, Angie. Zeit für die Beichte.«

»Schieß los.« Sie liebte Beichten über alles.

»Ich hab' sie schon angerufen, und sie hat mich für heute abend zum Essen eingeladen.«

»Also ist ja alles schon beschlossene Sache!«

»Ja. Aber ein Problem gibt's da. Ich habe versprochen, den Nachtisch mitzubringen.«

Angie lachte laut. »Stanfield, du hast doch in deinem ganzen Leben noch nichts gekocht. Für Leute wie dich wurde die Mikrowelle erfunden.«

»Eben, deshalb brauche ich deine Hilfe.«

»Ach, auf einmal!«

»Bitte, Angie. Du kannst mir doch bestimmt eine Kleinigkeit machen, oder? Eine süße Liebesgabe? Sie klang wirklich nett. Sie heißt Carol Ann.«

»Eine *süße Liebesgabe*?« Angie verzog den Mund. »Klingt ja widerlich.«

»Kommt darauf an, was sie damit macht.« Stan hob bedeutungsvoll die Augenbrauen.

»Ach, Angie, du kannst das doch so gut, und es geht schließlich um mein Glück. Carol Ann klang so nett, so begeistert davon, mich kennenzulernen. Ich habe mich schon am Telefon fast in sie verliebt.«

»Na ja, irgendwas wird mir schon einfallen. Ja, ich hab' da eine Idee. Wir machen eine Mokka-Pekannuß-Torte. Die ist unglaublich lecker.«

»Toll. Ich helfe dir. Carol Ann hat anscheinend schon öfter Anzeigen aufgegeben. Sie sagt, die Männer hätten ihr immer wunderbare Desserts mitgebracht.«

»Und sie hat trotzdem noch keinen Mann gefunden?«

»Wahrscheinlich waren die Männer nicht so gut wie die Desserts.«

Später am Nachmittag, während Angie eine Zeitschrift durchblätterte, dachte sie darüber nach, was sie mit ihrem Leben anfangen sollte. Sie hatte zwar einen Collegeabschluß in Englisch, aber ihre wirkliche Begabung war das Kochen vorzüglicher Gerichte.

Plötzlich klopfte es laut an die Wohnungstür. Dieses Klopfen kannte sie

gut. Ob wohl alle Kommissare so klopften, oder nur die von San Francis-cos Mordkommission?

Sie riß die Tür auf. »Paavo! Was für eine Überraschung!« Sie stürzte sich in seine Arme. »Hast du denn schon frei?«

Inspector Paavo Smith war der Mann ihres Lebens – seit dem Moment, als sie sich Hals über Kopf in ihn verliebt hatte.

»Im Gegenteil«, sagte er.

»Mußt du heute abend etwa arbeiten?« Sie hatten ein gemeinsames Essen und einen Kinobesuch geplant.

»Ja, ich kann's nicht ändern. Wir haben einen dritten Mord, vermutlich vom selben Täter begangen. Ich war gerade in der Nähe und habe mir die Wohnung des Opfers angesehen.«

»Noch einer? Wie schrecklich! Gibt es eine Verbindung zwischen den Opfern?«

»Eine ganz merkwürdige – bei allen dreien war die Küche auffällig unor-dentlich ...«

»Was willst du von Männern anderes erwarten?« fragte sie.

»... ihre Küchen sahen so aus, als hätten sie etwas gebacken und an-schließend sofort das Haus verlassen.«

Sie konnte sich ein Lächeln nicht verkneifen. »Wetten, daß dir so etwas erst auffällt, seitdem du mich kennst?«

»Stimmt. Jedenfalls können wir nicht ins Kino. Es tut mir wirklich leid, Angie.«

»Ja, ist schon klar. Schade nur, daß unsere Verabredungen ständig wegen irgendwelcher Mörder ausfallen.«

»Bis ich fertig bin, ist es dir vermutlich zu spät, oder?«

Sie konnte sich schon denken, wie spät es dann sein würde, und lächelte. »Ich werde auf Sie warten, Herr Kommissar.«

Stan kam vor seiner Verabredung mit Carol Ann vorbei, um die Torte abzuholen. »Echt cool«, sagte Angie. Stan trug Anzug und ein Hemd von Cardin.

»Danke, Angie.« Er nahm die Torte. »Ich bin wirklich aufgeregt.«

»Ich möchte morgen einen genauen Bericht haben.«

»Kriegst du. Und nochmal vielen Dank für die Torte. Was glaubst du, wie meine Küche aussehen würde, wenn ich so was versucht hätte!«

Sie schloß die Tür und machte es sich wieder gemütlich. Plötzlich stutzte sie. Eiskalt lief es ihr über den Rücken. Das durfte einfach nicht wahr sein. Aber wenn doch?

»Warte!« schrie sie. Sie stürzte aus der Wohnung hinaus und zum Auf-zug. Die Türen schlossen sich gerade.

»Halt!«

Er hörte sie nicht. Sie sauste die Treppen hinunter. Unten angekommen, rannte sie auf die Straße hinaus und sah gerade noch, wie Stans Taxi in der Ferne verschwand.

Angie rang nach Luft. Bestimmt hatte sie sich geirrt, und es bestand kein Zusammenhang. Aber Paavo hatte von den ermordeten Männern und deren Küchen erzählt. Stan hatte eine Verabredung mit einer Unbekannten und hätte jetzt auch eine chaotische Küche, wenn er den Nachtisch selbst zubereitet hätte. Unsinn! Sie hatte eine blühende Phantasie. Sicher war alles nur ein Zufall.

Trotzdem war sie nervös. Sie rief in Paavos Büro an und hinterließ ihm die Nachricht, er möge sofort zurückrufen.

»Du solltest nicht ohne Stans Einwilligung in seine Wohnung gehen, Angie.« Connie Rogers, Angies beste Freundin, stand im Flur und sah zu, wie Angie Stans Wohnungstür öffnete.

»Wieso, ich habe doch extra einen Schlüssel, um im Notfall hineinzukommen«, sagte Angie.

»Aber du hast doch gesagt, Paavo hätte dich praktisch ausgelacht, als du ihm das mit Stan erzählt hast.«

»Stimmt. Aber er weiß doch gar nicht genau, worum es geht. Er ist mit seiner Ermittlung beschäftigt. Ich habe Stan eine Torte für diese Lukrezia Borgia gebacken. Wenn Paavo sich irrt, klebt Stans Blut an meinen Händen.«

Angie marschierte in Stans Wohnung. Warum Stan sich wegen einer unordentlichen Küche Gedanken machen würde, lag jenseits ihrer Vorstellungskraft. Die Wohnung war richtig unordentlich, nur die Küche war sauber. Wie schmutzig konnte eine Küche auch werden, wenn man nur Fertiggerichte in die Mikrowelle schob?

»Bestimmt hat er irgendwo ihre Adresse aufgeschrieben.« Angie sah sich am Telefon um. »Hier ist ein Notizblock, aber er hat den Zettel wohl mitgenommen.«

»Probier den alten Bleistift-Trick. Wenn du ihn fest genug über den Block reibst, kannst du sehen, was Stan aufgeschrieben hat.«

Angie befolgte den Rat, und wie durch Zauberhand tauchte eine Adresse auf.

»Laß uns hinfahren und nachsehen, ob alles in Ordnung ist«, sagte sie.

Angie trat ein paar Schritte auf die Straße hinaus und verrenkte sich den Hals. »Oh, nein. Ihre Wohnung ist oben.«

»Wie willst du denn sehen, was da drin vorgeht?« fragte Connie. Gegen-

über von Carol Anns Wohnung lag das Fairmont Hotel, eines der ältesten und schönsten der Stadt. Ein gläserner Aufzug fuhr nach oben zum Crown Room, einem beliebten Aussichtsrestaurant. »Das ist die Lösung«, sagte Angie.

In der Geschenkboutique des Hotels kaufte sie ein Fernglas und stieg dann mit ihrer Freundin in den gläsernen Aufzug. Als sich die Türen gerade schließen wollten, kam noch eine schick gekleidete Frau dazu, die Angie und Connie von oben herab musterte. Wahrscheinlich war die Frau darüber empört, daß jemand mit normaler Straßenkleidung in den Crown Room wollte. Angie wandte der Frau den Rücken zu und hob das Fernglas, als der Aufzug langsam emporstieg. »Da sind sie!«

»Kannst du was erkennen?« Connie wäre vor Aufregung fast auf und ab gesprungen.

»Sie sitzen da und unterhalten sich.«

»Laß mich auch mal!«

Der Aufzug erreichte das oberste Stockwerk, und die Frau stieg aus. »Also wirklich!« Sie warf den beiden einen finsteren Blick zu, bevor sie davonstolzierte.

Angie und Connie grinsten. Sie spähten weiter mit dem Fernglas aus dem Fenster, während der Aufzug sich mit Menschen füllte.

»Na, kleine Miss, was gibt's denn da zu sehen?« fragte ein großer Texaner. Sein Hut war so ausladend, daß Angie bei Regen darunter bequem Platz gefunden hätte.

»Die Aussicht«, sagte sie. In San Francisco liefen wirklich zu viele geschwätzige Touristen herum.

Im Erdgeschoß stiegen die anderen aus. »Noch ein Versuch«, sagte Angie. »Es sieht so aus, als würden Stan and Carol Ann sich bloß unterhalten; scheint alles in Ordnung zu sein.«

»Darf ich vielleicht auch mal?« Connie klang eingeschnappt.

Ein junges Paar, das die Finger nicht voneinander lassen konnte, stieg ein. Kaum hatten sich die Türen geschlossen, lagen sie einander schon in den Armen.

»Hier, bitte.« Angie gab Connie das Fernglas.

Die Hände der Frau glitten unter den Pullover des Mannes.

Die Hände des Mannes glitten unter den Hosenbund der Frau.

Connie sah durch das Fernglas, während der Fahrstuhl langsam emporglitt. »Stan sitzt jetzt ganz allein da.«

Die Frau stöhnte. Eine Hand des Mannes glitt in ihrer Hose weiter nach unten. Die Frau preßte eine Hand auf den Reißverschluß des Mannes. Er drückte sie gegen die Aufzugwand.

Der Aufzug stieg nach oben. Angies Augenbrauen auch. Ein Blick auf den Mann ließ vermuten, daß noch etwas anderes auf dem Weg nach oben war.

»Mensch, sieh dir das an!« rief Connie.

»Besser nicht«, sagte Angie.

Das Stöhnen der Frau wurde lauter, obwohl der Mann ihren Mund mit Küssen bedeckte.

»Sie kommt!«

»Das fürchte ich auch«, sagte Angie.

»Sie hat was in der Hand.«

»Hoffentlich nicht!« Sie stellte sich vor, wo die Frau gerade ihre Finger hatte.

»Sieht aus wie ein langes Messer!«

»Ein Messer?«

Die Türen öffneten sich, und das junge Paar verließ den Aufzug.

»Was für ein Messer?« Angie griff nach dem Fernglas.

»Was machen Sie beide denn da?«

Angie fuhr herum und sah in das finstere Gesicht eines Wachmannes. »Nichts.« Sie ließ das Fernglas sinken.

»Das sind sie!« Die arrogante Frau zeigte mit dem Finger auf sie. »Die beiden benutzen den Fahrstuhl, um die Wohnungen unschuldiger Leute auszuspionieren. Verhaften sollte man sie!«

»Danke, Ma'am«, sagte der Wachmann. Er stieg zu Angie und Connie in den Aufzug. »Ausnahmsweise werde ich Gnade vor Recht ergehen lassen. Sie beide verschwinden jetzt aus diesem Hotel. Die Gäste fühlen sich belästigt.«

»Ich beobachte doch bloß einen Freund auf der anderen Seite«, erklärte Angie. Sie hob das Fernglas, aber der Wachmann nahm es ihr ab.

»Wir bekommen dauernd Beschwerden über Leute wie Sie. Sie sollten sich lieber um Ihre eigenen Angelegenheiten kümmern, Lady. Und jetzt verschwinden Sie.«

Mit puterroten Gesichtern ließen sich Angie und Connie von dem Wachmann auf die Straße hinaus begleiten. Er gab Angie das Fernglas zurück. »Hoffentlich machen Sie damit keine Dummheiten mehr.«

»Und du bist sicher, daß sie ein Messer in der Hand hatte?« fragte Angie auf dem Weg zu Carol Anns Wohnungstür.

»Ganz sicher.«

»Dann laß uns klingeln.«

Nach einer Weile öffnete eine dicke Frau Ende dreißig die Tür. »Ja, bitte?«

»Ich möchte zu Stan«, sagte Angie. »Ich bin seine Nachbarin. Ich weiß, daß er hier ist. Leugnen ist zwecklos.«

»Klar ist er hier. Ich hole ihn.«

»Warum hat sie es nicht abgestritten, wenn sie ihn eigentlich umbringen wollte?« fragte Angie ihre Freundin.

»Keine Ahnung. Aber ich weiß doch, was ich gesehen habe! Vielleicht hat sie gemerkt, daß wir sie durchschaut haben.«

Stan kam an die Tür. »Angie, was machst du denn hier?«

Sie packte die Aufschläge seines Jacketts. »Hau ab, los! Wir haben sie mit einem Messer gesehen. Paavo hat mir alles erzählt. Er fahndet schon nach ihr. Sie ist eine Serienmörderin. Wir kommen, um dich zu retten!«

Er wurde blaß. Als sie auf die Straße hinunter und zwei Gebäude weiter gerannt waren, ergriff er Angies Arm. »Eine Serienmörderin? Seid ihr ganz sicher? Ich dachte, sie ist bloß langweilig.«

»Paavo weiß noch nicht, wer die Morde begangen hat, aber als wir sie mit dem Messer sahen, war uns alles klar.«

»Puh! Danke, Angie. Ich hatte ja keine Ahnung.« Er fummelte nervös an seinem Kragen. »Aber wenn Paavo meint – «

»Wir rufen ihn an und geben ihm Bescheid.«

Sie zückte ihr Handy.

»Paavo ist im Restaurant Tagliarini«, sagte Angie nach dem Telefonat. »Das ist nicht weit weit von hier.«

Angie, Stan und Connie sprangen auf ein Cable Car, stiegen an der Green Street aus und gingen das letzte Stück bis zum Restaurant *Tagliarini* zu Fuß.

»Hallo, Angelina!« begrüßte sie Pasquale, der Besitzer. »Wolltet ihr noch etwas essen? Die Küche ist leider schon geschlossen.«

»Nein, danke. Ich suche nur einen Freund. Er ist bei der Mordkommission. Ich habe gehört, er soll hier sein.«

»Ach! Das ist dein Freund? Ein großer Kerl, hartes Gesicht, eiskalte Augen?«

»Äh – das ist er.« Angie konnte sich einfach nicht daran gewöhnen, wie andere Leute Paavo sahen.

»Er ist hinten in der Küche. Ich bleibe hier, wenn es dir nichts ausmacht. Eine Begegnung mit ihm hat mir gereicht.«

Angie beugte sich vertraulich zu Pasquale. »Eigentlich ist er ein Schmusekater.«

»Bei dir vielleicht. Für mich ist er ein Löwe.«

Sie grinste und ging nach hinten durch, Connie und Stan folgten ihr dicht auf den Fersen.

Zuerst sah sie niemanden in der Küche. Die Edelstahltheken und -tische waren blitzblank geschrubbt, die meisten Geräte schon weggeräumt.

»Hallo?« rief Angie.

Keine Antwort.

Die Tür zum Kühlraum stand offen. Angie rief hinein. Keine Antwort. Sie machte die Tür zu und ging weiter.

In einem kleinen Büro im hinteren Teil der Küche sprach Paavo mit dem Küchenchef. Sie klopfte ans Fenster und winkte ihm zu.

»Paavo, wir haben den Mörder«, verkündete sie, als er aus dem Büro kam.

»Was soll das heißen?«

»Erinnerst du dich, daß ich dir von dieser Frau erzählt habe, die mit Bekanntschaftsanzeigen Männer sucht, die kochen können? Ich bin sicher, daß sie sie in ihre Wohnung einlädt und dann umbringt! Sie wollte eben mit dem Messer auf Stan losgehen; wir konnten ihn gerade noch retten.«

»Das soll wohl ein Scherz sein?«

»Ist es nicht.« Sie strahlte.

»Aber Angie, die Opfer waren nicht mit einer Frau verabredet. Unsere Ermittlungen haben ergeben, daß sie sich hier im Restaurant als Pâtissier beworben haben. Das Merkwürdige ist, daß sie alle eine Kostprobe ihrer Arbeit mit zu dem Bewerbungsgespräch bringen sollten. Deshalb haben sie nach dem Backen sofort die Wohnung verlassen. Doch der Küchenchef sucht keinen Pâtissier. Ich habe mit jedem hier gesprochen, alle haben Alibis. Es ist sehr merkwürdig.«

»Bist du sicher, daß sie es nicht ist? Immerhin ist sie mit einem Messer auf Stan losgegangen.«

Paavo sah von Angie zu Stan zu Connie und wieder zu Angie. »Ein Messer?«

»Na ja«, sagte Stan. »Ich dachte eigentlich, sie wollte damit die Torte anschneiden, bis du mich auf diese Idee gebracht hast.«

»Ich habe dich auf diese Idee gebracht? Was soll das denn heißen?« fragte Angie empört.

Er sah aus, als würde er gleich anfangen zu heulen. »Carol Ann und ich haben uns bloß unterhalten. Sie scheint ganz nett zu sein. Schüchtern und langweilig, aber diese Frau kann vielleicht essen! Die wiegt bestimmt dreihundert Pfund.«

Angie wandte sich zu ihrer Freundin um. »Connie?«

Die zuckte nur die Schultern.

»Tut mir leid, Paavo.« Angie trat den Rückzug an.

Er verschränkte die Arme. Sie warf nur einen kurzen Blick auf seine gerunzelte Stirn und stürmte hinaus.

Am nächsten Morgen gegen elf klopfte Paavo an Angies Tür.

»Wie wär's mit Mittagessen?« fragte er. »Ich kenne ein gutes italienisches

Restaurant, dessen Eigentümer sehr zufrieden ist, weil ich seinen Namen aus der Presse herausgehalten habe.«

»Du siehst auch zufrieden aus. Was ist passiert?«

Sie gingen zum Aufzug. »Etwas ganz Eigenartiges. Wir haben den Mann gefunden, der sich bei Tagliarini als Küchenchef ausgegeben hat, von den Opfern Arbeitsproben mitbringen ließ und sie dann umbrachte. Er hat dort nachts als Hausmeister gearbeitet.«

»Großartig! Wie habt ihr den Fall gelöst?«

»Wir haben ihn heute morgen entdeckt. Als wir ihn überprüften, haben wir Beweise dafür gefunden, daß er die drei Männer ermordet hat.«

»Ihr habt ihn erst entdeckt und dann überprüft?«

»Das ist ja das Merkwürdige. Irgendwie hat er es fertiggebracht, sich im Kühlraum des Restaurants einzusperren. Er hat da drin saubergemacht. Vielleicht hat er mich gehört und wollte sich dort verstecken. Sie haben ihn heute morgen tot aufgefunden.«

»Ach, Gott«, sagte Angie betroffen. »Wie kann denn so etwas passieren?«

Angie Amalfi's Mocha-Pecan Cake
Mokka-Pekannuß-Torte

Zutaten für 1 Torte von 22 cm Durchmesser:

Für den Teig

360 g	Pekannüsse, gemahlen
3 EL	Mehl, gesiebt
1 ½ TL	Backpulver
6	Eier, getrennt
2 EL	lösliches Kaffeepulver
240 g	Zucker
2 Tropfen	Vanillearoma
1 Prise	Salz

Für die Mokkacreme

6 EL (90 g)	Butter
120 g	Zartbitterschokolade
1 EL	lösliches Kaffeepulver
160 g + 1 EL	Puderzucker
80 ml	Milch
2	Eier
3 Tropfen	Vanillearoma
	Crème de Cacao, Kahlúa oder Cognac nach Geschmack

Backofen auf 175° C vorheizen. Zwei Backformen (22 cm Durchmesser) fetten, mit gefettetem Backpapier auslegen und bemehlen. Gemahlene Pekannüsse in einer Schüssel mit Mehl und Backpulver mischen.

In einer kleinen Schüssel Eigelb 3 Minuten kräftig verquirlen, bis es hellgelb ist. Unter langsamerem Rühren Kaffeepulver, Zucker und Vanille zufügen. 5 Minuten bei höchster Geschwindigkeit dickflüssig rühren.

Mit einem Handrührgerät das Eiweiß mit etwas Salz zu festem Schnee, aber nicht trocken quirlen. Nacheinander je ein Viertel der Eigelbmischung unterheben. Nicht zu stark rühren. Die Eimischung unter die Nuß-Mehl-Mischung heben. Teig auf die Formen verteilen und glattstreichen. 35–40 Minuten backen, bis

die Oberfläche elastisch ist und der Teig beginnt, sich am Rand zu lösen. 10 Minuten abkühlen lassen, dann aus der Form nehmen. Vor Auftragen der Creme erkalten lassen.

Für die Creme Butter und Schokolade im Wasserbad schmelzen. Kaffeepulver unter Rühren zufügen, bis es sich aufgelöst hat. Vom Herd nehmen.

In einer kleinen Schüssel Puderzucker, Milch, Eier und Vanille verrühren. In eine größere Schüssel mit Wasser und Eiswürfeln setzen und mit abgekühlter Schokolade bei höchster Geschwindigkeit 3–4 Minuten schlagen, bis alles locker, hell und schnittfest ist; Mischung beim Rühren gelegentlich von den Rändern schaben.

Ersten Boden umgekehrt auf eine Tortenplatte legen. Eventuell mit Likör beträufeln. Gut 1 cm hoch Creme aufstreichen, den zweiten Boden auflegen. Gegebenenfalls mit Likör beträufeln. Restliche Creme über den ganzen Kuchen verstreichen.

Vor dem Anschneiden 2–3 Stunden kühl stellen. Mit 1 EL Puderzucker bestreuen.

Karibische Weihnacht
Kate Grilley

Es war noch früh am Weihnachtsmorgen, und überall auf St. Chris lagen die Einwohner in ihre Betten gekuschelt und träumten von Christbrot und Guavenrum.

Während die Bewohner der Karibikinsel friedlich schlummerten, fuhr ein Pritschenwagen auf den verwaisten, festlich beleuchteten Straßen von Isabeya eilig nach Westen.

Niemand sah den Wagen, bis auf den Priester der anglikanischen Kirche, der an seinem steinernen Gotteshaus mit Turm die Sturmläden abnahm und Vorbereitungen traf für den Gottesdienst bei Sonnenaufgang. Er schlüpfte durch die Hintertür in das benachbarte Pfarrhaus und griff zum Telefon.

Auf der Pritsche des Wagens saß eine Gruppe von Männern; stumm, mit gekreuzten Beinen und gesenkten Köpfen. Sie hatten ihr Ziel sorgfältig ausgewählt: eine ältere Frau, die ganz allein in einem einsamen Häuschen am Rande des Regenwalds wohnte.

Miss Maude schlief nicht besonders gut. Zum Teil lag das an ihrem Alter – sie würde demnächst dreiundachtzig werden –, aber vor allem ihr Geist war ruhelos.

Nachts gingen Wesen um. Einige der Alten mochten sie Jumbies nennen, Geister der Toten, aber Miss Maude fand, diese Geister seien sehr lebendig und hatten nichts Gutes im Sinn. Seit Wochen schon verschwand ihre

Ernte. Die köstlichen tropischen Früchte, die sie so liebevoll gehegt hatte und an ihrem kleinen Straßenstand verkaufte, wurden von den Bäumen gepflückt, während sie schlummerte.

»Diebstahl«, murmelte sie vor sich hin. »Nichts als Diebstahl.« Sie setzte sich in dem Mahagonihimmelbett, das ihr Großvater als Hochzeitsgeschenk für ihre Eltern aus Dänemark hatte kommen lassen, auf und horchte auf das Geräusch von Schritten. Aber sie hörte nur das Rascheln der Palmwedel, die vom Passatwind gekitzelt wurden.

Übermorgen nacht wären die Krebsfänger draußen, um im Schein der Taschenlampen ihre hölzernen Fallen auszulegen, mit denen bei Vollmond Landkrebse gefangen wurden. Wegen der Krebsfänger machte sich Miss Maude keine Gedanken. Sie kamen immer einen oder zwei Tage vorher vorbei, baten um Erlaubnis, ihr Land zu betreten, und ließen einen Teil des Fangs in einem Drahtkorb als Dank zurück.

Miss Maudes Krebsfaß war gereinigt und stand neben dem Haus bereit. Darin fütterte sie die Krebse mit Maismehl, damit das Fleisch einen süßlichen Geschmack annahm. Zu Silvester kochte sie daraus Kallaloo, ein würziges karibisches Eintopfgericht mit süßen Krebsen und Okraschoten. Sie servierte es ihrer Familie mit grobem Maisgries, während sie auf das neue Jahr warteten.

Miss Maude lebte schon seit mehr als siebzig Jahren unter der Flagge von St. Chris. Sie konnte sich noch gut an den Tag erinnern, an dem sie in ihrem rosa Kleidchen, fest an der Hand der Mutter, zugesehen hatte, wie die dänische Fahne zum letzten Mal eingeholt und die Flagge von St. Chris im frischen Wind gehißt wurde. Sie hatte damals nicht verstanden, warum einige Erwachsene weinten. Die Kinder waren aufgeregt, weil sie einen Tag schulfrei hatten und nach der Feier Eis bekommen sollten.

»Die Zeiten ändern sich«, sinnierte sie. In ihrer Jugend erwartete man von Kindern gutes Benehmen, und die Disziplin begann zu Hause. In all der Zeit, in der sie in dem einen Klassenzimmer der Schule in Danish Hill lehrte, hatte sie kein einziges Mal einen Stock auf den Zuckerrohrfeldern schneiden oder ihre Stimme gegen ein ungezogenes Kind erheben müssen. Heutzutage tobten die Kinder herum, nahmen sich, was sie wollten, und die Eltern standen bloß dabei und zuckten die Schultern. Nun war Miss Maudes Enkelin Amelia Rektorin der einzigen High-School auf der Insel und kam sich vor wie eine Gefängnisaufseherin.

Früher hätte ein Wort zu den Eltern genügt, um jedem Diebstahl ein Ende zu bereiten. Aber sie wußte nicht, mit wem sie sprechen sollte; sie hatte ja nie Gesichter gesehen. Widerstrebend hatte sie schließlich die Polizei gerufen. Benjamin, einer ihrer ehemaligen Schüler, war Vorsteher

auf dem nahegelegenen kleinen Revier. Er hatte sich ihre Klagen höflich und teilnahmsvoll angehört, aber seine Reaktion war ganz typisch für die heutige Zeit gewesen.

»Ach, Miss Maude, wahrscheinlich waren es bloß Kinder. Sie meinen es nicht böse.«

Miss Maude bestand darauf, daß Benjamin mit ihr in den Garten kam und sich die Schuhabdrücke Größe 43 in ihrem Kräuterbeet ansah.

Er inspizierte das Beweismaterial sorgfältig. »Sie haben recht. Das sieht nach dem Werk von älteren Kindern aus, vielleicht sogar von Erwachsenen. Aber das sollte Ihnen keine schlaflosen Nächte bereiten.« Er lächelte und tätschelte beruhigend ihre Schulter. »Sie wissen doch, daß ich weder genug Leute noch genug Geld habe, um jeden Vandalen auf dieser Insel dingfest zu machen.«

Miss Maude tat, als hätte er sie überzeugt, beschloß aber im stillen, die Angelegenheit selbst in die Hand zu nehmen. Benjamin nahm sich vor, außerhalb seiner Dienstzeit Miss Maudes Grundstück heimlich zu beobachten. Sie trennten sich; beide Parteien in dem Glauben, die andere sei zufrieden.

Miss Maude fand viele neumodische Sitten albern. Im Fitneßstudio nachgebaute Treppenstufen ins Nichts zu erklimmen oder ins Schwimmbad zu gehen, wenn man das Meer vor der Tür hatte, hielt sie für Zeit- und Geldverschwendung. Sie arbeitete täglich in ihrem Garten, bückte sich, um zu jäten, und kletterte auf die Leiter, um ihre Obstbäume zu schneiden. Das hielt die Muskeln straff und den Rücken gerade. Ihre Augen waren immer noch scharf genug, um aus zwanzig Schritten Entfernung zu bemerken, wenn jemand Papierfetzen im Mund zu Wurfgeschossen kaute.

In den Wochen vor Weihnachten sah man sie von Sonnenaufgang bis Sonnenuntergang in ihrem Obstgarten und rings um ihr Steinhäuschen werkeln, und alle dachten, daß sie eifrig ihre Weihnachtsbeleuchtung aufhängte.

Die Kühle des frühen Morgens trieb Miss Maude tiefer unter ihre handgearbeitete Steppdecke. Wie bei einer dösenden Katze waren jedoch ihre Ohren aufmerksam gespitzt. Die Vorbereitungen für den Weihnachtsmorgen waren getroffen. Der traditionelle Guavenrum war in die Kristallkaraffe gefüllt und wartete inmitten der langstieligen Gläser, die sie von ihrer Mutter geerbt hatte und eines Tages an Amelia weitergeben würde. Am Vortag hatte sie in aller Frühe das Christbrot gebacken, war in den Mitternachtsgottesdienst gegangen, und von Amelia wurde sie erst am späten Weihnachtsmorgen erwartet. Miss Maude hatte sich ihre Ruhe verdient.

Der Pritschenwagen bog von der Hauptstraße auf den Schotterweg am

Nordstrand ab. Der Fahrer schaltete in den dritten, dann in den zweiten Gang herunter, als der Schotter festgefahrener Erde wich. Hinten auf dem Wagen packten die vier Männer ihre anscheinend harmlosen Geräte zusammen; ganz normale Geräte, bei denen niemand eine andere als die übliche Verwendung vermuten würde. Kurz vor dem Häuschen versteckte der Fahrer den Wagen hinter einem Gestrüpp. Die fünf gingen zu Fuß weiter, bewegten sich leise durch die schulterhohen Büsche bis an die Grenze von Miss Maudes Grundstück. Dann schlichen sie in den Obstgarten.

Drinnen im Haus bimmelte ein Glöckchen. Miss Maude sprang aus dem Bett, warf den Morgenmantel über und schlüpfte in ihre Sandalen. Während sie zur Küchentür eilte, die sich zur seitlichen Veranda öffnete, machte sie überall Licht. Sie löste ein straff gespanntes Seil, das an einem der Stützpfeiler des Vordaches befestigt war.

Draußen auf dem Rasen erhob sich ein gewaltiger Lärm.

Miss Maude eilte in den hell erleuchteten Obstgarten, um nach dem Rechten zu sehen.

Vier Männer lagen benommen kreuz und quer; über ihren Köpfen schaukelten Kokosnüsse an Seilen hin und her. Vom fünften waren nur die Beine zu sehen. Um einen Knöchel wand sich eine Schlinge, die vom Ast eines Pomeranzenbaums herabhing. Sein Oberkörper steckte in dem Krebsfaß. Gedämpft hallten seine Schreie im Faß wider, während er vergeblich versuchte, mit den Fingern den Rand zu erreichen und sich aus seinem Gefängnis zu befreien.

Auf dem Boden verstreut lagen das Oberteil eines Ölfasses, das auf vertraute Weise ausgebeult war, ein Paar winziger Schlaghölzer, eine Kalebasse, ein gezacktes Plektrum und ein hohles Bambusstück mit Bohrlöchern oben und unten.

Als Kontrapunkt zu den lautstark krähenden Gockeln heulte eine Polizeisirene und verstummte vor Miss Maudes Haus.

In einem anderen Teil des Obstgartens wurden drei Paar Augen in stillem Entsetzen so groß wie Untertassen. Drei Paar Füße Größe 43 bewegten sich lautlos und sehr vorsichtig zurück in den Schatten.

Benjamin eilte an Miss Maudes Seite, die Pistole gezogen und entsichert. Ein rechtzeitiger Anruf hatte ihn auf eine mögliche Straftat aufmerksam gemacht. Rasch blickte er sich am Ort des Verbrechens um. Er schaffte es gerade noch, seine Waffe zu sichern und ins Halfter zu stecken, bevor ihn die Heiterkeit überwältigte.

Miss Maude sah in die Gesichter ihrer ehemaligen Schüler. Die fünf Männer, die sie gefangen hatte, waren schon in ihrer Jugend Freunde gewesen. Nun gehörten sie zur St. Chris Scratchy Band und verdienten sich so ein

bißchen dazu. Sie spielten jeden Abend während der Touristensaison im Dockside Hotel Steeldrum, Bambusflöte und Maracas. Aber an diesem Weihnachtsmorgen waren sie nach nur einer Stunde Schlaf aufgestanden, um Miss Maude in guter karibischer Festtagstradition ein Ständchen zu bringen.

Sie eilte in die Küche zurück, um Drahtschere und feuchte Handtücher zu holen.

Miss Maude lächelte Benjamin zufrieden an, während sie schweigend auf der breiten Veranda vor ihrem Haus in dem Schaukelstuhl wippte, in dem sie schon gestillt worden war. Auf dem niedrigen Korbtisch vor ihr standen sieben langstielige Gläser, und die Karaffe war kaum noch halbvoll. Winzige Kaphonigfresser mit gelben Schwanzfedern hüpften auf dem Tisch herum und pickten die restlichen Krümel des Christbrotes von ihrer besten ovalen Kuchenplatte.

Sie hörte die Männer singen, als sie davonfuhren: »Guten Morgen, guten Morgen, ist alles bereit? Wir möchten nun Rum zur Weihnachtszeit.«

Von den östlichen Passatwinden getragen, begrüßten die Glocken der anglikanischen Kirche wieder einmal freudig einen Weihnachtsmorgen. Dem Räubertrio im Obstgarten gelang es schließlich, aus dem Schatten der Bäume in den Schutz des Gebüschs zu fliehen. Sie machten sich auf den Heimweg; leer baumelten die Taschen an ihren Armen.

Miss Maude wurde nie wieder belästigt.

Miss Maude's Caribbean Christmas Sweet Bread
Miss Maudes Christbrot

In Kate Grilleys karibischer Heimat beginnt der erste Weihnachtstag schon vor Sonnenaufgang. Dann bringen Steelbands, von der Ladefläche eines LKWs aus, allen Bewohnern der Insel ein Ständchen. Sie erhalten zum Dank Guavenrum und Christbrot, bevor sie zum nächsten Ort weiterfahren.

Zutaten für 1 runde Backform von 24 cm Durchmesser:

1 ½ TL	Trockenhefe
80 ml	handwarmes Wasser
260 g	Mehl
2 ½ TL	Backpulver
170 g	feiner brauner Rohrzucker
240 g	Butter (zimmerwarm)
1	Ei (zimmerwarm)
60 ml	Sahne (zimmerwarm)
3 Tropfen	Vanillearoma
2 Tropfen	Zitronenaroma
3 Tropfen	Mandelaroma
¼ TL	abgeriebene Limettenschale
¼ TL	Zimt
1 Prise	Muskat oder Piment
2 EL	brauner Rum
80 g	gemischtes Trockenobst
110 g	Rosinen
60 g	Korinthen
80 g	getrocknete Pflaumen, gehackt
40 g	Walnüsse, gehackt
1–2 EL	Ahorn- oder Guavensirup, mit etwas Wasser verdünnt

Hefe in einer großen Schüssel in 2 EL warmem Wasser auflösen. 2 EL Mehl mit Backpulver sieben. Zur Hefe eine kräftige Prise Rohrzucker und die Mehl-Backpulver-Mischung geben und verrühren. Ansatz an einem warmen Ort gehenlassen, bis er Blasen wirft.

In einer Schüssel Butter und restlichen Rohrzucker verrühren, Ei zugeben und unterrühren. Diese Mischung zu der Hefemischung geben. Restliches Mehl und Sahne unterrühren; Aromen, Limettenschale, Gewürze, restliches Wasser und Rum zufügen und vermischen. Es entsteht ein fester Teig.

Etwas Trockenobst zur Dekoration beiseite legen, den Rest sowie Rosinen, Korinthen und Pflaumen in Mehl wenden und mit den Nüssen gut in den Teig einarbeiten.

Eine runde Backform (24 cm Durchmesser) einfetten und mit Mehl ausstreuen. Zu drei Vierteln mit Teig füllen. Oberfläche leicht mit verdünntem Sirup bestreichen und mit unbemehltem Trockenobst verzieren. An einem warmen Ort auf die doppelte Größe gehen lassen.

Christbrot im vorgeheizten Backofen bei 175° C etwa 45 Minuten backen (Stäbchenprobe).

Mit Guavenrum oder Ihrem morgendlichen Lieblingsgetränk servieren. Das Christbrot hält sich gut in einem luftdichten Behälter.

Maddies Hochzeitstorte
Sarah Andrews

Diese Geschichte ist so amerikanisch wie Em und Maddie, zwei Cowgirls, die Geologinnen wurden und sich ein Büro bei einer Ölfirma teilen.

Aber das Herz einer Frau kennt keine internationalen Grenzen, und manchmal, wie es auch in Deutschland bei einem Polterabend vorkommen kann, geht bei den Hochzeitsvorbereitungen etwas völlig daneben.

Maddie McNutt gerät nicht leicht in Panik. Als Geologin in einer solchen Männerdomäne wie dem Ölgeschäft kann sie sich diesen Luxus nicht leisten. Nein, Maddie steht mehr auf dem Standpunkt: Wenn es hart auf hart kommt, feiern wir eine Party. Ich muß es wissen. Wenn man sich zwei Jahre lang bei der Blackfeet Oil Company in Denver mit einer anderen Frau sieben Quadratmeter Büro teilt, bekommt man zwangsläufig mit, wie sie Krisen bewältigt. Als Maddie am Nachmittag vor ihrer Hochzeit so kreidebleich in unser Büro gestürmt kam, als sei ihr ein wütendes Nashorn auf den Fersen, wußte ich, daß etwas nicht stimmte.

»Was ist?« Mein prüfender Blick suchte nach aufgeschlitzten Adern und Trümmerfrakturen, aber abgesehen von ihrer Gesichtsfarbe sah Maddie genauso unverschämt gesund aus wie eh und je. Sie hatte ihren straffen, zierlichen Körper in ein pinkfarbenes Kostüm gezwängt, dessen Minirock unter dem Blazer kaum zu sehen war. Dazu trug sie hochhackige schwarze

Wildlederpumps und in der Brusttasche ein schwarzes Spitzentuch, das zu ihrer üppigen Lockenmähne paßte.

Maddies Augen waren so groß wie ihr Heimatstaat Texas. Sie öffnete ihren Rosenknospenmund und hauchte: »Flint ist verschwunden.«

Ihr Zukünftiger. »Du meinst, er ist nicht in seinem Büro?« fragte ich. Mein Tonfall sollte beruhigend klingen. »Seit wann hängt ein Polizist in seinem Büro herum? Und warum jagst du hinter ihm her? Solltest du nicht zu Hause sitzen und Tischkärtchen schreiben oder so was?«

Maddies Lippen wurden schmal. »Spar dir das Beruhigungsgesülze, Em. Carlos ist im Büro, und er sagt, Flint ist verschwunden. Verschwunden, Em, nicht irgendwo unterwegs!«

Wenn der Partner eines Polizisten in Panik gerät, ist es auch für uns andere an der Zeit. Ich wählte die Nummer des Polizeipräsidiums in Denver.

»Carlos Ortega von der Mordkommission, bitte. Es ist dringend.«

Ortegas sonst so weiche Stimme klang hart vor Anspannung. »Maddie im Büro? Gut. Bleib bei ihr, ich suche Flint.«

»Eher laß ich mich im Stall mit einem bockenden Pferd einsperren, Carlos. Sag uns lieber, wie wir helfen können. Dann hat sie was zu tun. Sie läuft hier nämlich auf und ab, als wollte sie unseren Teppich umpflügen.«

»Bleibt bitte beide im Büro. Ich will mir nicht auch noch um euch Sorgen machen müssen.«

»Hör mit dem Macho...«

»Nein!«

»Doch! Und das meine ich ernst.« Mehr brauchte ich nicht zu sagen. Ortega hatte schon einmal erlebt, was es hieß, gegen mich zu arbeiten.

Er seufzte resigniert. »Em, wir können diesen Kerl nirgends auftreiben. Ich habe seinen Piepser probiert, Handy, Autotelefon, Funkgerät, nichts. Wie vom Erdboden verschluckt.«

»Kann er einfach zu spät dran sein?«

»Vier Stunden? Das glaube ich kaum.«

Ich spielte als Advocatus Diaboli alle Möglichkeiten durch. »Der Mann heiratet morgen. Vielleicht trinkt er irgendwo noch einen.«

Ortega holte Luft. »Er ist im Dienst«, fauchte er.

Ich hatte Ortega noch nie so aufgebracht erlebt und trat sofort den Rückzug an. »Ich meine doch bloß, daß er vielleicht in einer Bar Nachforschungen anstellt und den Elektronikkram im Auto gelassen hat, damit er nicht auffällt.« Das war gar nicht so abwegig. Lieutenant Flint hatte ein Gesicht wie ein trauriger alter Bluthund, und seine Kleidung sah aus, als hätte er sie aus einem Sack der Heilsarmee gefischt.

»Nein.« Ortega klang beunruhigt. »Der Neandertaler und ich wollten uns nach dem Mittagessen hier treffen.«

Ich dachte nach. »Also, dann mal raus mit der Sprache. Und mach' dir keine Sorgen wegen Maddie, die macht sich selbst schon genug.«

Ortega schwieg. Seufzte. »Wir hatten da so ein paar Anrufe.«

»Drohungen?«

Ortega klang düster. »Das sage ich besser nicht.«

»Prima«, knurrte ich wütend, wie immer, wenn Ortega den großen Bruder spielen mußte. »Dann mal ganz von vorne: Wo ist er zuletzt gesehen worden?«

»Wo er zuletzt gesehen worden ist! Was glaubst du eigentlich? Ich habe das halbe Präsidium losgeschickt, um ihn zu suchen!«

»Von mir aus kannst du das gesamte Präsidium, die Texas Rangers, die Mounties und einen Trupp indische Gurkhas hinter ihm hergeschickt haben – du sagst mir jetzt sofort, wo er zuletzt gesehen worden ist!«

»Ay, dios! Schon gut, schon gut, Em. Er hat sich mit Conner aus der Funkzentrale zum Mittagessen getroffen. Conner sagt, Flint hätte auf dem Weg ins Büro noch bei der Bank vorbeigewollt. Er wollte gleich nachkommen. Das ist jetzt vier Stunden her.«

»Welche Bank?«

»Welche Bank? Woher soll ich das wissen? Da arbeitet man drei Jahre mit jemandem zusammen, denkt, man kennt ihn, und dann ...«

Maddie hatte sich auf dem Absatz umgedreht. »Bank? Flint hat sein Konto bei der Colorado State Bank. Komm, wir gehen!«

Ich sagte »Tschüs« ins Telefon, schnappte meine Daunenjacke und hastete durch den Flur hinter Maddie her. Sie hatte schon den Aufzug geholt und auf Erdgeschoß gedrückt, als ich hineinsprang. Ich versuchte, sie ein bißchen aufzuziehen. »Damit du Bescheid weißt, ich mache das nur unter einer Bedingung: Du mußt mir deinen Kosenamen für Flint sagen.«

Maddie warf mir einen Blick zu, schärfer als ein Chilieinlauf. »Drecksack.«

Jetzt wußte ich wenigstens meinen derzeitigen Kosenamen. War wohl nichts mit den Frivolitäten.

Draußen liefen wir zum Broadway, überquerten eine rote Ampel und eilten in die Colorado State Bank. Maddie rannte an den letzten Schalter. »Anthony!« rief sie. »Hast du Flint heute mittag hier gesehen?« Eine Frau wie Maddie kennt in jedem Dorf einen Hund.

Anthony, der Kassierer, strahlte bei ihrem Anblick. »Sicher war er hier. Hat ein bißchen Geld für die Flitterwochen abgehoben.« Er hob vielsagend die Augenbrauen.

Maddie bemühte sich, so unbeschwert wie immer auszusehen, aber ihr übliches Honigkuchenpferdgrinsen verrutschte zu einem Zwiebacklächeln.

Ich sprang ein. »Hat er gesagt, wo er hinwollte?«

Anthony ließ den Blick zwischen uns hin- und herwandern, enttäuscht über die Unterbrechung. »Er wollte seinen Smoking für den großen Auftritt morgen abholen. Ich glaube aber nicht, daß ein Smoking ihn schöner macht. Ach, Maddie, warum hast du dir nicht jemanden ausgesucht, der so hübsch ist wie du. Wenn die Kameras Flint morgen in den Sucher kriegen, gehen sie kaputt.«

Maddie ging nicht auf Anthonys Flirten ein. Sie war bereits unterwegs zur Tür. »Beau Geste Men's Rentals, der Verleih«, sagte sie. »Nur bei ihnen gab es den exakten Rosaton, den er für Fliege und Kummerbund haben wollte.« Ihre Stimme begann zu beben. »Er hat gesagt, die Farbe sollte genau zu meiner ...«

»Ich will es nicht wissen, Maddie.« Ich warf mich gegen die schweren Glastüren, die auf die Straße hinaus führten.

Beau Geste war ganz in der Nähe vom Rathaus, hinter dem das Polizeipräsidium lag. Wenigstens war der Mann in die richtige Richtung unterwegs gewesen. Im Laden fanden wir Mervin vor, einen asthmatischen Schneider aus Queens, der gut für Haarteile hätte werben können. »Maddie!« röchelte er und zog nervös die Schultern hoch.

»Ist mein Liebster hier gewesen, um seinen Smoking abzuholen?«

»Ja, sicher. Sah blendend aus. Na ja, der Smoking sah blendend aus.« Er warf einen Blick auf seine Uhr. »Tja, ich wollte gerade zumachen, Ladies.«

Maddie umklammerte seinen Ellenbogen. »Hat er gesagt, wo er hinwollte?«

Mervin krümmte sich. »Warum? Worum geht's? Die Ladies sind ja ganz aufgeregt. Was ist?«

Maddies Kinn zitterte. »Flint ist verschwunden. Er ist nicht im Büro angekommen«, jammerte sie.

Mervin versuchte, sich aus Maddies Griff zu befreien. »Flint? Der alte Knochen? Beruhigen Sie sich, Lady. Er kann nicht weit sein. Hat bestimmt bloß Lampenfieber gekriegt. Hab' das schon oft erlebt. Also, wenn Sie mich jetzt entschuldigen.«

»Sie haben es ja ganz schön eilig«, sagte ich und griff nach seinem anderen Arm. »Kommen Sie endlich zur Sache, danach können Sie fröhlich Ihrer Wege gehen.«

Mervin runzelte die Stirn und betrachtete den schmutzig grün-schwarz gestreiften Teppich. »Na gut, ihm lag etwas auf dem Herzen.«

Maddie bog seinen Arm in eine Stellung, die ihn nach Luft schnappen ließ. »Reden Sie schon!«

»Schon gut! Ich überbringe nun mal ungern schlechte Nachrichten, aber er hat gesagt, da wäre so ein Kerl – na ja, er hat befürchtet, dieser Kerl könnte an seinem Hochzeitstag Ärger machen, Sie wissen schon, seiner kleinen Lady hier die Feier verderben. Er wußte nicht, was er tun sollte. Also hab' ich ihm gesagt, er soll mit seinem Rabbi reden. Oder hat er einen Pfarrer? Was weiß ich.«

Maddie ließ seinen Arm los, griff nach meinem und zerrte heftig daran. Ich hatte die Wahl: entweder einen ausgekugelten Arm riskieren oder mitkommen.

Der Wind hatte aufgefrischt; Schnee lag in der Luft. Ich war froh, daß ich die Daunenjacke trug und wünschte, Maddie hätte mehr Schutz vor der Witterung als dieses Minikostüm. Andererseits brannte sie vor Verlangen, ihrem Gefährten zu Hilfe zu eilen. Ihre Wangen glühten entschlossen.

»Maddie, mach mal langsam.« Ich sprintete hinter ihr her. Mir brach der Schweiß aus. Ich versuchte noch einmal, sie abzulenken, damit ich aufholen konnte. »He! Du wolltest mir doch den Kosenamen verraten!«

»Schieb ihn dir in den Hintern, Hansen!« polterte sie und überquerte die Colfax Avenue kurz vor einem Lastwagen. Als sie über die Parkplatzabsperrung sprang, verlor ich sie aus den Augen.

Ich holte sie wieder ein, als sie gerade den Motor ihres alten El Camino anwarf. Ich hechtete hinein und kämpfte mit dem Sicherheitsgurt, bevor die Wucht der Beschleunigung mich aus der noch offenen Tür schleudern konnte. Mit quietschenden Reifen schoß sie auf den Broadway, wich knapp einem Schnellbus aus und flitzte zwischen zwei BMWs hindurch. Ich schloß die Augen und fing an zu beten.

Ich wagte sie erst wieder zu öffnen, als Maddie den Motor abwürgte. Wir standen schräg auf zwei Parkplätzen vor einer Kirche in Englewood, einem Vorort von Denver. Ich war dankbar für das bißchen Luft, das meine Lungen während der Fahrt aufgenommen hatten, denn es war schon wieder ein Sprint angesagt.

Maddie raste um die Kirche herum und verschwand durch eine Hecke. Ich folgte ihr und fand sie auf der obersten Treppenstufe zum Pfarrhaus. Unschlüssig verharrte sie vor der Tür, die bei dieser Kälte weit offen stand. Die Fenster waren dunkel, obwohl es bereits Abend war.

Ich sprang die Treppe hinauf, ergriff Maddies Schultern und hielt sie fest. »Du willst doch nicht etwa reingehen?« flüsterte ich in ihre schwarze Lockenmähne. »Wenn kein Licht brennt, steht die Tür schon seit Sonnenuntergang auf. Laß uns die Jungs in Uniform rufen und draußen warten.«

Drinnen stöhnte jemand, und Maddie schoß durch die Tür. Ich folgte ihr etwas vorsichtiger und tastete neben der Tür nach dem Lichtschalter.

Mitten im Zimmer saß der Pfarrer. Er war geknebelt und an einen Stuhl gefesselt.

Maddie riß ihm den Knebel aus dem Mund. »Tod und Teufel, Padre!« keuchte sie. »Was ist passiert? Wo ist Flint?«

Der Geistliche sprudelte die Worte nur so heraus. »Herr im Himmel, bin ich froh, Sie zu sehen, Maddie! Sie sind reingeplatzt, haben rumgebrüllt und nahmen ihn mit. Große, starke Männer, die uns herumschubsten! Es war furchtbar!«

»Wohin sind sie gefahren?« quietschte Maddie, packte den Pfarrer an der Schulter und schüttelte ihn. Der Stuhl fiel nach vorne, und der hilflose Mann sank an ihre Brust. »'Tschuldigung«, sagte sie und richtete ihn wieder auf. Ungezwungen faßte sie in ihren Ausschnitt und rückte ihre Wäsche zurecht. »Und jetzt sagen Sie mir, wo sie meinen Mann hingebracht haben!«

»Oh, Maddie«, stöhnte er. »Ich befürchte das Schlimmste. Sie haben gesagt, sie bringen ihn in die Leichenhalle!«

Maddie fuhr entsetzt zurück und wandte sich hilfesuchend an mich.

»Welche?« fragte ich.

Er schüttelte verzweifelt den Kopf. »Welche? Das haben sie nicht gesagt.«

»Haben sie sonst noch was gesagt?« drängte ich.

Er dachte angestrengt nach. »Sie haben gesagt, sie würden ihn in die Berge bringen und umlegen. Und sie haben gelacht. Es war schrecklich. Oh, Maddie, es tut mir so leid. Ich hätte Ihnen das nicht so sagen sollen.«

Maddie hatte ihre Aufmerksamkeit wieder mir zugewandt. »In die Berge. Schnell, Em, wo könnte das sein? Du bist die Detektivin!«

»Halt, warten Sie!« sagte der Pfarrer. »Es war nicht ›in die Berge‹, es war ›auf den Gipfel‹!«

Auf den Gipfel. Da fiel mir in Denver nur eine Leichenhalle ein. »Dieses riesengroße Mausoleum in Wheatridge. Du kennst es, man biegt von der Zweiunddreißigsten Straße ab und fährt den Berg hoch bis auf den Gipfel.«

»Los geht's!« Maddie packte mich seitlich am Kragen.

Ich stolperte hinter ihr her. »Und was ist mit dem Padre hier?«

»Der wird seinen Herrn um Hilfe anflehen müssen.« Maddie zerrte mich über die Schwelle hinaus in den frisch gefallenen Schnee. »Gott steh' mir bei, Em, ich habe jetzt keine Zeit für Gefühlsduseleien.«

Auf dem Weg nach Wheatridge schwankte ich zwischen Stoßgebeten und Ablenkungsversuchen – diesmal von der quälenden Frage, ob ich diese

Fahrt überleben würde oder nicht. »Hundeschnäuzchen«, schlug ich vor. »Käferchen. Oder nennst du ihn Kuschelhäschen?«

Maddie brauste eine Abfahrt hinunter und nagelte dabei beinahe einen Motorradfahrer an ein Straßenschild. »Em Hansen, du mußt wirklich krank sein«, meinte sie. »In einer solchen Situation Witze zu machen. Du solltest dich schämen.«

Ich mußte von all den Adrenalinschüben schon albern geworden sein, denn ich fing an zu kichern. Als ich mich wieder beruhigt hatte, sah ich, daß noch etwas an der ganzen Sache komisch war. Wenn man allerdings bedachte, was ich in der letzten Stunde alles mitgemacht hatte, war es überhaupt nicht komisch.

»Fahr langsamer, Maddie. Da ist was faul.«

»Hä?«

»Das ist mein Ernst. Das ist eine Falle.«

»Mein Mann wurde in eine Falle gelockt?«

»Nein – wir. Überleg' doch mal. Das ist alles zu glatt gegangen. Wir rasen hier kreuz und quer durch Denver, aber die Spur war viel zu deutlich. Das Ganze hat System. Wir gehen zur Bank, und der Kassierer sagt uns, wo Flint hingegangen ist. Wir gehen zum Schneider, und der schickt uns zum Pfarrer. Wir finden den Pfarrer gefesselt und geknebelt; er sagt, zwei Männer hätten Flint verschleppt. Aber was für Idioten würden einen Polizisten entführen und den Zeugen am Leben lassen? Und jetzt fahren wir auch noch zur Leichenhalle.«

Maddie wurde langsamer, und als sie den Mund öffnete, brach ihr Akzent durch: ein schlechtes Zeichen. »Em Hansen, vielleicht biste auf 'ner heißen Spur, aber ich krieg's noch nicht ganz geregelt. Kannste das nich' mal so erklär'n, daß auch so'n kleiner texanischer Kuhfladen wie ich was mitkriegt?«

»Mach' ich. Kassierer, Schneider, Pfarrer, Beerdigungsunternehmer. Kennst du den Elvis-Song denn nicht? ›One for the money, two for the show, three to get ready, and four to go‹!«

Mein Kopf knallte fast aufs Armaturenbrett, als Maddie voll auf die Bremse trat. »Dieses miese Stück Dreck. Was fällt dem ein, mich so zu erschrecken, und das am Abend vor meiner ...«

»Fahr weiter«, sagte ich. »Oh, das war nicht allein dein Flint. Dieses als Polizist verkleidete Schwein Ortega hat mich richtig reingelegt. ›Bleib bei Maddie‹, hat er gesagt. ›Ich suche Flint‹, hat er gesagt. Dieser Ich-weiß-nicht-was hat in seinem Büro gesessen und nur auf unseren Anruf gewartet. Wenn Flint wirklich verschwunden gewesen wäre, hätte Ortega bestimmt nicht herumgesessen und Däumchen gedreht. Er brauchte nur

zu sagen, ich solle mich raushalten, und schon habe ich die Spur aufgenommen. Und das hat er gewußt! Der Mann hat Nerven!«

Maddie kochte. »Emmy, meine gute alte Oma sagte in solchen Fällen immer: ›Wenn die Jungs dir den Rock hochheben, ist es Zeit, ihnen die Hosen runterzuziehen.‹«

Ich nickte. »Laß uns weiterfahren, Maddie.«

An der Leichenhalle verschafften wir uns erst einmal einen Überblick. Es wimmelte von Streifenwagen, und Flints and Ortegas Zivilfahrzeuge standen mittendrin.

Wir parkten hinter dem Gebäude und schlichen uns zum Hintereingang. So kamen wir direkt in eine kleine Küche und erblickten etwas, das Maddies Blut zum Überkochen brachte: eine Tänzerin, die nur Flitter trug und im unfreundlichen Neonlicht wie einbalsamiert aussah. Sie beugte sich über die Arbeitsfläche und spähte in einen kleinen Spiegel, während sie mit einer Hand dick Wimperntusche auftrug. In der anderen Hand hielt sie eine Dose Limo, an der sie ab und zu nippte. Diese Stellung erlaubte uns, ihr wohlgerundetes Hinterteil zu betrachten. Sie entdeckte uns im Spiegel, richtete sich auf und rülpste. Das einzig andere Nennenswerte in dem Raum war eine riesengroße Torte von der Art, aus der bei Junggesellenparties eine Tänzerin springt. Hinter der Torte war eine Doppelschwingtür zu sehen, und dahinter wurde laut gelacht und gesungen.

Maddie ist nicht gerade auf den Kopf gefallen, und sicher hatte sie die Situation genauso schnell eingeschätzt wie ich: In nicht allzuferner Zukunft würde dieses glitzernde weibliche Wesen in den Kuchen steigen und als Nachtisch serviert werden. Ha, ha, sehr komisch, richtig nett von den Jungs, uns zu Flints Junggesellenparty einzuladen.

Nun denken Sie vielleicht so wie ich, daß Maddie jetzt in der Stimmung war, um dem bemalten Flittchen die Kehle aufzuschlitzen. Da kennen Sie die Frauen aus dem Süden aber schlecht. Eine Frau aus dem Süden weiß in einer solchen Situation ganz genau, wer ihr Feind ist. Maddie wußte, daß sie nicht mit einer Stripperin konkurrierte, sondern mit bestimmten Vorrechten, auf die die gesamte männliche Hälfte der menschlichen Rasse Anspruch zu haben glaubt.

Statt ihren Zorn an der Frau auszulassen, konzentrierte Maddie sich auf den Kuchen. Ganz lässig schlenderte sie näher und probierte von einer gelben Rose aus Buttercreme.

»Ganz nett«, meinte sie. »Ich habe schon mal gesehen, daß welche aus Kreppapier verwendet wurden, aber das hier ist genau so, wie es sein sollte. Wie kommt man da rein?«

Die Tänzerin zog an einer Schnur, die den verborgenen Deckel anhob.

»Diese Schicht ist echt«, sagte sie und deutete auf den äußeren Ring der Torte.

Maddie probierte auch davon. »Gewürzkuchen. Wie passend.« Sie tat, als dächte sie kurz nach. »Süße, ich werd' dir jetzt ein Angebot machen, das du besser nich' ablehnst. Ich geb' dir das, was du heute abend an Trinkgeld gekriegt hätt'st, und dann kannste dir einen schönen Abend vorm Fernseher machen, während ich jemand anders für die Füllung finde.«

Die Tänzerin kaute nervös auf ihrem Kaugummi. »Ich hätt' nix gegen einen freien Abend. Keine Sorge, die haben mich schon bezahlt. Ich hab' drauf bestanden. Schließlich sind das Polizisten. Die verdienen nicht genug, um ein vernünftiges Trinkgeld zu geben.« Nachdem sie ihre Einstellung zur Kunst dargelegt hatte, stopfte sie Spiegel und Make-up in ihre Tasche, warf sich einen langen Mantel über und verschwand.

»Was willst du anziehen?« fragte ich. »Denn mich kriegst du nicht in diese Torte.«

»Vertrau mir.« Sie schälte sich aus ihrem Kostüm. Darunter trug sie einen neongrünen Satinbüstenhalter und ein Höschen, das an allen Seiten mehr Beinausschnitt hatte als sonst was, dazu einen passenden Strumpfgürtel. »Muß bloß aufpassen, daß ich keine Buttercreme auf die Wildlederschuhe kriege«, sagte sie. »Ich muß damit noch jemandem in den Hintern treten.«

Ich half ihr in die Torte und wartete, bis ein Kellner aus dem Saal kam, um sie zu servieren. Während er sich mit einer Bremse an den Rollen abmühte, schlüpfte ich durch die Schwingtüren und mischte mich unter die Feiernden auf der Suche nach Carlos Ortega. Als er mich sah, nickte er mir zu und lächelte. »Schön, daß du kommen konntest«, sagte er honigsüß.

»Um nichts in der Welt hätte ich das versäumen wollen.« Ich schwor mir, es ihm eines schönen Tages heimzuzahlen.

Kurz darauf gingen die Deckenlampen aus, und ein Scheinwerfer nicht weit von der Küchentür wurde eingeschaltet.

»Wo habt ihr denn die Beleuchtung her?« fragte ich.

»Da steht sonst immer der Sarg für die Totenwache. Zartes Rosa. Verleiht den Verstorbenen diesen lebendigen Ausdruck.«

»Natürlich.«

Da bemerkte ich, wer sich auf seiner linken Seite an den Tisch quetschte. Ich erkannte sie sofort wieder; schließlich hatte ich sie erst vor wenigen Minuten gesehen. Ihre Wimpern trugen noch schwer an dem Mascara, aber immerhin kam sie zur Vordertür herein und behielt ihren Mantel an. Carlos begrüßte sie mit einem Lächeln. »Ah, Sergeant; Sie sehen heute abend zauberhaft aus. Em, das ist Gwen Farnsworth, Spezialistin für ver-

deckte Ermittlungen. Gwen, das ist Em Hansen. Oder haben sich die Damen schon bekanntgemacht?«

»Angenehm«, sagte ich mit zusammengebissenen Zähnen. Der Mann vor uns drehte sich zu uns um. »Ah, Padre, jemand hat Sie von Ihren Fesseln befreit.«

Er grinste entschuldigend.

»Die Wege des Herrn sind unerforschlich«, fügte ich hinzu. Ich entdeckte Anthony aus der Bank, Mervin aus dem Bekleidungsgeschäft und natürlich den Ehrengast, Lieutenant Flint.

Ich wollte gerade so etwas wie »Der Mann steckt in Schwierigkeiten« sagen, als jemand die Musikanlage anwarf. Die wilden Takte von »The Stripper« füllten den Saal. Alle Augen richteten sich auf die Küche. Die Doppeltüren schwangen auf, und der Kellner rollte die Torte ins Scheinwerferlicht. Die Menge tobte. Flint wich zurück, sein häßliches Gesicht in gefühlvolle Falten gelegt. »Halt!« brüllte er. Die Musik verstummte. »Ich kann das nicht ertragen! Ihr seid wirklich großartig, diese Party für mich zu geben und so, aber eins muß ich euch sagen: Dieses Mädchen da in der Torte ist Geldverschwendung. Maddie ist die einzige Frau für mich!«

Der Deckel der Torte flog hoch. Maddie schoß heraus. Flint warf sich in ihre ausgestreckten Arme und kniete dabei in Gewürzkuchen und Buttercreme.

So hoch der Preis auch war, den mein Stolz an Sergeant Ortega gezahlt hatte, so froh war ich, an diesem Abend die voreheliche Version des Jawortes miterleben zu dürfen. Maddie sprach nur wenige Worte, in einem so zärtlichen Ton, wie er nur einer Texanerin gelingt: »Schmuseschnäuzchen«, säuselte sie. »Ich bin auf ewig dein. Mein liebstes, süßes Schmuseschnäuzchen!«

Maddie's Wedding Cake
Beschwipste Gewürztorte

Zutaten für 1 Torte von 22 cm Durchmesser:

Für den Teig

100 g	Rosinen
500 ml	Wasser
120 g	Butter
160 g	Zucker
2	Eier
160 g	gesiebtes Mehl
je ½ TL	Piment, Zimt, Nelken, Muskat
½ TL	Salz
2 TL	Backpulver
160 g	gehackte Walnüsse
5 Tropfen	Vanillearoma

Für die Füllung / Glasur

120 g	Butter
160 g	Puderzucker
1	Ei
2 cl	Rum, Brandy oder Whisky

Rosinen 20 Minuten in 500 ml Wasser kochen, abgießen und Saft verwahren; es sollte etwa 240 ml ergeben, falls nicht, mit Wasser auffüllen. Abkühlen lassen. Rosinen leicht in Mehl wenden und beiseite stellen.

In einer großen Schüssel Butter, Zucker und Eier verrühren.

Mehl, Gewürze, Salz und Backpulver in einer anderen Schüssel mischen und dann nach und nach abwechselnd mit dem Rosinensaft in die Buttermischung rühren. Walnüsse, Rosinen und Vanille unterrühren. Teig auf zwei Backformen (20–22 cm Durchmesser) verteilen und bei 175° C etwa 20–25 Minuten backen, bis die Oberfläche elastisch ist. Abkühlen lassen.

Für die Füllung Butter, Puderzucker und Ei cremig rühren, danach Alkohol einrühren. Einen Tortenboden mit Buttercreme bestreichen, den anderen aufsetzen. Torte mit Buttercreme überziehen, nach Belieben dekorieren.

Mörderische
Menüs

An die Töpfe, fertig, tot
Andrea C. Busch

»Scheißstau«, fluchte ich, zerrte mir den Mantel vom Leib und eilte ins Wohnzimmer, um den Fernseher einzuschalten.

Trotz gründlicher Planung hatte ich vergessen, den Videorekorder zu programmieren. Aber kein Grund zur Panik – ich kam gerade noch rechtzeitig zu »Bunsenbäcks Leckereien« und konnte sogar noch eine Kassette einwerfen und den Aufnahmeknopf drücken.

Die beliebte Kochsendung wurde montags bis freitags im Spätnachmittagsprogramm von Kabel 24 gesendet, wo sie ihren Platz tapfer gegen Talkshows mit so interessanten Themen wie »Du hast mich schwul gemacht« behauptete.

Freitags wurde immer live gesendet, und der Gastgeber, Journalist und Fernsehmoderator Arnfried Bunsenbäck kochte dann mit einem Überraschungsgast, dessen Namen und ausgewählte Gerichte man ihm angeblich vorher nicht mitgeteilt hatte. Mir war zwar nicht klar, wie seine Crew ihm die Vorbereitungen für eine gefüllte Pute oder einen Schmorbraten verheimlichen konnte – Gerichte, die sich alle nicht in einer Stunde zubereiten ließen –, aber so ist eben das Fernsehen.

»Und heute, meine lieben Gourmets und Gourmands«, näselte der Moderator mit seinem typischen nervösen Augenzwinkern, »haben wir einen ganz besonderen Leckerbissen für Sie: Haben Sie sich nicht auch

immer wieder gefragt, wer sich hinter dem Namen verbirgt, der wie kein anderer für bodenständige Rezepte steht? Wir ...«

»Bodenständige Rezepte?« schrie ich auf.

Bunsenbäck plapperte im Hintergrund weiter und lächelte süffisant.

Wenn dieser aufgeblasene Windbeutel »bodenständig« sagte, klang es wie »provinziell und hausbacken«. Und genauso meinte es dieser hinterhältige Pseudogourmet auch.

»... und tatsächlich ist es uns gelungen, ihn zu uns in die Sendung zu locken: Heute zeigt er sich zum ersten Mal in der Öffentlichkeit und gibt seine lange gehütete Identität preis. Meine Damen und Herren, begrüßen Sie mit mir – Gero Weitershausen!«

Das Publikum johlte und trampelte. Ich machte mir deswegen keine Illusionen; sicher stand irgendwo so ein Hilfsdepp herum, der ein Schild mit »Johlen und Trampeln« hochhielt. Der Nachwuchskochbuchautor, ein großer, schlaksiger Bartträger in schwarzen Lederhosen, kam scheu ins Blickfeld der Kamera.

Scheu war er von Natur aus, deshalb hatte ich ihn ja ausgesucht. Einer, der kaum Freunde hatte und nicht viel redete. Genau der Typ, der zum Image des publicityscheuen Kochbuchautors und Kolumnisten paßte, ideal für meine Zwecke.

Wenn Bunsenbäck gewußt hätte, daß der Lederhosenträger in seinem Studio gar nicht der war, der er zu sein vorgab, wenn er geahnt hätte, wer sich hinter dem Pseudonym wirklich verbarg, wäre ihm das Kichern wohl vergangen. Vielleicht hätte er aber auch über mich gelacht. Wie er es schon mein ganzes Leben lang tat.

Mist, jetzt hatte ich doch glatt ein paar Sätze verpaßt.

»Zur Feier des Tages habe ich uns etwas ganz Besonderes mitgebracht«, sagte die Lederhose gerade. »Indische Gewürztörtchen. Das Rezept ist schon uralt, Opfergaben und so.«

Bunsenbäck machte große Augen. Ich hatte doch gewußt, daß ich ihn damit kriegen würde. Meine Hände wurden feucht.

»Indische Gewürztörtchen?« vergewisserte er sich und warf einen suchenden Blick in die Runde. Vermutlich vermißte er das Schild, auf dem »Gewürztörtchen« stand.

»Genau. Ich weiß ja, daß du ein Faible für Exotisches hast«, sagte die Lederhose.

Wie lange hatte ich mit ihm geübt, bis er das Wort »Faible« richtig aussprach. Die Mühe hatte sich gelohnt.

»Da habe ich mir gedacht«, fuhr er zögernd fort, »ich bringe uns welche mit. Zum Nachtisch.«

Das mit dem Nachtisch hatte ich ihm hundertmal eingeschärft; schließlich wollte ich nicht, daß die Sendung vorzeitig abgebrochen und das Programm geändert werden mußte.

»Und was ist da drin?« Bunsenbäck sah so gierig aus, als würde er gleich zu sabbern anfangen.

Die Lederhose räusperte sich. »Eine wunderbare Gewürzmischung, die dem letzten Maharadscha von Schießmichtot gewidmet ist; ich kann mir den Namen nicht merken.«

Stimmt. Er hatte mich mit dieser Unfähigkeit fast in den Wahnsinn getrieben, bis ich auf die glorreiche Idee kam, er könne damit auch kokettieren.

»Du hast uns doch sicher auch das Rezept mitgebracht?« gierte Bunsenbäck. Wahrscheinlich stellte er sich schon vor, wie er das ganze, leicht abgewandelt, als eigene Kreation auf den Markt warf und damit ein Vermögen verdiente. Das hatte er schon oft mit der Arbeit anderer Leute getan. Mit meiner zum Beispiel.

Die Lederhose schüttelte bedauernd den Kopf. »Mein lieber Freund«, sagte er gönnerhaft. Jetzt trug er aber wirklich zu dick auf! »Ich mußte bei meinem Leben schwören, daß ich das Rezept nicht weitergeben würde. Das Geheimnis werde ich mit ins Grab nehmen.«

Das Grab war ihm näher, als er ahnte. Ich konnte nur hoffen, daß er auch mein Geheimnis mit hineinnehmen würde.

»Aber wenigstens einen kleinen Hinweis?« bohrte Bunsenbäck und nahm einen kräftigen Schluck aus seinem Wasserglas. Ich nahm an, er hatte wieder Wodka darin; so was sprach sich in der Branche rum.

»Na gut.« Die Lederhose ließ sich breitschlagen. »Piment, Koriander, ein wenig Kreuzkümmel, eine Prise Muskat, Safran ...« Seine Stimme verlor sich in träumerischem Flüstern. Ob in seinem Glas etwa auch Wodka war anstatt Wasser?

»Ich liebe Safran«, flötete Bunsenbäck in die Kamera. »Ich kann gar nicht genug davon kriegen.«

O doch, mein Lieber, das kannst du, dachte ich vergnügt. Wart's nur ab.

»Wußtest du, daß Safran in größeren Mengen ein Abtreibungsmittel ist?« fragte die Lederhose.

»Wirklich?« Bunsenbäck riß die Augen auf und trank sein halbvolles Wasserglas in einem Zug aus. »Na, wie gut, daß ich nicht schwanger bin!« Er kicherte.

Oh Gott, jetzt fing der angebliche Gero auch noch an zu improvisieren! Ich wischte mir den Schweiß von der Stirn.

Das mit dem Abtreibungsmittel stand nicht in meinem Drehbuch; viel-

leicht hätte ich das dem Burschen nicht erzählen sollen. Nicht daß er noch jemanden auf dumme Gedanken brachte. Die Prozedur war nicht nur teuer, sondern auch lebensgefährlich, mit entsetzlichen Schmerzen verbunden und hinterließ Spuren fürs Leben. Selbst eine erzkatholische Beratungsstelle wäre da ein kleineres Übel.

Während Bunsenbäck mit seinen Kenntnissen über Gewürze und mit seinem Currygulasch prahlte, beugte sich die Lederhose über ein Backblech und rollte Teig aus.

Nach einem schier endlosen Monolog über den Metzger seines Vertrauens, seine Lieblingsgemüsefrau und seinen ganz persönlichen Inder, der ihm seine ganz persönliche Currymischung zusammenstellte – »feuriger Bunsenbäck, sozusagen« – widmete der Meister seine Aufmerksamkeit unvermutet dem Backblech. Die Lederhose war in der Zwischenzeit mit dem Belegen fertig und hatte sogar schon den Wurstsalat angemacht.

»Ist das eine deiner ländlichen Kostbarkeiten?« säuselte Bunsenbäck gehässig, als er sich über den Speckkuchen beugte. Eigentlich lallte er inzwischen mehr, als daß er säuselte, und sein Kochpartner brummte etwas, das sich wie »Wos host g'sogt?« anhörte.

Ich hielt den Atem an. Die Lederhose würde doch nicht etwa aus der Rolle fallen und kurz vor Schluß noch alles verderben? Zu meiner Erleichterung beugte er sich über ein Brett und hackte schweigend Knoblauch für den Petersiliensalat.

Meine Güte, jetzt kam auch noch eine Werbeunterbrechung! Meine Nerven wurden wirklich aufs äußerste strapaziert. Hoffentlich machte mein Double in der Zwischenzeit keinen Unfug.

Ich blieb vor dem Fernseher sitzen und sah mir eine Reihe schwachsinniger Werbespots an, in denen unentbehrliche Küchenhelfer angepriesen wurden.

Na endlich, es ging weiter! Gerade zog die Lederhose ein Blech mit brutzelndem Speckkuchen aus dem Ofen, und Bunsenbäck verteilte sein Currygulasch, für das er während der ganzen Sendung keinen Finger krumm gemacht hatte, auf Teller.

Es wurde gegenseitig probiert, das Publikum sagte abwechselnd »Aahh« und »Oooohhhhhh« und »Mmmhmmmmmm«, was vermutlich davon abhing, welche Tafeln die Hilfsdeppen hochhielten. Alle sahen zufrieden aus. Ich kaute an meinen Nägeln.

Dann bissen beide in ihre Törtchen.

Bunsenbäck hatte sich seine Geschmacksnerven sowieso mit Alkohol ruiniert und würde erst mal nichts bemerken, und die Lederhose dachte, daß es um einen harmlosen Scherz ging, und machte gute Miene zum

schlechten Geschmack. So lange, bis es zu spät war, hoffte ich.

Als die Sendung ausgeblendet wurde, kauten beide immer noch mit vollen Backen und lächelten mit feuerroten Gesichtern verkrampft in die Kamera.

Ich dachte kurz darüber nach, ob ich wenigstens für die Beerdigung der Lederhose aufkommen sollte. Aber ich wollte keine Spuren hinterlassen. Das Risiko war zu groß.

Apropos Spuren: Der einzige, der meine wahre Identität kannte, war mein Agent. Und dem hatte ich vorhin ein Gewürztörtchen vorbeigebracht.

Menü I – An die Töpfe, fertig, tot

Dieses Menü ist so bodenständig, daß Arnfried Bunsenbäck der Schlag treffen würde, wenn er noch unter uns weilte. Der Speckkuchen stammt aus der Zeit, in der das Brot auf dem Dorf noch gemeinsam in Backhäusern gebacken wurde. Das frische Brot durfte nicht angeschnitten werden; deshalb gönnte man sich als Belohnung für die harte Arbeit den Speckkuchen.
Das Rezept für die Gewürztörtchen ist übrigens unwiederbringlich verloren.

Wurstsalat

Zutaten für 4–6 Personen:

250 g	Zungenblutwurst, gewürfelt
150 g	Fleischwurst, in halbe Scheiben geschnitten
1	große Stange Lauch, in feine Ringe geschnitten
je 1	rote, grüne und gelbe Paprikaschote, gewürfelt
1 TL	Senf
4 EL	Rotweinessig
½ TL	Paprika, rosenscharf
	Salz
	frisch gemahlener schwarzer Pfeffer
7–8 EL	Pflanzenöl
½ Bund	glatte Petersilie, grob gehackt

Wurst, Lauch und Paprika in eine Schüssel geben. Senf, Essig, Paprikapulver, Salz und Pfeffer gut mischen. Unter ständigem Rühren Öl angießen. Glattrühren. Salatsauce über die Zutaten gießen und gut mischen. Mit Petersilie bestreuen und 15 Minuten ziehen lassen.

Vor dem Servieren Petersilie unterheben. Mit Bauernbrot reichen.

Speckkuchen

Zutaten für 4–6 Personen:

500 g	Brotteig (siehe Sauerteigbrot S. 15)
	etwas Milch
100 g	Quark
200 g	Crème fraîche
2	Eier
2	Zwiebeln, feingehackt
1 Bund	Schnittlauch, feingehackt
	Salz
350 g	Speck, feingewürfelt

Brotteig mit Milch etwas weicher kneten. Auf einem mit Backpapier ausgelegten Blech ausrollen. Quark, Salz, Crème fraîche und Eier miteinander vermischen, Zwiebeln und Schnittlauch dazugeben. Die Mischung auf dem Brotteig verteilen. Speck darüber streuen. Backofen auf 220° C vorheizen. Brotteig etwa 15 Minuten gehen lassen; dann etwa 35 Minuten auf mittlerer Schiene backen.

Wenn es schnell gehen soll, kann als Grundlage auch ein Quarkölteig verwendet werden.

250 g	Quark
7 EL	Öl oder
400 g	Mehl
1 Päckchen	Backpulver
½ TL	Salz
2 TL	getrocknete Kräuter der Provence
	eventuell etwas Milch

Mehl und Backpulver sieben. Restliche Zutaten mischen; Mehl unterkneten. Teig evtl. mit Milch geschmeidiger machen.
Wie oben beschrieben ausrollen und belegen. Auf der untersten Schiene 40 Minuten backen. Falls erforderlich gegen Ende der Backzeit mit Alufolie abdecken, damit der Speck nicht zu dunkel wird.

Petersiliensalat

Zutaten für 4–6 Personen:

1	große Knoblauchzehe, feingehackt
5–6 EL	Olivenöl
1 Bund	glatte Petersilie
2 Bund	krause Petersilie
100 g	mittelalter Ziegengouda
2–3 EL	Rotweinessig
	Salz
	frisch gemahlener schwarzer Pfeffer

Knoblauchzehe in das Öl legen. Petersilie waschen und trockentupfen. Blätter abzupfen; wenn gewünscht, grob hacken. Ziegen-
gouda grob raspeln oder in Späne hobeln. Essig und Öl gut verrühren, mit Salz und Pfeffer abschmecken. Über die Petersilie
gießen und gut mischen.
Käse über den Salat streuen und vorsichtig unterheben. Ist Zie-
gengouda nicht erhältlich, kann er durch Pecorino ersetzt werden.
Der Salat kann als Vorspeise, Zwischengericht oder Beilage
serviert werden.

Zimtpudding

Zutaten für 4–6 Personen:

1 l	Milch
2–3 EL	brauner Rohrzucker
20 g	Butter
1 Prise	Salz
2 TL	Zimt
100 g	Dinkelgrieß

Milch, Zucker, Butter, Salz und Zimt in einen Topf geben und aufkochen. Dinkelgrieß unter ständigem Rühren einlaufen lassen. Bei schwacher Hitze zu einem dickflüssigen Brei einkochen. In eine kalt ausgespülte Form oder in Dessertschalen füllen und erkalten lassen.

Zum Zimtpudding Pflaumenmus oder warmes Pflaumenkompott servieren.

Pflaumenkompott

Zutaten für 4–6 Personen:

500 g	reife Pflaumen, entkernt und halbiert
2 EL	brauner Rohrzucker
½ TL	Lebkuchengewürz
100 ml	Wasser oder Pflaumensaft

Pflaumen in einen gut schließenden Topf geben. Mit Zucker und Gewürz bestreuen und mit Flüssigkeit übergießen.

Bei schwacher Hitze zugedeckt etwa 30 Minuten dünsten, sie sollen nicht völlig zerfallen. Warm zu Zimtpudding oder kalt mit Schlagsahne servieren.

Inmitten des Lebens ...
Almuth Heuner

»Ach, weißt du«, sagte Charlotte und blickte an ihrer klassisch geraden Nase entlang auf Alexandra hinab, »ich kaufe Lebensmittel immer hier in der Kleinmarkthalle ein. Da kann ich wenigstens sicher sein, die beste Qualität zu erhalten.«

Alexandra, die sich im Moment die Preise der Kleinmarkthalle gar nicht leisten konnte, nickte. Sie schwang ihren Rucksack auf die andere Schulter; immerhin würde es so aussehen, als habe auch sie gerade hier eingekauft. Sie liebte die große Halle aus den fünfziger Jahren mit den Marktständen, an denen so gut wie alles frisch zu haben war. Unter Frankfurts Sehenswürdigkeiten galt die Kleinmarkthalle als Geheimtip.

»Im Billigdiscounter«, fuhr Charlotte fort, »hat man ja auch gar nicht diese Auswahl. Sieh mal diesen Salat: eine neue Züchtung, roter Chicorée.«

Alexandra warf höflich einen Blick in Charlottes handgeflochtenen italienischen Korb. Umgeben von drei sehr kleinen Zwiebeln, einem Töpfchen Dijon-Senf, zwei Fläschchen mit Himbeeressig und Walnußöl, einer Schale Erdbeeren und einem kleinen Bund glatter Petersilie, ruhte dort ein winziges rotgelbes Gewächs.

»Oh«, sagte Charlotte, »jetzt hat sie mir doch drei statt zwei Schalotten gegeben.«

»Reicht das denn für drei Personen?« unterbrach Alexandra. Charlotte wedelte erschöpft mit einer Hand. »Ich bin ja ganz allein diese Woche.

Mein Mann ist zum Architektensymposion nach Milano, und unser Sohnemann macht einen Schulausflug.« Sie beugte sich von ihren ein Meter achtzig zu Alexandra herunter, schob ihre langen, gewellten blonden Haare nach hinten und senkte die Stimme. »Ich habe gerade zufällig unsere liebe gemeinsame Freundin Petra getroffen. Die sieht richtig schlecht aus.«

»Vielleicht ist sie krank?« Alexandra stellte ihren Rucksack auf den Boden. Die Konservendosen aus dem Supermarkt waren doch ganz schön schwer.

»Nein, sie pflegt sich nicht richtig! Ich habe ihr schon hundertmal gesagt, daß man Pflegeprodukte ganz auf den eigenen Typ abstimmen muß – so wie meine Kosmetikerin ein Shampoo nur für mich anmischt.« Charlotte seufzte tief. »Petra könnte doch wenigstens eine Kurspülung aus der Apotheke kaufen. Aber sie hört ja nicht auf mich. Dabei kann doch jede Frau das Beste aus ihrem Typ machen.« Charlotte trug Kleid und Mantel in der neuen A-Linie, die ihre schlanke Figur hervorhob, natürlich in den Herbstfarben Rostbraun und Oliv.

Alexandra überlegte, ob sie mit ihren abgewetzten Jeans und der Motorradjacke wohl das Beste aus ihrem Typ machte und ob eine Kurspülung ihren Haaren nicht auch diesen seidigen Glanz verleihen würde.

»Petra wird immer gleich so unwirsch, wenn ich ihr einen Vorschlag mache!« klagte Charlotte.

»Dabei meine ich es doch nur gut mit ihr. Ich habe sie auch auf diese neue Diät aufmerksam gemacht, aber sie kann einfach nichts annehmen, weiß immer alles besser.«

Ach, dachte Alexandra, so ist das. Sie murmelte eine unverbindliche Antwort und lenkte das Gespräch wieder auf ein unverfänglicheres Thema. »Und was machst du nun mit dem Chicorée?«

Charlotte bewegte ihre Hand graziös in der Luft. »Ach, nur eine Kleinigkeit; jetzt bei dem nassen Herbstwetter muß man sich ja besonders gesund ernähren ... Also, den Chicorée wollte ich mit einer Vinaigrette mit Dijon-Senf anrichten, dazu ein Stückchen Baguette und hinterher etwas Ziegenkäse, das reicht mir völlig. Ich habe auch noch ein paar Erdbeeren – es ist zwar keine Saison, aber ich konnte einfach nicht widerstehen ... Hast du nicht Lust, mit mir zu essen?«

Alexandra interessierte sich zwar sehr für gutes Essen, doch das, was Charlotte für das kulinarische Nonplusultra hielt, stellte für Alexandra weder eine ausreichende noch genußvolle Mahlzeit dar. Überhaupt fragte sie sich, warum sie noch hier stand und zuhörte. »Vielen Dank für die Einladung«, sagte sie daher, »aber über mir schwebt ein Abgabetermin. Ein anderes Mal.«

»Ach, Termine … das kenne ich von meinem Mann. Und ich bin ja eigentlich selbst furchtbar in Eile; ich muß seinen Entwurf für das neue Jugendhaus fertigstellen, um ihn morgen rechtzeitig bei der Stadt einzureichen.« Charlotte wechselte das Standbein; so kamen die italienischen Lederstiefeletten besser zur Geltung.

»Dann will ich dich nicht weiter aufhalten«, sagte Alexandra. »Ciao!«

Erleichtert eilte sie den Hauptgang der Markthalle hinunter zum Blumenstand am Ostausgang. Dort stieß sie mit einer Frau zusammen. »Petra! Mensch, dich habe ich ja lange nicht gesehen.« Alexandra stellte ihren Rucksack wieder ab. »Wie geht's dir denn?«

»Ach, gar nicht gut«, jammerte Petra, setzte ihren vollgepackten Einkaufskorb auf den Boden und warf dabei mit ihrem großen Umhängebeutel fast einen Kübel Chrysanthemen um. »Mir ist gerade Charlotte begegnet.« – »Die ist mir auch schon über den Weg gelaufen.«

»Hat sie was über mich gesagt?« fragte Petra mit bebender Stimme.

»Nö, was hast du denn, du bist ja ganz blaß.«

Petra schniefte, wurschtelte ein Taschentuch aus dem Mantel, wobei sich der Gürtel löste, und trompetete hinein. Mit roter Nase tauchte sie wieder auf. »Ich muß es jetzt einfach mal sagen: Ich konnte sie noch nie ausstehen!« Sie hielt den Atem an und sah sich um.

»Sie ist weg, keine Sorge«, sagte Alexandra. »Was hat sie dir denn getan?«

»Ach, nichts«, murmelte Petra. »Eigentlich war sie so wie immer. Du hast ja glücklicherweise nicht dauernd mit ihr im selben Seminar sitzen müssen. Neben ihr komme ich mir vor wie ein Mehlkloß. Und ihre Angeberei!« Petra ruderte mit beiden Armen. »Und ihre zarte Gesundheit und das ganze Getue um ihr blödes Kind! Und dieses Ekelpaket von Mann! Aber ich konnte ja nie was richtig machen, noch nie. Mein Gott, wie ich sie hasse. Tut mir leid.«

»Braucht es nicht«, sagte Alexandra und rettete ein Körbchen mit Brutzwiebeln vor dem Herunterfallen. Hätte nicht das Schild »Herbstzeitlose, Vorsicht« daran gestanden, hätte sie sie für Schalotten gehalten.

»Ich hab' genau dieselben Schwierigkeiten – sie gibt mir das Gefühl, völlig unzivilisiert zu sein … Mir fällt es ja schon schwer, höflich mit ihr zu reden.«

Petra sah sie mit großen Augen an. »Ehrlich? Dabei dachte ich immer, daß du das prima machst!« Alexandra lachte. Petra befreite ihren Mantelgürtel aus einem Bündel getrockneten Schilfs. »Natürlich würde ich gern mal so schick aussehen wie sie oder so gut kochen können …«

»Ach was, kochen – sie macht sich doch nur Kleinigkeiten! Hat sie dir auch diese neue Züchtung gezeigt?«

»Klar, da haben wir uns ja getroffen, am Gemüsestand.« Petra wühlte in einer Tasche und zog einen roten Chicorée hervor. »Ich wollte einen Kopfsalat, aber das kam mir dann zu popelig vor. Und Charlotte hat großes Aufheben um das Ding gemacht ... Und dann mußte ich mitgehen bis hierher, weil sie noch ein paar frische Blumen haben wollte und mir unbedingt haarklein erzählen mußte, was ihr Mann wieder Tolles entworfen hat. Und dann ist sie davongeschwebt und hat mich einfach so hier stehenlassen.«

»Ist ihr Mann denn wirklich so ein guter Architekt? Du kannst es doch beurteilen, Petra.«

»Was Charlottes Mann macht, sieht immer wunderbar aus, nur bauen kann man das hinterher nicht, weil es so teuer und außerdem an den Bedürfnissen vorbeigeplant ist, wie ich finde. Bei dem Jugendhaus jetzt wird es bestimmt auch wieder so sein. Und doch fallen viele darauf rein.«

»Jugendhaus? Hast du auch einen Entwurf eingereicht?« Petra nickte. Alexandras Blick wanderte über die Schnittblumeneimer, Orchideengläser und Blumentöpfe. »Laß mich raten, was für Blumen Charlotte wollte: gelbe Rosen.«

»Genau!« Petra verzog abschätzig den Mund. »Mit Gemüse habe ich es ja nicht so, aber bei Blumen kenne ich mich gut aus. Und ich finde gelbe Rosen einfach scheußlich.« Die beiden Frauen kicherten. »Ein bißchen Lästern tut ganz gut, oder?« Alexandra griff nach ihrem Rucksack. »Jetzt muß ich aber. Halt die Ohren steif und hör beim nächsten Mal gar nicht hin. Charlotte kocht auch nur mit Wasser.«

»Ja, aber mit französischem aus der Flasche!« Lachend schlenderte Alexandra aus der Markthalle.

Ein paar Tage später, im Lokalteil der Zeitung, war ein Bericht über die eingereichten Entwürfe zum Jugendhaus: Für Petras Entwurf stand es offenbar ganz gut. Dann fiel Alexandras Blick auf die Todesanzeigen auf der Seite gegenüber.

»Inmitten des Lebens sind wir vom Tod umfangen ... Unsere liebe Ehefrau und Mutter, Charlotte ... plötzlich und unerklärlich ...« Charlotte war doch erst Mitte dreißig. Gewesen. Für ihren Mann und das Kind tat es Alexandra natürlich leid. Charlottes Hinscheiden kam ja etwas plötzlich. Ob sie krank gewesen war, ohne es zu wissen, und Selbstmord begangen hatte, als sie von ihrem unheilbaren Leiden erfuhr? Nein, das sah Charlotte nicht ähnlich. Da war es schon eher möglich, daß jemand nachgeholfen hatte. Vielleicht hatte sie an ein paar Nerven zuviel gesägt? Petra war bestimmt froh, daß Charlotte sie nicht mehr piesacken konnte.

Alexandra dachte an die Begegnung in der Kleinmarkthalle, an das Körbchen mit Herbstzeitlosenzwiebeln. Sie sahen harmlos aus, wie Schalotten,

und waren doch so giftig. Eine würde schon reichen ... Vor ihrem geistigen Auge entstand das Bild von Charlotte, die vor dem Stand auf Petra einredete. Eine ungeschickte Bewegung von Petra, und schon purzelte ein Körbchen zu Boden. Und beim Aufsammeln kam Petra die Idee – was machte eine Zwiebel mehr oder weniger schon aus ...

Alexandra fragte sich ernsthaft, ob sie noch bis drei zählen konnte.

Menü II – Inmitten des Lebens

Insalata rossa

Zutaten für 4 Personen:

4	rote Chicorée
2	Schalotten, feingewürfelt
2 Stengel	glatte Petersilie, feingehackt
6 EL	Himbeeressig
1 Prise	Salz, weißer Pfeffer
12 EL	Walnußöl
2 TL	milder Dijon-Senf

Aus den Chicorée die Strünke herausschneiden. Blätter waschen, trockentupfen, in mundgerechte Stücke zerteilen.
Essig, Salz, Pfeffer, Öl und Senf im Schüttelbecher vermischen. Zwiebel und Petersilie zufügen. Dressing über die Chicorée-Blätter gießen. Als Beilage Baguette mit Roquefort-Würfeln.

Spaghetti aglio e olio

Zutaten für 4 Personen:

500 g	Spaghetti
8	Knoblauchzehen, zerdrückt
2	rote Peperoni, entkernt und feingehackt
2	grüne Peperoni, entkernt und feingehackt
1 Bund	glatte Petersilie, gehackt
300 ml	kaltgepreßtes Olivenöl
	Salz, schwarzer Pfeffer
	frischer Parmesan, gehobelt

Öl in einem Topf schwach erhitzen. Spaghetti in reichlich Salzwasser al dente kochen. Inzwischen Knoblauchzehen in das warme Öl geben. Peperoni zufügen. Spaghetti abgießen und in

eine große vorgewärmte Schüssel geben. Öl mit Knoblauch und Peperoni darübergießen. Alles gut vermischen. Pfeffern; mit Petersilie und Parmesan bestreuen. Sofort servieren.

Ossobuco

Zutaten für 4 Personen:

4	Kalbshaxenscheiben mit Knochen
1	Möhre
1	Stange Staudensellerie
1	kleine Stange Porree
1	Knoblauchzehe
1	Zwiebel
3	Fleischtomaten
100 ml	Olivenöl
30 g	Butter
100 ml	Weißwein
1 l	Fleischbrühe
1 Bund	Petersilie
½ TL	abgeriebene Zitronenschale

Haxenscheiben unter kaltem Wasser abspülen, trockentupfen. Möhre, Sellerie, Porree putzen, waschen, in Streifen schneiden. Knoblauch und Zwiebel abziehen, würfeln. Fleischtomaten abziehen, entkernen, würfeln. Haxenscheiben in Olivenöl anbraten. Butter im Bräter zerlassen, das Gemüse, mit Ausnahme des Knoblauchs, darin andünsten, mit Weißwein ablöschen. Haxenscheiben abtropfen und mit Fleischbrühe und Tomaten dazugeben. Bräter in den auf auf 180° C vorgewärmten Backofen schieben, etwa 1 ½ Stunden schmoren lassen. Kurz vor Ende der Garzeit feingehackte Petersilie, Knoblauch und Zitronenschale dazugeben und mit Salz und Pfeffer abschmecken. Mit Reis servieren.

Erdbeeren mit grünem Pfeffer

Zutaten für 4 Personen:

500 g	Erdbeeren mit grob zerstoßenem grünem Pfeffer bestreuen und mit flüssiger Sahne servieren.

Tödliches Picknick
Katrin Skafte

SARA: Sobald ich ihn sah, wußte ich es. »Das ist er«, sagte mein Herz. Gut-
aussehend trifft es nicht so ganz; viele Männer sehen gut aus. Er jedoch
strahlt. Wenn zwanzig Menschen im Raum sind, nimmt man nur ihn wahr.
Er hatte mich auch gesehen. Ich muß zugeben, daß ich nachgeholfen
habe. Ich weiß, wie man es unauffällig anstellt, einen Mann auf sich aufmerksam zu machen. Mehr als hundert Menschen nahmen an dem internationalen Sommerkurs für Wirtschaft teil. Ich arbeitete in der Cafeteria
und teilte in den Pausen Kaffee und Sandwiches aus. Ich richtete es so ein,
daß ich immer in seiner Nähe war, sprach ihn aber nicht an, noch nicht.
Wenn sein Blick auf mich fiel, lächelte ich und drehte mich dann um.
Schließlich stand er direkt vor mir auf der anderen Seite der Theke. Zuerst
tat ich natürlich so, als bemerkte ich ihn nicht. Dann sah ich ihm lächelnd
in die Augen. Er erzählte mir gleich, daß er sich gerade verlobt hatte. Er
wollte nur diesen Intensivkurs absolvieren, sechs Wochen internationale
Ausbildung, dann zurück, besserer Job, Heirat. Ich tat oft so, als bemerkte
ich ihn nicht, und bediente ihn zuletzt. Als er mich fragte, ob ich ihn nicht
leiden könnte, wußte ich, daß ich ihn an der Angel hatte.

ARTHUR: Sobald er in den Raum kam, fiel er mir auf. Er ist wirklich etwas
Besonderes. Es hat mich irgendwie erschreckt. Etwas an ihm sagte mir, ich

sollte mich fernhalten. Er erzählte mir von seiner Verlobten. Was ich mir immer einbildete! Wir waren in derselben Gruppe für internationales Management, etwa zwanzig Leute, und wir beide fielen aus dem Rahmen. Ich kann nichts dafür, daß ich so schlau bin, oder? Deshalb konnte ich diesen Kurs machen. Wir haben eine ältere Lehrerin. Sie ist auch auf ihn aufmerksam geworden. Warum nicht? Ich ja auch.

ANNA: Er fiel mir sofort auf, als er in den Unterrichtsraum kam. Diese jungen Menschen aus der ganzen Welt sprechen alle Englisch, aber überraschend wenige können es fehlerfrei schreiben. Also heißt es Sprechen, Sprechen, damit sie alle auf denselben Stand kommen, und Grammatik, Grammatik, damit sie wissen, was sie sagen. Und Schreiben, Schreiben, wegen der Rechtschreibung und Satzstellung. Einer der Männer hatte ihn auch bemerkt. Das überrascht mich nicht. Sie haben beide ein sehr hohes Niveau, Traumschüler. Eines der Mädchen aus der Cafeteria, nicht sehr hübsch, strahlt förmlich, wenn er hereinkommt. In seinem Lebenslauf hieß es, er sei verlobt, deshalb hoffe ich, daß er keine gebrochenen Herzen zurückläßt.

SARA: »Ich arbeite hier nur«, sagte ich. »Sie wollen sicher nicht mit mir ausgehen.« Das hatte er zwar nicht vorgeschlagen, aber ich wollte, daß er darüber nachdachte. »Wenn Sie möchten, können wir ein bißchen spazierengehen«, sagte er. Also gingen wir am See entlang, und dann spendierte er mir etwas zu trinken, und ich fragte nach seinem Ring. Ich nahm seine Hand und drehte die Handfläche nach oben. Sie bebte in meiner. »Soll ich Ihre Zukunft voraussagen?« fragte ich ihn und berührte ganz sacht seine Lebenslinie. Schnell schloß er die Finger und zog die Hand zurück. Ich lachte. Zum ersten Mal zeigte ich ihm mein Lachen.

ARTHUR: Es wäre leichter, wenn er nicht so atemberaubend aussehen würde. Was ist schon Besonderes daran, sich in jemanden zu verlieben, in den sich alle verlieben? Läßt sich das überhaupt vermeiden? Alle Mädchen rennen hinter ihm her, und ein paar der Jungs auch. Er hat sich gerade verlobt, ist außerdem reich und zu allem Überfluß auch noch nett und bescheiden. Verdammt noch mal, warum hat er nicht wenigstens einen Fehler; dann könnte ich einen Streit anfangen, in dieses perfekte Gesicht schlagen, ihn häßlich oder wütend oder ängstlich erleben.

ANNA: Ich habe ihn am See mit diesem Mädchen aus der Cafeteria gesehen. Das hatte ich schon fast vermutet, so wie sie ihn angehimmelt hat. Ob

ich eifersüchtig bin? Natürlich. Nicht meinetwegen, das wäre unter meiner Würde. Aber sie ist listig, und er hat wohl nicht die nötige Erfahrung, das zu erkennen. Er ist ein netter Junge, immer hilfsbereit. Arthur sieht zwar durchschnittlich aus, aber er ist sehr klug. Er und Tony sind meine besten Schüler. Sie strahlen gemeinsam, und das Mädchen sonnt sich darin.

SARA: Am See nahm er meine Hand. Er tat das ganz schüchtern und sah sich um, ob auch niemand in der Nähe war. Ich küßte ihn auf die Wange, und er wurde verlegen. Jetzt kann er nachts wachliegen und darüber nachdenken. Seine Verlobte ist weit weg. Er wartet jetzt auf mich, wenn ich Feierabend habe. Wir gehen einfach nur spazieren. Er hat erzählt, daß er Heimweh hat und das Kursende kaum abwarten kann. Ich drängte mich an ihn, damit er merkte, daß auch ich eine Frau bin, daß ich nah bin und er noch eine ganze Weile nicht nach Hause fährt. Dieser Arthur taucht überall da auf, wo Tony ist. Man könnte fast meinen, daß er selbst in Tony verliebt wäre! Er hat mir gesagt, ich solle Tony in Ruhe lassen, damit ich keinen Ärger bekomme. Ich wollte wissen, ob er eifersüchtig ist. Das hat er abgestritten, aber er ist es doch. Ich muß jetzt schnell handeln. Bald fährt Tony weg. Aber vorher muß ich ihn haben, dann will er gar nicht mehr wegfahren.

ARTHUR: Ich mußte schließlich doch mit ihr reden. Ich merkte, was sie im Schilde führte, und es ärgert mich, wenn jemand in eine so offensichtliche Falle tappt. Er hätte es besser wissen müssen! Natürlich kann ich ihm das nicht sagen, ich kann nur vorschlagen, daß wir schwimmen gehen oder so.

ANNA: Ich sehe die drei viel zusammen. Ich weiß nicht, wer auf wen eifersüchtig ist. Etwas liegt in der Luft. Ich wünschte, ich könnte mich einmischen, aber eigentlich geht es mich nichts an. Was waren das für Zeiten, als Sex und Liebe noch wichtig für mich waren! Ich bin froh, daß sie vorbei sind. Aber ich bin noch nicht zu alt und erinnere mich, wie es war, und ich mache mir Sorgen um den einen oder die zwei oder sogar drei, die verletzt zurückbleiben.

SARA: »Besuch mich doch, ich koche für dich«, sagte ich. »Du solltest mal was Richtiges essen.« Ich erzählte meiner Mutter davon, und sie lachte: »Dann muß ich mir für den Abend wohl etwas vornehmen.«

ARTHUR: »Du hättest nicht gedacht, daß ich kochen kann, oder?« sagte ich. Ich bin sogar ein sehr guter Koch. Wir haben keine Küche in unserem Wohnheim, aber ich sagte, daß ich einen Salat machen könnte und etwas dazu, was ihm sicher schmecken würde.

ANNA: Wir dürfen mit den Schülern nach dem Unterricht nicht zusammensein. Das tut mir leid. Ich hätte gern die ganze Gruppe zu mir eingeladen, bevor wir uns wieder in alle Winde zerstreuen. Fünf Tage die Woche, sechs Wochen lang, das verbindet. Zumindest kann ich einen Obstsalat machen und mitbringen, das ist nicht verboten.

SARA: Ich fing einen Tag vorher an. Hier kommst du nicht raus, Schätzchen, dachte ich. Neulich im Gebüsch war er recht interessiert gewesen und hatte sogar gesagt, daß er sich hin- und hergerissen fühlt. Ich brauchte gar nichts zu sagen, ich hielt ihn im Arm und atmete in sein Ohr. Nachdem er weg war, fing ich an, das Hähnchen vorzubereiten. In der Sauce ist nur Zitronensaft, Knoblauch und etwas Lorbeer. Meine abgeschnittenen Fingernägel habe ich ganz fein zerkleinert und hineingerührt, außerdem habe ich ein bißchen Schweiß aus meinen Achselhöhlen zugefügt. Ich weiß nicht, ob es wirklich hilft. Nach einiger Überlegung habe ich noch eine andere natürliche Flüssigkeit zugefügt. Er wird es nicht bemerken, und vielleicht nützt es.

ARTHUR: Austern geht nicht, die müssen ganz frisch sein. Aber Garnelen, Krebse, Venus- und Miesmuscheln, außerdem Spargel und hartgekochte Eier und scharfen roten Chili und ein paar andere Köstlichkeiten. Wenn es nichts nützt, so schadet es auch nichts.

ANNA: Ich komme mir schon ein bißchen seltsam vor, daß ich einen Obstsalat mache, aber warum eigentlich nicht? Ich glaube zwar nicht, daß sich jemand deswegen in mich verliebt, aber mein Obstsalat ist gut und schmeckt ihnen bestimmt.

SARA: Ich war so wütend! Er sollte um sieben da sein, und er kam auch, aber nicht allein. Arthur war dabei und trug eine große Schüssel Meeresfrüchtesalat. Sie sind immer zusammen, und manchmal glaube ich, daß er Arthur mehr mag als mich. Sie erklärten, daß Arthur gerade mit dem Salat ankam, als Tony gehen wollte, und Tony daraufhin Arthur einfach mitgebracht habe. Ich hätte beide umbringen können. Ich schnitt Tony Grimassen und er mir; ich konnte nicht anders und mußte lachen. Und

Arthur tat so, als merkte er nichts. »Sieh mal, was wir da noch haben«, sagte Tony und zeigte auf eine kleine Schale mit Obstsalat. Anna hatte ihn mitgebracht, und er hatte etwas davon aufgehoben. »Warum machen wir nicht ein Picknick am See!« schlug er vor. Und da waren wir. Statt daß Tony meine Kreation aß und wir uns näherkamen – mein Gott, das mußte aber ziemlich bald passieren! –, veranstalteten wir dieses Theater unter freiem Himmel. Und als ob das noch nicht reichte, kam diese Lehrerin auf dem Weg zum Bahnhof vorbei. »Guten Abend«, sagte sie schulmeisterlich. Sie ist eine alte Hexe. Sie kann mich bestimmt nicht leiden. Sie ist eifersüchtig. Es würde mich nicht wundern, wenn sie selbst scharf wäre auf Tony, so wie sie ihn ansieht. »Setzen Sie sich doch«, sagte Arthur. »Ich kann wirklich nicht«, sagte sie und sah mich an. »Sind wir Ihnen nicht gut genug?« rutschte es mir heraus. Ich hätte mir die Zunge abbeißen können. Daraufhin setzte sie sich natürlich eine Weile zu uns. Sie mußte den nächsten Zug nehmen; hoffentlich, dachte ich. Wir aßen Arthurs Meeresfrüchtesalat, mein Hähnchen mit Spezialsauce und Annas Obstsalat. Tony hatte ein paar Flaschen Wein mitgebracht.

ARTHUR: Es war keine gute Idee von Anna, mit uns zu essen. Schließlich ist sie eine Lehrerin, Sara arbeitet in der Cafeteria, und sie sind dreißig Jahre auseinander – die Unterhaltung war ziemlich verkrampft. Ich rührte meinen Salat nicht an. Ich war schon von den Vorbereitungen recht satt. Aber ich probierte Saras köstliches Hähnchen und trank ziemlich viel.

ANNA: Ich hätte mich nicht zu ihnen setzen sollen, aber das Mädchen war so patzig, daß ich einfach mußte. Ich blieb nur kurz und aß nichts von ihrem merkwürdigen Gericht. Es roch verlockend, aber ich traute ihr zu, daß sie irgendwas damit angestellt hatte. Arthurs Salat war lecker, und ich aß von meinem Obstsalat und trank ein Glas Wein, dann brach ich so schnell wie möglich wieder auf.

SARA: Ich konnte ja nun schlecht mein eigenes Gericht essen, oder? Ich aß auch nichts von dem Salat und dem Obstsalat der alten Frau, trank dafür aber eine Menge Wein. Tony meinte, daß er mein Hähnchen nicht essen könnte. Es täte ihm leid, aber Knoblauch könne er nicht ausstehen. Ich hätte ihn vorher fragen sollen. Was konnte ich schon sagen? Ich wollte auf der Stelle sterben. Ich war richtig sauer auf ihn. Zum Ausgleich nahm er sich eine riesige Portion von Arthurs Salat. Ich fand, der roch irgendwie faul. Ich wünschte mir, daß Arthur in den See fiele oder am besten gar nicht existierte. Keine Chance. Er saß da und plauderte mit Tony, und ich packte

zusammen. Dann wandte sich Arthur an mich und meinte, daß er mir gern etwas sagen wollte, und ob Tony ein paar Schritte entfernt auf ihn warten würde? Ich traute meinen Ohren nicht. Tony sah schafsdämlich aus, als ob er nicht wüßte, was er tun sollte. Schließlich sagte er, daß er im Wohnheim auf Arthur warten würde. Ich setzte mich ins Gras und wartete darauf, was Arthur mir mitteilen wollte. Ich kochte vor Zorn.

ARTHUR: Tony ist heute nicht zum Unterricht gekommen. Vielleicht wollte er einmal ausschlafen. Anna blickte immer wieder auf seinen Stuhl und manchmal zu mir, wandte sich aber schnell wieder ab. Sie sprach mich an, als wir gehen wollten. »Vielleicht hat er gestern zuviel getrunken«, sagte sie besorgt. Ich ging in die Cafeteria. Sara war auch nicht da, aber das wußte ich schon.

ANNA: Letzte Nacht hatte ich sehr merkwürdige Träume. Dauernd tauchte Arthur darin auf. Er ist wirklich ein lieber Junge. Am See war irgend etwas los, als ich zur Arbeit kam. Ich blieb stehen und hörte, daß sie ein Mädchen im See gefunden hatten. Sie war tot.

TONY: Ich wollte mich mit niemandem einlassen. Ich weiß nicht, warum man mich nicht in Ruhe läßt. Ich wollte nur den Kurs machen, wieder nach Hause fahren und heiraten. Ich will nur Margarita, und das ist alles. Ich hätte mir Sara nicht ausgesucht. Sie hat mich ausgesucht. Sie ließ mich nicht in Ruhe, und Margarita war nicht da, also dachte ich, was kann's schon schaden? Dann war da noch Arthur. So wie ich das gesehen hab', war er selbst in sie verliebt, weil er dauernd von ihr gesprochen hat. Und es gab noch Anna, die meiner Mutter ähnelte. Sie war sozusagen die Stimme der Vernunft. Ich wollte das alles schnell hinter mich bringen, studieren und an Margarita denken, sonst nichts. Wir sind spazierengegangen. Wir haben uns geküßt. Sie hat gesagt, daß sie sich in mich verliebt hat, und ich dachte, na gut, ein letztes Abenteuer noch, wer würde je davon erfahren? Das Picknick war komisch. Sie hatte mich nach Hause eingeladen, aber als ich gerade gehen wollte, kam Arthur mit dem Salat. Egal wie, einer von beiden wäre beleidigt gewesen, deshalb fragte ich ihn, ob er mitkommen wollte, weil ich dachte, er würde aus Höflichkeit ablehnen. Tat er nicht. Sara war sauer. Irgendwie endete das alles dann am See. Erst waren nur wir drei da, dann kam noch Anna vorbei. Ich wünschte, sie wäre bei uns geblieben, dann wäre vielleicht nichts passiert. Sara hatte was mit Knoblauch für mich gekocht. Ausgerechnet Knoblauch! Schon vom Geruch wurde mir übel. So hielt ich mich an den Meeresfrüchtesalat (köstlich!). Sara hat den

meisten Wein getrunken. Sara war wahrscheinlich böse auf mich. Das tat mir leid. Aber Arthur gab sich alle Mühe, die Lage zu entspannen. Ich kann ihn wirklich gut leiden, und ich wünschte, daß ich ihm vorher besser zugehört hätte, dann wäre ich nicht in diesen Schlamassel geraten. Er kam an dem Abend nicht ins Wohnheim zurück. Ich weiß das, weil ich auf ihn gewartet habe. Nach diesem Picknick fühlte ich mich schrecklich, weil Arthur mich wohl nicht leiden konnte und ich ihn gern mochte. Und dabei hätte ich beinahe was mit Sara angefangen. Was sie wohl bei unserem nächsten Wiedersehen gesagt hätte? Ich kniff. Am Morgen tauschte ich einfach mein Ticket um und flog nach Hause. Der Kurs dauerte sowieso nur noch ein paar Tage. Wenn ich ihnen schreibe, schicken sie mir bestimmt mein Zeugnis. Ich habe Margarita und unseren Eltern erzählt, ich sei krank geworden. Ich muß Arthur unbedingt schreiben und ihm alles erklären.

ANNA: Wir werden nie erfahren, ob es ein Unfall war oder nicht. Sie hatte ihr Kleid noch an, aber es war zerrissen. Daß Tony das Land verlassen hat, war sehr verdächtig, aber es reichte offenbar nicht für eine Auslieferung. Er war so nett, ich kann es gar nicht glauben! So sanftmütig! Aber das sind die schlimmsten, wenn sie die Nerven verlieren. Er mußte eine Menge in sich aufgestaut haben, der arme Kerl. Und das Mädchen wußte nicht, daß sie mit dem Feuer spielte! Arthur ist mir ein großer Trost in den letzten Tages des Kurses. Komisch, mir ist bisher nie aufgefallen, wie attraktiv er ist.

ARTHUR: Ich bin so einsam. Tony ist weg und eigentlich mochte ich doch ihn. Sara ist ertrunken. Es war nicht meine Schuld. Es muß etwas im Essen gewesen sein, daß sie sich so merkwürdig aufgeführt hat. Ich habe ihr bestimmt nichts tun wollen. Ich wollte nur meinen Arm um sie legen, da ist sie auf und davon. Ich werde nie begreifen, warum sie so wütend war.

Menü III – Tödliches Picknick

Es gibt keine Garantie, daß jemand sich in Sie verlieben wird, selbst wenn besondere Zutaten verwendet werden. Aber ein Versuch lohnt sich.

Meeresfrüchtesalat

geschälte Garnelen
gekochte Miesmuscheln
Krebse, Hummer, was erhältlich ist
Kopfsalat
gekochter Spargel
hartgekochte Eier
Erbsen
Salz, Pfeffer
saure Sahne, Schnittlauch, Zitronensaft

Ein genaues Rezept gibt es nicht, denn es hängt davon ab, welche Zutaten frisch erhältlich sind und was Sie sich leisten können. Am besten nehmen Sie für die Salatsauce saure Sahne, Schnittlauch und Zitronensaft, wenn Sie den Salat als Vorspeise zum Hähnchen mit Knoblauch und Zitrone reichen.

Knoblauchhuhn

Zutaten für 4 Personen:

1	Hähnchen, ohne Haut, in acht Teilen
	Butter und Olivenöl zum Braten
bis zu 50	Knoblauchzehen (tatsächlich 50)
	Saft von 1 Zitrone
1	Lorbeerblatt
	Salz, schwarzer Pfeffer

Backofen auf 175° C vorheizen.Hähnchenteile in Butter und Olivenöl braten. Knoblauchzehen schälen, aber nicht zerdrücken. Bei schwacher Hitze hellbraun braten. (Der Knoblauchgeschmack ist nicht sehr intensiv, wenn die Zehen im Ganzen gegart werden.)

Hähnchen und Knoblauch in eine Auflaufform füllen, Zitronensaft und Lorbeerblatt zugeben, salzen und pfeffern. Zugedeckt etwa 30 Minuten im Backofen braten.

Warm oder kalt mit Reis und Tomatensalat servieren.

Obstsalat mit Rum und Nüssen

Zutaten für 4 Personen:

750 g frisches, reifes Obst (z. B. Äpfel, Pfirsiche, Trauben, Bananen), gewaschen und entkernt

8 EL heller Traubensaft

2 EL Zitronensaft

2 EL Honig

8 EL gehackte Mandeln und Walnüsse

4 EL hochprozentiger Rum

Obst in mundgerechte Stücke schneiden. Mit den Mandeln und Walnüssen mischen. Honig mit Zitronensaft, Traubensaft und Rum glattrühren. Über den Salat gießen und vorsichtig unterheben.

Maghrebinisches Mordsspektakel

Judie Mossinger

Als ich an der Via Palacio um die Ecke bog, sah ich weiter hinten an der Straße eine Frau, die so mit den Armen fuchtelte, als ob sie eine Lokomotive anhalten wollte.

Ich hätt' gedacht, daß solch schweißtreibende Arbeit in dieser Gegend dem Dienstmädchen überlassen wird. Ich fuhr mit meinem eitergelben Chevy Cavalier rechts ran (wir wollen doch nicht, daß die Leute uns von der Rancho-Santa-Fe-Sicherheitspatrouille mit der echten Polizei verwechseln).

Die gnädige Frau trug ein pfirsichfarbenes Seidenkostüm und meterhohe Absätze, aber selbst damit war sie kaum eins fünfzig groß. Ihre rotblonden Löckchen standen wie Zuckerwatte um ihr Herzgesicht. Ich warf einen Blick auf Little Willie, der in seinem Kindersitz schlief. »Sieht so aus, Kleiner, als braucht Shirley Temple unsere Hilfe.«

So was Blödes aber auch, dachte ich. Es war Mittag, und ich hatte vor, mich am Parkway Drive unter den großen Eukalyptus zu setzen, das Baby zu stillen und noch ein paar Rezepte für mein Tex-Mex-Kochbuch aufzuschreiben.

Den Teilzeitjob bei der Patrouille hab' ich nur angenommen, weil ich Little Willie mit auf die Arbeit bringen kann; natürlich weiß mein Boß nix von dem Baby. Einen Babysitter kann ich mir nich' leisten, und der Kleine fährt gern im Auto rum, und ich kann ihn so wenigstens weiter stillen.

Wahrscheinlich war hier wieder nur 'n Miezekätzchen verschwunden.

Das Haus, vor dem unser Goldlöckchen stand, hätte ganz hübsch sein können, aber die Tür war knallblau gestrichen, und Löwenzahn und eine tote Palme hatten sich den Vorgarten gekrallt. Ich stieg aus. Ich bin über eins achtzig groß und kann den meisten Frauen und vielen Männern auf den Kopf spucken, aber die Kleine hier ging mir noch nicht mal bis zur silbernen Gürtelschnalle.

Goldlöckchen sah auf den Rücksitz und keuchte. »Sie haben ja ein Baby da drin!«

»Stimmt.« Hat doch keinen Zweck, das Offensichtliche zu verbleuen, sag' ich immer. »Was is'n das Problem, Ma'am?«

»Was?«

Ich weiß ja nun, daß ein paar Leute finden, daß ich immer noch so red' wie in Texas, und sie mich nich' verstehen, aber das war doch wohl klar genug gewesen. »Problem?« gab ich ihr als Stichwort.

»Sie werden glauben, daß ich ihn umgebracht habe!«

»Was?« Ich hatte schon verstanden, wollte es aber eigentlich gar nicht so genau wissen.

»Seine gräßliche Familie, diese maghrebinischen Irren, kommen jeden Augenblick von der Hochzeit zurück, und sie glauben bestimmt, daß ich ihn erschossen habe.« Sie guckte so gehetzt die Straße entlang, als ob sie schon kämen. »Dann müssen sie mich nämlich töten.« Sie umklammerte meinen Arm wie eine Ertrinkende und grub mir ihre rosalackierten Krallen ins Fleisch.

Das klang schon ernster, aber im Security-Training haben wir gelernt, gelassen mit Betrunkenen und hysterischen Frauen umzugehen. »Ich bin sicher, daß hier ein Irrtum vorliegt, Ma'am«, sagte ich schön langsam. »Vielleicht ist er ...«

»Mein Mann«, sagte sie, als wär' das jetzt nicht so wichtig.

»Vielleicht ist Ihr Mann nur ohnmächtig oder so.« Was ich nicht hoffte. Seit ich nicht mehr beim Rodeo mitmach', hab' ich keinen Erste-Hilfe-Kurs mehr gehabt.

»Wenn die Hälfte seines Schädels weggeblasen ist?« Jetzt wurde sie sarkastisch. Das bringt mich immer auf die Palme. Sie sah wieder hektisch die Straße entlang und umklammerte meinen Arm fester.

»Also dann, Mrs. ...?« sagte ich total ruhig.

»Regubi.« Sie schüttelte den Kopf, als ob sie dadurch klarer denken könnte. »Aber sagen Sie bitte Barbara zu mir. Und wie heißen Sie?«

»Tex Donovan ist mein Name. Also, Barbara, dann woll'n wir mal nachsehen gehen.«

»Ich gehe auf keinen Fall da rein.« Sie riß die hintere Wagentür auf und kletterte hinein.

Mir riß langsam der Geduldsfaden. »Gut, dann bleiben Sie hier und passen auf Little Willie auf. Ich geh' nachgucken.« Wir dürfen unter keinen Umständen auf eigene Faust nachsehen, sondern sollen unseren Dispatcher Ned in der Zentrale anrufen, und der ruft dann die Polizei. Aber ich wollte nich' gleich die Pferde scheu machen, vielleicht war der Ehemann ja nur sturzbesoffen.

Barbara war ganz runtergerutscht und hatte sich neben Willies Kindersitz zusammengerollt.

Ich klopfte ans Fenster. »Wo isser denn?«

»Im Arbeitszimmer.« Dann verriegelte sie alle Wagentüren. Meine Schlüssel steckten noch, und ich konnte nur hoffen, daß sie nicht mit meinem Kind wegfuhr. Na, wenn Füttern angesagt war, würde sie ihn bestimmt wieder zurückbringen – Willie ist besser als 'ne Alarmanlage, wenn er Hunger hat.

Der dicke helle Teppichboden im Flur war mit Fußabdrücken und Brandlöchern übersät. Die lila und orangenen Flecken deuteten auf Kinder, die mit Wassereis oder anderem rumgesaut hatten. Keine Möbel im Wohnzimmer, nur leuchtend rote Kissen um einen niedrigen runden Messingtisch. Der Kamin war mit Orangen- und Bananenschalen und allem möglichen anderen Zeugs vollgestopft.

Hintenraus war's auch nich' besser. Im Pool stand nur Siffbrühe; wahrscheinlich veranstalteten sie darin Schlamm-Wrestling. Als ich rausging, flatterte ein Haufen Hühner herum. Eine Ziege, ich konnt's kaum glauben, eine dusselige Ziege war hinten am Zaun angebunden. Sie hatte schon alle Blumen erledigt und das Gras mit Stumpf und Stiel fertiggemacht. Ich glaub' nich', daß irgendwelche Haustiere in Rancho Santa Fe erlaubt sind. Alles in all'm sah's ziemlich danach aus, als ob hier weiße Asos wohnten, wie meine Momma sagen würde.

Little Willie würde bald was zu essen haben wollen. Ich beschloß daher, nich' mehr so lang rumzumachen, und suchte das Arbeitszimmer.

Das erste, was ich gesehen hab', war eine 38er Smith & Wesson auf dem Boden an der Tür. Im Security-Training war von Fingerabdrücken keine Rede gewesen, aber ich wußte auch so, daß ich sie liegenlassen sollte. Dann hab' ich Füße in teuren italienischen Schuhen gesehen, die hinter dem Schreibtisch hervorguckten. Wenn ich schon mal da war, mußte ich natürlich nachsehen, ob er nicht einfach nur bewußtlos war.

Nee, Mann, der war schon richtig tot, das halbe Gesicht weggepustet, wie sie gesagt hatte. Vorher hatte er wahrscheinlich nicht schlecht ausge-

sehen: dichte, lockige schwarze Haare, dicker Schnäuzer und durchtrainierter Körper. Die Air-Condition war aus, und im Zimmer stank's schon wie im Schlachthaus, deshalb neigte ich den Kopf, betete fix »Lieber Herr Jesus, sei dem armen Kerl gnädig« und sah zu, daß ich rauskam.

Ich war wieder im Flur, als ein riesiger violetter Cadillac – von früher, so mit Heckflossen – keuchend und klappernd in die Einfahrt fuhr. Der Fahrer stieg aus. Er hätte von dem Typen drinnen der Zwilling sein können. Er hatte einen Anzug aus grauer Seide an und eine Goldkette um den Hals – dick wie'n Tau – und brüllte in einer wildfremden Sprache auf die Frau ein, die noch im Auto saß.

Sie mußte so um die dreißig gewesen sein und war echt hübsch, selbst in dem langärmeligen, bodenlangen grauen Kleid und dem überdimensionalen Kopftuch. Als sie elegant ausstieg, sah sie mich an. Ihre Augen waren total traurig. Dann schnauzte er die drei kleinen Jungs auf dem Rücksitz an.

Schließlich stieg noch eine alte Frau aus, die etwa eins zwanzig hoch und eins zwanzig breit und von Kopf bis Fuß in Schwarz gewickelt war, sogar das Gesicht war mit einem schwarzen Tuch bedeckt. Mit ihren kleinen stechenden Augen erinnerte sie mich irgendwie an einen Geier.

Und ich steh' wie 'ne Idiotin in der Tür, in meiner sauengen Sicherheitspatrouillen-Uniform, die Arme ausgestreckt, und versuch' ihn und seinen Stamm daran zu hindern, auf den Spuren rumzutrampeln. Hätt' ich nur gleich im Arbeitszimmer den Notruf gewählt! Bei dem Goldbehängten hab' ich mit einem Frontalangriff gerechnet. Aber die Alte rammte mich wie 'ne Kuh und drängte sich vorbei, wobei sie meckerte und drohend mit dem Zeigefinger wackelte. Ich entschloß mich zu einem strategischen Rückzug ins Auto, bevor sie die Leiche entdeckten.

Ich hämmerte ans Fenster. »Lassen Sie mich rein!«

Barbara starrte mich aus großen blauen Augen an wie ein verängstigtes Hündchen und schüttelte den Kopf. Ich warf einen schnellen Blick auf die blaue Haustür, um zu sehen, ob die Herde schon herausdonnerte. »Verdammt noch mal, machen Sie auf, bevor die mich zu Brei schlagen!«

Von dem Gebrüll wurde Willie wach. Er verzog sein Gesicht und trat mit seinem Gebrüll gegen meins an. Das überzeugte Barbara, die Tür aufzumachen, bevor sie sich wieder auf dem Sitz zusammenrollte. Ich sprang in den Wagen und fuhr gerade los, als der ganze Stamm die Einfahrt entlang auf uns zustürmte. Der Goldbehängte raste uns sogar die halbe Straße hinterher.

Meine Momma hat schlaue Kinder, deshalb rief ich nich' sofort in der Zentrale an, sondern fuhr ein paar Blocks weiter, denn zuerst mußte ich

dem brüllenden Willie die Brust geben, damit ich überhaupt zum Denken kam.

Mit einer Hand nahm ich das Funkgerät. »Ned, hier's Tex Donovan.« Ich hab' ihm erzählt, was hier so abging, und ließ ihn noch ein bißchen plappern. »Jetzt hör mal auf, mich anzublöken, von wegen ich hätt' ›Sachen angefaßt‹ und ›alles mein Fehler‹ und ›den Tatort verlassen‹ – soviel verdien' ich gar nich', daß ich mich diesem Mob ohne Rückendeckung von der Polizei stelle. Du hängst dich sofort an die Strippe und sagst den Bullen Bescheid, und daß hier 'ne Leiche rumliegt und die Adresse, und daß sie mit dem wilden Haufen aufpassen sollen. Ich hab' hier seine Frau im Wagen, und wir warten unter dem großen Eukalyptus am Parkway Drive. Kommen und Ende.«

Goldlöckchen wimmerte hinten immer noch. Mein Magen knurrte, und ich dachte, ein bißchen was zwischen den Zähnen würde uns beiden guttun. »Hinter dem Sitz steht 'ne Tüte mit meinem Lunch: paar Tortilaröllchen mit Fleisch, 'n Tütchen Beef-Djerkey und 'ne Cola. Nehmen Sie sich was und geben Sie den Rest rüber.«

»Nein, danke.« Barbara schniefte ein bißchen. »Ich habe keinen Hunger.« Sie warf die Lunchtüte nach vorn, Willie direkt auf den Kopf, aber der war zu beschäftigt mit seinem Essen, um loszuheulen.

Ich kurbelte das Fenster runter, damit ich die Polizeisirenen rechtzeitig hörte. Mit meinem Mittagessen wollte ich nämlich vorher fertig sein. Ich hatte so das Gefühl, daß es 'ne Menge zu reden gab, bevor ich wieder was zwischen die Zähne kriegen würde.

Babs wollte mir die ganze traurige Geschichte erzählen. Was konnte ich schon dagegen machen, Willie und ich waren sozusagen ein total gefesseltes Publikum.

Um's kurz zu machen: Als ihr reicher Ehemann, ein Schönheitschirurg, mit einem seiner »Kunstwerke« durchgebrannt war, ist Babs auf eine Nil-Kreuzfahrt gegangen, wo sie den gutaussehenden Reiseleiter Hassan Regubi getroffen hat. Eine Woche wilder Sex unter dem Wüstenmond, und Babs gibt ihm ihre Adresse und meint: »Komm doch mal vorbei.« Tja, 'n Monat später macht er genau das und zieht bei ihr in das Haus ein, das sie durch die Scheidung gekriegt hat. Eines schönen Abends in Vegas, beide sind total betrunken, heiraten sie. Sobald er seine Aufenthaltsgenehmigung hat, holt er die ganze Familie nach und überredet die dämliche Babs, daß sie alle durchfüttert.

Ab da wurd's dann kritisch. Scheint, daß Wüstennomaden andere Regeln haben als wir. Mama Rachida übernimmt die Küche, die Blagen übernehmen die ganze Bude, und alle übernehmen es, Babs das Leben

schwer zu machen. Andauernd schreien und brüllen sie, andauernd fliegt etwas durch die Gegend. Das weiß ich, weil die Nachbarn sich ständig bei uns, der Sicherheitspatrouille, darüber beschweren.

Hassan hat Babs öfters eins übergebraten, aber letzte Woche findet er die Pille bei ihr, und da ist er total ausgeflippt. Ich für mein Teil würd' mir nie von 'nem Mann so was gefallen lassen, aber ich bin ja auch eher 'n Puma als 'n Kätzchen. Wie auch immer, sie will sich scheiden lassen. Das nimmt Hassan persönlich, schmeißt ihre Brocken aus 'm Fenster und sacht, sie soll sich nie wieder blicken lassen. Der Anwalt ist auch keine Hilfe, meint nur, daß sie die Einwanderungspapiere unterschrieben hat und deshalb für Hassans Famlie verantwortlich ist, ach ja, und das Haus könnte sie grad vergessen.

Babs ist Maklerin, aber bei all dem Gewese schafft sie natürlich nicht viel. Im Moment wohnt sie in einer heruntergekommenen Hütte und hat noch nich' mal Cash für's Tägliche. Sie wußte, daß die Familie heute auf 'ner Hochzeit ist, und da hat sie gedacht, sie springt mal eben vorbei und sammelt ihren Schmuck ein, damit sie den verpfänden kann. Wagen springt nich' an, also nimmt sie 'n Taxi. Der Rest ist bekannt. Am meisten hat sie Angst vor den Irren, nicht' vor der Polizei. Aber mir kommt's eher so vor, als würden beide denken, daß sie 'n gutes Motiv hat.

Ist es denn zu glauben? Sie haben Babs verhaftet. Die 38er war ihre, und ihre Fingerabdrücke waren drauf, weil sie so blöd war und sie aufgehoben hat, als sie ins Arbeitszimmer kam. Sie will keine Kaution, weil sie sich im Gefängnis sicherer fühlt. Will, daß ich rauskriege, wer den Kotzbrocken wirklich umgelegt hat. Ich hab' ihr gesagt, daß die Sicherheitspatrouille kein Detektivbüro ist. Aber was soll's, da stand ich nun um neun Uhr vor diesem Casbah Nightclub, wo Hassan gearbeitet hat, und wollte ein paar Leute fragen, wer ihrer Meinung nach Hassan umgebracht haben könnte. Ganz klasse war natürlich, daß gerade sonntags der Bauchtanzwettbewerb für Amateure ist, und die kahle Knalltüte von Türsteher hat mich für 'ne Teilnehmerin gehalten. Jetzt frage ich Sie, wenn ich in Jeans und Cowboystiefeln da auflaufe, hätt' er sich's nicht denken können? Schließlich hat sich das aufgeklärt, und ich setzte mich an ein wackliges Tischchen. Der große, düstere Raum stank nach Schnaps und Kippen. Über der Bühne hing 'ne Lichterkette, und zu schrecklich jauliger Musik kreiselte so 'ne nicht mehr ganz taufrische Mollige in sparsamer Gewandung herum. Die Männer saßen da, rauchten und tranken und gönnten ihr nich' einen Blick. Als sie fertig war, klatschte ich tüchtig, damit sie nich' so deprimiert war.

Bouncer Bob war richtig fertig, daß Mr. Hassan umgebracht worden

war, weil »er echt nett war und keine Feinde hatte«. Dann legte er das Gesicht in Falten und dachte heftig nach – genau wie Willie, wenn er gleich losbrüllt. »Aber so'n großer blonder Brecher, Kowalski oder so, war neulich da und hat nach Hassans Bruder Najib gefragt. Der war ganz schön fuchtig.«

Er erklärte mir, wo Najib arbeitete, in einem griechischen Restaurant namens Mykonos an der India Street in Little Italy – tja, das ist eben San Diego. Bis ich dahin kam, war es zehn, und ich hatte Angst, es wär' schon zu. Von wegen. Zu lauter Sirtaki-Musik tanzten Männer mit großen Taschentüchern durch die ganze Bude.

Eine umwerfende Blondine, die fast so groß war wie ich und die Haare über den Ohren zu Schnecken gerollt trug, klatschte und sang laut mit. Ich ging hin und fragte sie nach Najib. Da fing sie gleich an zu heulen und flüchtete in die Küche. Anscheinend war er ganz groß im Umhauen und Abhauen.

Der Besitzer, Mr. Constantinos, saß hinten, und ich hab' ihn nach einem Kerl gefragt, der nach Najib gefragt hat. Er klappte den Mund schneller zu als ein hungriger Hund 'n Knochen schnappt. »Er kommen Samstag«, sagte er dann noch, »aber Najib nicht arbeiten. Mann sehr wütend und wollen Adresse, aber nicht geben. Wir schicken zu Bruder arbeiten in Casbah.«

Auf keinen Fall würde ich noch mal zu der gräßlichen Hütte fahren und Najib nach dem blonden Knochenbrecher fragen. Also nahm ich 'n Ouzo zur Brust und wartete, ob das Schneckenröllchen wieder aus der Küche kam. Constantinos machte um elf zu und sagte, daß Hilda schon nach Hause wär'. Kein Mensch wollte sagen, wo sie wohnte, also ging ich auch nach Hause und hatte das Gefühl, daß ich Babs hängengelassen hatte.

Willie war fast die ganze Nacht wach, weil er zahnte. Ich kann Ihnen sagen, es ist kein Pappenstiel, wenn 'n Baby 'n neuen Zahn kriegt. Also bin ich am nächsten Tag mehr im Halbschlaf auf Patrouille gefahren und hab' versucht zu überlegen, was ich als nächstes mach'. Babs brauchte wirklich Hilfe. Die Polizei dachte, sie hätte ihren Killer, und würde nicht weitersuchen. Aber vielleicht lag ich bei Kowalski auch falsch. Schließlich war er sauer auf Najib und nicht auf Hassan.

Zur Lunch-Zeit wartete die Frau mit den traurigen Augen auf dem Bürgersteig unter meinem Eukalyptus. Ich fuhr rechts ran und dachte, wenn sie an meinem Lieblingsplatz ist, will sie mir was sagen. Aber sie lief weg, mitten durch den kleinen Park.

Nach dem Essen und Stillen fuhr ich sie suchen. Ein paar Blocks weiter saß sie mit dem Rücken an eine Mauer gelehnt, den Kopf auf die Knie

gelegt und die Arme um die Beine geschlungen. Ich kurbelte das Fenster runter. »Is' was?« rief ich zu ihr rüber. Sie guckte hoch. Die Tränen liefen ihr übers Gesicht.

Bestimmt heulte sie nich' wegen Hassan. Vielleicht weiß sie, wer ihn umgelegt hat, dachte ich. Ich stieg aus, hockte mich daneben und streichelte ihre Haare. »Sie können's mir ruhig sagen, ich bin keine Polizistin.«

Sie versteckte wieder ihr Gesicht und schüttelte den Kopf.

»Komm schon, Mädchen. Sie und ich, wir sind Mamas, die so gut wie möglich klarkommen wollen. Manchmal passiert eben was Schlimmes, und dann müssen wir stark sein.«

Sie sah mich aus roten, verquollenen Augen an – heulte wahrscheinlich schon seit gestern durch. »Kann ich Baby halten?«

Ich sag' zwar immer, schlafende Hunde und zahnende Babys soll man nich' wecken, aber sie tat mir so leid. Also hab' ich Willie aus 'm Wagen geholt und ihr in die Arme gelegt.

»Ich bin Asma, Frau von Najib. Will nicht, daß Barbara im Gefängnis. Sie ist gut zu mir und Kindern.« Sie schnüffelte und starrte in die Luft. Eine Taube flog vorbei mit 'm Zweig im Schnabel. »Vogel, sie macht Nest.«

»Genau. Sie ist auch 'ne Mama.« Ich hievte sie hoch, was gar nich' so einfach war, wo sie Willie im Arm hatte. »Also, Asma, dann erzählen Sie mal, was mit Hassan war.«

Sofort fing sie wieder an zu flennen, und Willie fielen dicke Tränen auf die Stirn. Ich wischte ihn ab und gab ihr mein Taschentuch. »Wissen Sie was, das Barbara hilft?«

»Ich denken ja.« Sie schneuzte sich. »Sonntag, vor Hochzeit, ich hören Hassan schreien zu meinem Najib. Schrecklich.« Wieder Schluchzen.

»Und?«

Asma heulte Willies kleinen, dicken Bauch voll. Wenn das so weitergeht, dachte ich, sind sie gleich beide am Brüllen.

»Sie machen das schon, Asma.« Wie im Schlager. »Wir Frauen sind doch stark.«

Asma putzte sich die Nase und stellte sich grade hin. »Mein Mann, er macht Mädchen Hilda Kowalski von Restaurant schwanger.«

»A-ha.«

Sie ging mit Willie auf und ab. »Ihr Bruder rufen an, im Haus Sonntag früh, schrecklich wütend, und wollen sprechen zu Najib. Aber Hassan sagen: ›Gehen zu Hochzeit, Najib. Ich bin Herr von Haus. Ich warten und sprechen mit ihm.‹«

»Und dann?«

»Dann wir gehen zu Hochzeit.«

»Das ha'm Sie gut gemacht, Asma. Wirklich gut, so kriegen wir unsere Barbara aus 'm Gefängnis wieder raus.«

Panik überfiel sie. »Du nicht sagen mein Najib, ich reden?«

»Kein Stück, das hier ist nur unter uns Mädels.« Ich wollte sie nicht so anlügen und hoffte, daß Najib sie nicht verprügeln würde, wenn er das rausfand. »Soll ich Sie mit zurücknehmen?«

»Danke, nein. Ich erst laufen eine bißchen.«

Den Tip mit Kowalski hab' ich gleich an die Polizei weitergegeben. Sie haben ihn gefunden, wie er sich in Constantinos Lagerraum versteckte. Er wollte nicht reden, sondern brüllte nur immer: »Dreckiger Scheiß-Araber!« Die Polizei hat da Hilda zugeholt, und sie hat ihn dazu gebracht, alles zu gestehen. Wahrscheinlich kommt er mit Totschlag davon.

Folgendes war gelaufen: Als Hildas Bruder am Sonntag morgen auflief, hat Hassan ihm im Arbeitszimmer erklärt, daß Najib schon verheiratet ist. Außerdem hat er Kowalski gesagt, daß Najib gesagt hat, daß Hilda keine Jungfrau war, als er mit ihr gepennt hat. Aber der größte Fehler war, daß er gesagt hat: »Kein Mann sein verpflichtet heiraten befleckte Hure.«

Da ist Kowalski dann ausgeflippt und ging mit seinen großen Flossen Hassan an die Kehle. Babs' Smith & Wesson war in der Schreibtischschublade, und ihr Mann zog sie raus. Es gab ein Handgemenge, die Knarre ging los, und Hassan war tot.

Seit der Schießerei ist jetzt ein Monat rum, und viel hat sich getan. Najib kriegte gesagt, daß er Unterhalt zahlen muß für Hildas Baby, und da hat er sich mit Mama Rachida aus 'm Staub gemacht, wahrscheinlich zurück in den Maghreb. Das Maklergeschäft läuft ganz gut, und Babs hat Hilda angeboten, bei ihr zu wohnen. Asma hat samstags 'n Teilzeitjob im Kaufhaus, wenn die Araberinnen alle da einkaufen gehen. Die Ziege und die Hühner sind weg, und bei drei Frauen machen die Jungs und das Haus sich langsam prächtig raus. Manchmal fahr' ich mittags da vorbei, frag', wie's so geht, und leiste ihnen Gesellschaft beim Lunch.

Ach ja, und Willie hat seinen neuen Zahn gekriegt.

Menü IV – Maghrebinisches Mordsspektakel

»Letzten Freitag haben wir wieder mal zusammen gegessen, Babs, Asma, Hilda und ich«, erzählt Tex Donovan. »Jede hat was beigesteuert. Unsere gute Babs kann nicht für fünf Pfennig kochen, deshalb hat sie uns riesige Margaritas gemixt. Wir haben sie vor dem Essen zur Brust genommen und dazu selbstgemachte Tortillachips und Salsa verdrückt, was ich mitgebracht hab'. Ich hab' doch glatt vergessen, daß ich nichts trinken soll, solange ich stille. Ich glaub', Little Willie is'n bißchen betüddelt gewesen, denn er hat völlig seinen neuen Zahn vergessen, den er grad kriegte, und hat zwei Stunden am Stück geschlafen.«

Margarita

Zutaten für 1 Glas:

    4 cl   Tequila
    2 cl   Zitronensaft
    2 cl   Cointreau oder Triple sec
           etwas zerstoßenes Eis

Im Mixer schaumig schlagen und in Gläser mit Salzrand gießen.

Pink Margarita
Das ist die Variante für alle, die es gern fruchtiger mögen.

Zutaten für 1 Glas:

    3 cl   Tequila
    1 cl   Himbeerlikör
    1 cl   Zitronensaft
    1 TL   Grenadine
    1   Cocktailkirsche

Die Zutaten in einen Shaker mit Eis geben und kräftig schütteln. In das Glas seihen und die Kirsche an den Rand stecken.

Albondingas-Suppe

Tex Donovan kennt sich mit der Tex-Mex-Küche ganz gut aus, denn sie hat zwei Jahre lang als Köchin in einem Restaurant gearbeitet. Dieses Rezept war ursprünglich für 100 Personen gedacht; Tex hat die Mengen etwas angepaßt.

Zutaten für 6 Personen:

Für die Fleischbällchen (Albondingas)

1	Ei, leicht verquirlt
3 EL	Langkornreis
2 TL	Oregano, getrocknet
1	kräftige Prise Salz und Pfeffer
450 g	Rinderhack und/oder Schweinemett

Für die Suppe

850 ml	Rinderbrühe
250 ml	Wasser
70 g	Tomatenmark
400 g	Kartoffeln, gewürfelt
250 g	Möhren, in dünne Scheiben geschnitten
1	mittelgroße Zwiebel, in feine Ringe geschnitten
80 g	Erbsen, tiefgefroren

Für die Fleischbällchen in einer großen Schüssel Ei, ungekochten Reis, Oregano, Salz und Pfeffer mischen. Gut mit dem Hackfleisch verkneten und zu Bällchen von 2,5 cm Durchmesser formen.

Für die Suppe in einem großen Topf Brühe, Wasser und Tomatenmark verrühren und aufkochen. Fleischbällchen zufügen und zugedeckt 15–20 Minuten köcheln lassen, bis das Fleisch nicht mehr rosa und der Reis weich ist.

Kartoffeln, Möhren und Zwiebel zugeben. Weitere 15 Minuten zugedeckt köcheln lassen. Erbsen zufügen und gut erhitzen.

Asmas Lamm mit Buchweizengrütze

Zutaten für 6 Personen:

675 g	Lammschulter ohne Knochen
1 EL	Olivenöl
300 ml	Wasser
2 EL	Zitronensaft
1 TL	Salz
½ TL	getrockneter Thymian
½ TL	getrockneter Oregano
1	mittelgroße Zwiebel, gehackt
1	Knoblauchzehe, gehackt
300 g	grüne Bohnen, tiefgefroren
80g	Buchweizengrütze

Fleisch in 2 cm große Würfel schneiden. Unter Rühren in einer Pfanne mit Öl bei mittlerer Hitze 10 Minuten bräunen. Wasser, Zitronensaft, Salz, Thymian, Oregano, Zwiebel und Knoblauch zufügen. Aufkochen und zugedeckt köcheln lassen, bis das Fleisch zart ist.

Bohnen und Buchweizen unterrühren. Aufkochen und zugedeckt 10–12 Minuten köcheln lassen, bis die Flüssigkeit aufgesogen ist.

Hildas Kohltäschchen

Zutaten für 16 Teigtäschchen:

½	mittelgroßer Weißkohl, in feine Streifen geschnitten
240 ml	saure Sahne
3 TL	Currypulver
½ TL	Salz
16	tiefgefrorene Filo-Blätter, ersatzweise Blätterteig
120 g	Butter, zerlassen

Kohl blanchieren und gut abtropfen lassen. Mit saurer Sahne, Curry und Salz mischen. Ein Filo-Blatt diagonal falten und mit Butter bestreichen. (Restliche Filo-Blätter mit feuchtem Tuch zudecken, damit sie nicht austrocknen.) Noch einmal diagonal falten und mit Butter bestreichen.

Etwa ein Achtel der Kohlmischung auf die Mitte legen, erst die langen Seiten, dann die kurzen darüberschlagen, daß die Kanten sich überlappen.

Teigtäschchen mit der glatten Seite nach oben auf ein ungefettetes Backblech legen, mit feuchtem Tuch bedecken. Restliche Teigtäschchen formen. Bei 175° C etwa 30 Minuten goldbraun backen.

Zwei rot zwei tot
Barbara Wendelken

Ich weiß noch, wie meine Mutter mich kurz vor der Hochzeit beiseite nahm, um mich vor Eckhardt zu warnen. »Überleg es dir noch einmal, Annemarie. So einen gut-aussehenden Mann wirst du nie für dich allein haben. Glaub mir, ich kenne die Männer.«

Was Eckhardt betraf, behielt sie recht. Schon bald fand ich heraus, daß mein Mann des öfteren heimlich unsere alleinstehende Nachbarin »besuchte«. Mir erzählte Eckhardt dann etwas von kurzfristig anberaum-ten Fakultätssitzungen. Oder er behauptete, daß ein junger Kollege unbe-dingt noch am selben Abend seinen fachlichen Rat benötigte. Wie schon gesagt, ich kam den beiden zufällig auf die Schliche. Eckhardt gab sich zer-knirscht und beendete die Liaison auf der Stelle. Anschließend fuhren wir zum ersten Mal in die Provence. Es war sehr schön. Aber davon will ich jetzt nicht reden.

Ein paar Monate nach unserer Rückkehr fand ich in Eckhardts Briefta-sche einen Liebesbrief. Ich gebe zu, daß ich seine Sachen seit jener Geschichte mit der Nachbarin regelmäßig durchsuchte – wer an meiner Stelle hätte nicht so gehandelt? Unterschrieben war der Brief von unserer Zahnärztin. Ja, sie hatte geschmackloserweise sogar ihr Geschäftspapier benutzt, das unerträglich nach Zahnpasta roch. Wir reisten zum zweiten Mal nach Südfrankreich. Weitere Einzelheiten kann ich mir wohl ersparen.

Mein Mann betrog mich in schönster Regelmäßigkeit. Und das ohne ernsthafte Anzeichen von Reue. Männliche Sexualität, so erklärte er mir, würde sich grundlegend von weiblicher unterscheiden. Seine Seitensprünge seien so ähnlich wie Naseputzen, man müsse es einfach tun und hinterher fühle man sich erleichtert. Gefühle wären da nicht im Spiel, denn lieben würde er selbstverständlich nur mich.

Also verschloß ich vor dem, was Eckhardt außerhalb unseres Hauses mit anderen Frauen trieb, die Augen. So gelang es uns, trotz allem eine harmonische Ehe zu führen. Wenn ich deprimiert war, tröstete ich mich damit, daß kein Mensch ohne Fehler ist. Nicht einmal ich selbst, obwohl mir im Augenblick eigentlich nichts einfällt, was man mir vorwerfen könnte.

Ich hielt gewissenhaft Haus und Garten in Ordnung, auf Eckhardts Wunsch hatte ich mein Medizinstudium gleich nach der Heirat aufgegeben, selbst auf Kinder habe ich verzichtet, weil Eckhardt behauptete, daß ihr Geschrei ihn in den Wahnsinn treiben würde. Seine außerehelichen Eskapaden ignorierte ich, wie schon gesagt, tapfer. Nach der Zahnärztin kam eine Sekretärin, dann eine Professorin für Mathematik, es folgten unter anderem eine Krankenschwester, eine Lehrerin und eine Schauspielerin, zuletzt waren es nur noch Studentinnen. Denn um so älter mein Mann wurde, desto jünger wurden seine Geliebten. Irgendwann kam ich drauf, daß wenn man sein Lebensalter und das seiner jeweiligen Liebschaft zusammenzählte, stets eine Zahl um die siebzig herauskam. Eine Rechnung, die für die Zukunft nichts Gutes verhieß.

An jenem Abend hatte ich eine ehemalige Schulfreundin zum Essen eingeladen. Dagmar wollte in wenigen Wochen zum dritten Mal heiraten. Ich war sehr neugierig auf ihren Zukünftigen, einen gewissen Wilhelm, von dem ich nur wußte, daß ihm ein kleiner, jedoch äußerst einträglicher Verlag für Kirchenmusik gehörte.

Ich weiß noch, daß ich im Schlafzimmer stand und mich ärgerte, weil die Frau im Spiegel zehn Jahre älter war als ich selbst. Eckhardt sah natürlich aus wie das blühende Leben, kein Bauch, keine grauen Haare, so gut wie keine Falten. Dabei hatte er kürzlich seinen fünfzigsten Geburtstag gefeiert. Er lag auf dem Bett und machte meditative Übungen, so wie Dr. Heinze es empfohlen hatte. Eckhardt war nämlich herzkrank. Er litt an paroxysmalen Tachykardien, was nichts anderes bedeutet, als daß seine Pulsfrequenz mitunter beängstigend hoch lag. Auch wenn ich mein Medizinstudium seinerzeit ihm zuliebe abgebrochen hatte, wußte ich doch, daß damit nicht zu spaßen war.

Dann kamen die Gäste. Dagmar sah wie üblich umwerfend aus. Sie trug

ein weißes Seidenkostüm. Ihr eindrucksvolles Dekolleté war mit einer doppelreihigen Perlenkette geschmückt. Vermutlich ein Geschenk ihres Verlobten. Der Rock war eng und kurz, und ihre Beine, das mußte ich neidvoll anerkennen, immer noch sehenswert.

Von ihrem Verlobten sah ich zunächst nicht viel. Er verschwand gänzlich hinter einem überdimensionalen Bukett aus weißen und zartrosa Lilien.

»Bitte, gnädige Frau. Auch im Namen meiner Verlobten möchte ich mich noch einmal für die nette Einladung bedanken.« Hinter den Blumen kam ein schmächtiges, graugesichtiges Männlein zum Vorschein. Dieser Wilhelm reichte seiner Verlobten gerade bis an die Schulter, außerdem war er alt, mindestens siebzig. Sein Kopf war der einer Schildkröte. Augenblicklich wurde mir klar, daß Dagmar keineswegs in diesen Gnom verliebt sein konnte. Nein, sie mußte sein Geld meinen.

Während Eckhardt den obligatorischen spanischen Sherry einschenkte, eilte ich in meine Küche. Ich liebe meine Küche. Vor zehn Jahren haben wir sie von einem Tischler nach meinen eigenen Vorstellungen anfertigen lassen. Dunkles Kirschholz, Arbeitsflächen aus Marmor und kastanienbraune Steinfliesen. Am schönsten ist natürlich der uralte Tisch in der Mitte, der angeblich aus einem Kloster in der Rhön stammen soll. Eckhardt fand die Küche zu düster. Aber mir gefällt nun einmal diese altenglische Gemütlichkeit. Wir hatten sehr oft Gäste. Eckhardt, das möchte ich hier ausdrücklich betonen, wußte meine Kochkünste immer zu schätzen.

Für jenen Abend hatte ich mir als ersten Gang eine Tomatensuppe ausgesucht. Ich dünstete Zwiebeln, Knoblauch, Fleischtomaten, Paprika und Staudensellerie in Olivenöl an und ließ das Gemüse dann in Kalbsbouillon garen. Als die Gäste kamen, mußte sie nur noch auf die Teller verteilt und mit Parmesan bestreut werden. Die anderen hatten mittlerweile am Eßzimmertisch Platz genommen. Eckhardt saß gegenüber von Dagmar. Mir war das sofort unangenehm, obwohl ich nicht sagen konnte, warum. An der Suppe fehlte eine Spur Salz, aber das fiel niemandem außer mir auf.

»Köstlich, gnädige Frau«, murmelte Wilhelm, ohne den Blick von seinem Teller zu heben.

Eckhardt erklärte, daß wir das Rezept vor Jahren aus der Toskana mitgebracht hätten. Er zählte sogar die Zutaten auf. Wobei er seine Worte nicht etwa an diesen Wilhelm richtete, sondern unentwegt nur Dagmar anstarrte. »Dagmar kann sowieso nicht kochen«, hätte ich gern gesagt. »Spar dir die Mühe«. Statt dessen murmelte ich was von Tomaten, die wirklich reif sein müßten, und von selbstgekochter Kalbsbouillon, die man durch keinen Brühwürfel ersetzen könne. Als wäre irgend jemand ernsthaft an dem Rezept interessiert.

Dagmar aß schweigend. Sie ließ den Löffel ganz langsam zwischen ihren rosa geschminkten Lippen verschwinden, um ihn wenig später genauso langsam wieder herauszuziehen. Noch nie habe ich jemanden so essen sehen. Ich weiß nicht, warum, aber es sah richtig unanständig aus, so als würde sie sich Gott weiß was in den Mund stecken. Nun, mein Mann schien Gefallen daran zu finden, jedenfalls starrte er Dagmar unentwegt an. Als ich fragte, ob jemand noch einen Nachschlag wünsche, erntete ich nur abwesendes Kopfschütteln. Muß ich erwähnen, daß mir niemand beim Abtragen der Teller zur Hand ging?

Eckhardt schenkte den Weißwein, einen kräftigen Côte de Provence, ein. Neben Dagmars Platz blieb er ein paar Sekunden zu lange stehen. Wie zufällig streifte sein Arm ihre Schulter. Mein Unbehagen wuchs.

»Der nächste Gang dauert einen Moment«, kündigte ich an.

In meinem Reich atmete ich tief durch. Entschlossen stellte ich die gußeiserne Pfanne auf den Herd, gab einen Schuß Olivenöl hinein und dünstete Zwiebeln, Mandeln und Knoblauch an. Als sie leicht gebräunt waren, fügte ich die in Zitronensaft marinierten Shrimps dazu. Sobald sie ihre Farbe veränderten, waren sie fertig. Ich würzte mit frischer Zitronenschale, einem Löffel Zitronensaft und gehackter Petersilie.

Im Eßzimmer säuselte Eckhardt gerade, es sei völlig unmöglich, daß Dagmar und ich dieselbe Klasse besucht hätten. Dem Aussehen nach könne man sie glatt für meine Tochter halten. Dagmar kicherte albern.

Daß die Pfanne mir abrutschte und mit einem lauten Knall mitten auf dem Tisch landete, war keine Absicht. Die drei starrten mich entgeistert an. Aber ich dachte nicht daran, mich zu entschuldigen. Als ich die anderen aufforderte, es sich schmecken zu lassen, war mir selbst der Appetit bereits vergangen.

»Köstlich, gnädige Frau.« Etwas anderes wußte dieser Wilhelm scheinbar nicht zu sagen. Beim Kauen bewegte er kaum den Mund. So als wäre es ihm peinlich, überhaupt etwas zu essen. Im übrigen schaute er aus wie ein geprügelter Hund. Bis heute verstehe ich nicht, wie so einer erfolgreich einen Verlag leiten konnte.

Dagmar aß nur zwei Shrimps. Dafür trank sie um so mehr. Eckhardt mußte ihr mehrere Male nachschenken. Als die Shrimpspfanne leer war, dazu zweieinhalb Flaschen Wein, hatte Dagmar sämtliche Hemmungen verloren. In ihren Augen funkelte es fordernd, ihre Wangen glühten rosarot, und sie starrte Eckhardt an, als würde sie ihn am liebsten mit Haut und Haar verschlingen. Es war zu peinlich. Mittlerweile war sie dazu übergegangen, meinen Mann Ecki zu nennen, was er sich normalerweise verbat.

Nur der Vollständigkeit halber möchte ich erwähnen, daß ich an-

schließend Kaninchenleber mit Knoblauchcroutons auf verschiedenen Blattsalaten servierte.

Zum Hauptgericht schenkte Eckhardt uns Rotwein ein, einen schweren Haut Médoc aus der Gegend von Cissac. Es gab eine Lammkeule, die ich 24 Stunden in Kräutern gebeizt und dann fast drei Stunden bei kleiner Hitze im Backofen gegart hatte. Dazu reichte ich Ofenkartoffeln mit Sesam und grüne Bohnen mit Schafskäse. Das Fleisch war so zart, daß es beinahe von der Gabel fiel. Aber ich konnte es nicht genießen. All meine Sinne waren damit beschäftigt aufzunehmen, was zwischen Eckhardt und Dagmar passierte. Unter dem Tisch, im Schutz des weißen Damasttuches. Die beiden schauten sich unentwegt in die Augen, Eckhardt lächelte beinahe brutal, Dagmar biß sich auf die Unterlippe, ihr Atem ging immer schneller, auch wenn sie versuchte, ihr Keuchen zu unterdrücken.

Bis heute ist es mir kaum möglich zu beschreiben, was ich in diesem Augenblick fühlte. Es hatte Zeiten gegeben, in denen ich die Frau war, zwischen deren Schenkeln Eckhardts nackter Fuß sich emporgetastet hatte. Und jetzt ließ er mich ungeniert dabei zusehen, wie er Dagmar beglückte. In meinem Kopf lief ein verrückter Film ab: Ich sah mich aufspringen und mit einem wilden Schrei zuerst Eckhardt und dann Dagmar erstechen. Mit dem teuren Tranchierbesteck, das mein Mann mir zu meinem siebenundvierzigsten Geburtstag geschenkt hatte. Wilhelm ließ ich in diesem Tagtraum übrigens am Leben, was keineswegs bedeuten sollte, daß er mir in irgendeiner Weise sympathisch war. Ganz gewiß nicht. Der Mann war mir egal.

»Könnte ich wohl ein Glas Leitungswasser bekommen?« unterbrach ebendieser Wilhelm meine Wahnvorstellungen.

Als ich ihn anschaute, bekam ich einen Schrecken. Wilhelm sah plötzlich ganz durchsichtig aus. So als wäre von ihm nur noch eine Hülle aus Pergamentpapier übriggeblieben.

Auch Dagmar, die ihre Aufmerksamkeit mühsam von meinem Mann löste, fiel das auf. »Hey, ist dir nicht gut, Willi? Laß mal deinen Puls fühlen.« Sie umfaßte sein Handgelenk und schaute dabei auf ihre Armbanduhr. »Sechsundvierzig. Hast du überhaupt schon deine Tabletten genommen? Du weißt, du mußt sie auf die Minute genau einnehmen.« Nach all dem vielen Wein klang ihre Stimme ziemlich schrill, um nicht zu sagen ordinär, was mich insgeheim freute.

»Ich nehm' sie ja schon«, flüsterte Wilhelm verschämt. Dann zog er eine silberne Dose aus seiner Jackentasche, in der sich rote Kapseln befanden. Zwei davon schluckte er runter. »Mein Herz will nicht mehr so recht. Manchmal bleibt es fast stehen«, vertraute er mir an. Die Dose ließ er acht-

los neben seinem Teller stehen. »Ende des Jahres soll ein Schrittmacher eingesetzt werden, mein Arzt sagt, damit kann ich noch ewig leben, aber ich habe mich noch nicht entschieden ...«

»So eine Operation ist schließlich nicht ungefährlich«, gab Dagmar zu bedenken und tätschelte Wilhelms welke Altmännerhand. »Ich finde, Willi sollte dieses Risiko nicht mehr eingehen. Wer garantiert uns denn, daß er so einen schweren Eingriff noch übersteht. Diese Ärzte wollen doch nur Geld machen.«

»Ganz genau«, bekam sie sogleich Unterstützung von Eckhardt.

Wilhelm wurde noch blasser.

»Wie wäre es mit einem Tänzchen?« fragte Eckhardt jetzt. Er zog Dagmar von ihrem Stuhl hoch und führte sie ins Halbdunkel vor dem Kamin, wo die beiden zu tanzen begannen. Wobei ich unter Tanzen etwas völlig anderes verstehe. Eigentlich preßten sie nur ihre Körper aneinander, kein Blatt Papier hätte dazwischen gepaßt.

Wilhelm sah aus, als ob er jeden Moment losheulen würde. Dieser Schwächling. Warum stand er nicht auf und verpaßte ihr eine schallende Ohrfeige? Oder schmiß dieser schamlosen Person den Verlobungsring vor die Füße? Warum ließ er zu, daß Dagmar alles bekam, was sie wollte?

Weshalb ich, als ich die Teller abräumte, Wilhelms silberne Tablettendose in meiner Hosentasche verschwinden ließ, weiß ich auch nicht. Geplant hatte ich zu diesem Zeitpunkt nichts. In der Küche, das muß ich zugeben, kamen mir die Tränen. Wobei es sich als praktisch erwies, daß ich mich nie schminke. Ich weiß nicht, wen ich in diesem Augenblick mehr verabscheute. Eckhardt, Dagmar oder diesen Wilhelm. Ich beruhigte mich schließlich und besann mich auf meine Hausfrauenpflichten.

Das Dessert hatte ich schon am Nachmittag in Schälchen gefüllt und in den Kühlschrank gestellt. Zimtschaum auf in Portwein gedünsteten Feigen. Eine Köstlichkeit. Dazu wollte ich eine Flasche Champagner ausschenken.

Rein zufällig fiel mein Blick auf Eckhardts kleine Hausapotheke, die oben auf dem Kühlschrank stand. Tagtäglich sorgte ich dafür, daß er seine Medikamente pünktlich einnahm. Die braunen Kügelchen für seine Verdauung, die Karotinpillen, von denen er sich eine natürliche Bräunung der Haut versprach, und dann noch die roten Kapseln für sein Herz, das dazu neigte, beim geringsten Anlaß wie ein wildgewordenes Pferd davonzugaloppieren. Wie seltsam, daß sie beinahe genauso aussahen wie die Kapseln in Wilhelms Silberdose. Sogar die Anzahl stimmte in etwa überein.

Kaum fünf Minuten später trug ich die Kristallschalen mit dem Dessert auf. Mein Gatte und meine ehemalige Schulfreundin schmiegten sich

immer noch vor dem Kamin aneinander, Dagmars Verlobter schaute ihnen mit gequältem Gesicht zu. Die Kapseln hatten gewirkt, er sah nicht mehr so bleich aus. Ich ließ die Pillendose unauffällig unter den Tisch fallen, dann klatschte ich wie eine Herbergsmutter in die Hände. »Nachtisch.« Die Champagnerflasche ließ ich von Eckhardt entkorken. Für die Getränke ist schließlich der Hausherr zuständig.

Ich hob mein Glas und schaute strahlend in die Runde. »Auf all die Wünsche, die sich erfüllen werden.«

»Ja«, kreischte Dagmar begeistert. »Unsere Wünsche sollen sich erfüllen. Alle.« Diese Idiotin merkte gar nicht, daß ich ausschließlich von meinen eigenen Wünschen sprach. Und daß die ihren sich ganz gewiß nicht erfüllen würden.

Eckhardts anzügliches Grinsen verriet, wovon er gerade träumte. Ich hätte ihn erwürgen können. Wilhelm seufzte schwermütig und wackelte mit seinem Schildkrötenkopf.

Der Zimtschaum hatte eine wunderbar lockere Konsistenz. Das Geheimnis liegt darin, daß man die Masse zuerst über dem heißen Wasserbad und dann in Eiswasser aufschlagen muß. Genüßlich ließ ich mir das Dessert auf der Zunge zergehen. Die anderen hatten Besseres zu tun. Eckhardt und Dagmar mühten sich emsig unter der Tischdecke ab, und Wilhelm wühlte unruhig in seinen Taschen. »Wo sind meine Tabletten?« jammerte er.

Ich spielte die Ratlose und schaute suchend in die Runde, ehe ich unvermittelt: »Vielleicht unter dem Tisch?« rief und die Tischdecke hochriß. Selbstverständlich hatte Eckhardt es nicht geschafft, wieder in seine Schuhe zu schlüpfen.

»Warum bist du barfuß?« fragte ich scheinheilig. Dagmar lief dunkelrot an, Eckhardt faselte was von neuen Schuhen, die drückten. Diesmal grinste ich anzüglich, bevor ich Wilhelm die Pillendose reichte. Dann bat er mich, ein Taxi zu rufen. Dagmar könne ja gern noch bleiben, aber er wäre sehr erschöpft.

An dieser Stelle wußte Dagmar natürlich, was sie ihm schuldig war. »Aber Willi, natürlich komme ich mit. Es ist ja auch schon spät. Wir fahren jetzt heim, da nimmst du nochmal zwei von deinen Tabletten, und dann gehst du gleich ins Bett. Paß auf, morgen geht es dir wieder besser. Denk an unsere Hochzeit, Willi. Und an die Reise in die Karibik. Wir haben doch noch so viel vor!« Überschwenglich schlang sie ihre Arme um den kleinen alten traurigen Mann. In diesem Moment tat er mir leid. Ehrlich.

Kaum daß sich die Tür hinter den beiden geschlossen hatte, verschwand mein Gatte fröhlich pfeifend Richtung Schlafzimmer.

»Bleib stehen!« brüllte ich. Und dann eröffnete ich das Feuer: »Dein

Benehmen war unglaublich! Warum hast du nicht gleich auf dem Eßzimmertisch mit ihr geschlafen? Wie konntest du nur?«

Eckhardt tat erstaunt. »Wovon redest du eigentlich? Du hast diese Dagmar doch eingeladen. Ich war nur höflich.«

»Höflich nennst du das?«

»Annemarie. Du glaubst doch nicht im Ernst, daß eine Frau in Dagmars Alter mich sexuell reizen könnte? Sei nicht albern.« Er sah mich an, als hätte ich den Verstand verloren. »Ich gehe ins Bett. Vielleicht lese ich noch ein paar Seiten. Kommst du auch?«

Eine rein rhetorische Frage. Normalerweise hätte ich mich nach so einem Abend beleidigt ins Gästezimmer zurückgezogen. Und Eckhardt hätte oben in aller Ruhe von Dagmar phantasieren können. Aber das ließ ich nicht zu. Nicht an diesem Abend.

Exakt fünf Minuten, nachdem er das Bad verlassen hatte, riß ich die Schlafzimmertür auf. Eckhardt, der es sich gerade im Bett bequem gemacht hatte, wurde ganz bleich. »Mein Gott, erschreck mich doch nicht so!«

»Ich werde mich scheiden lassen!« Rücksichtslos zog ich ihm die Bettdecke weg. »Das war das letzte Mal, daß du mich so gedemütigt hast, das schwöre ich dir!« Ich gebe zu, an dieser Stelle entartete mein Monolog ein wenig. Ich benutzte Worte, die normalerweise nicht zu meinem Wortschatz gehören.

»Nun ist aber gut«, fand mein Ehemann.

Ich war da ganz anderer Meinung. Mit schriller Stimme kündigte ich an, daß ich den Leiter der Universität über seine diversen Liebschaften mit den Studentinnen informieren würde.

Hier griff Eckhardt sich ans Herz. Sein Gesicht bekam einen leidenden Ausdruck. »Hast du vergessen, was Dr. Heinze gesagt hat? Ich darf mich nicht aufregen. Bei meinen ständigen Rhythmusstörungen stehe ich praktisch mit einem Bein im Grab. Da kann ich ja wohl ein wenig Rücksicht von meiner Ehefrau erwarten.«

Nach diesem Abend konnte er das nicht. »Hoffentlich werden alle Prüfungsnoten, die du deinen Affären gegeben hast, noch einmal aufs genaueste unter die Lupe genommen«, setzte ich ungerührt meine Rede fort. »Wer weiß, ob da alles mit rechten Dingen zugegangen ist!«

Da endlich erschien auf seinen Wangen das trockene, rote Glühen, das seine Tachykardien stets begleitete. »Beruhige dich doch«, bettelte er. »Bitte, Annemarie. Laß uns morgen weiterreden. Mein Herz rast wie irre.«

»Das wurde aber auch Zeit«, dachte ich. »Die Eltern deiner letzten Flamme werde ich auch anrufen. Ist der Vater nicht Staatsanwalt?«

»Annemarie«, krächzte er. »Wo sind meine Tabletten? Mein Herz ...«

Ich gab mich mißtrauisch. »Ist es wirklich so schlimm? Oder willst du wieder mal nur deine Ruhe haben?«

Seine Antwort war eindeutig. »Ich sterbe!«

»Na gut, ich hole deine Tabletten.« Betont langsam machte ich mich auf den Weg in die Küche, wo ich mir erstmal einen Schluck Champagner gönnte. Direkt aus der Flasche. Mit einem Wasserglas und zwei Kapseln kehrte ich zurück. Mittlerweile hatte Eckhardts Gesichtsfarbe bereits einen deutlichen Stich ins Violette angenommen.

Mein Mann schluckte die beiden roten Kapseln, ohne sie näher zu betrachten. Kein Wunder, sie sahen beinahe genauso aus wie diejenigen, die der Arzt ihm verschrieben hatte und die sich jetzt in Wilhelms silberner Dose befanden.

Während Eckhardt vergeblich auf eine Besserung seines Zustandes hoffte, sprach ich weiter. »Gibt es nicht an der Uni so eine Frauengruppe? Die werden sich freuen, daß ein Professor regelmäßig mit seinen Studentinnen schläft. Ich hoffe, alles wird publik. Wie alt war diese Carin eigentlich? Achtzehn? Neunzehn? Zwanzig?«

»Hör doch endlich auf«, keuchte er. »Willst du mich vielleicht umbringen? Ich kriege kaum noch Luft ...«

Was soll ich groß sagen? Ich erbot mich, noch zwei von den Tabletten aus der Küche zu holen. Ich behauptete, daß er im Notfall unbedenklich die doppelte Dosis einnehmen könne. Mir war nämlich wieder nach Champagner. Eckhardt schluckte brav auch die nächsten beiden Kapseln. In dieser Beziehung vertraute er mir blind. Wie schon gesagt, ich hatte fast fünf Jahre Medizin studiert.

Als er nach einem Arzt verlangte, schüttelte ich rigoros den Kopf. »Das ist nicht nötig. Du brauchst nur absolute Ruhe. Also schlaf.«

Als Eckhardt, der keinen Ton mehr rausbrachte, nach meiner Hand griff, schüttelte ich ihn ab. Als er laut röchelte, stellte ich mich taub. Ich ließ, nachdem ich keinen Puls mehr ertasten konnte, noch eine halbe Stunde verstreichen, bevor ich den Rettungswagen rief. Sicher ist sicher.

Dagmar arbeitet übrigens seit Wilhelms unerwartetem Tod wieder im Büro. Die Firma und das ganze Geld haben seine erwachsenen Kinder aus erster Ehe geerbt. Wie schon gesagt, nur *meine* Wünsche sollten sich erfüllen.

Menü V – Zwei rot zwei tot

Tomatensuppe »Toskana«

Zutaten für 4 Personen:

	Olivenöl, Salz, Pfeffer
2	Zwiebeln, in halbe Ringe geschnitten
2	Knoblauchzehen, zerdrückt
750 g	reife Tomaten (am besten Flaschentomaten), enthäutet und gewürfelt
2	rote Paprika, in schmale Streifen geschnitten
1 Stange	Staudensellerie, in Scheiben geschnitten
750 ml	Kalbsbouillon
	Parmesankäse, gerieben

Olivenöl erhitzen. Die Zwiebelringe darin andünsten. Knoblauch und das übrige Gemüse dazugeben. Nach 10 Minuten mit Kalbsbouillon ablöschen. Suppe etwa 15 Minuten auf kleiner Flamme ziehen lassen. Mit Salz und Pfeffer abschmecken. Auf die Teller verteilen und mit frisch geriebenem Parmesankäse bestreuen.

Shrimpspfanne

Zutaten für 4 Personen:

1–2	unbehandelte Zitronen
750 g	Riesengarnelen (Shrimps)
	Salz, Pfeffer
	Olivenöl
1	Zwiebel, feingewürfelt
6	Knoblauchzehen, feingehackt
50 g	Mandeln, gehackt
1 Bund	Petersilie, gehackt

Die Zitronen dünn schälen und auspressen. Die Garnelen aus dem Panzer schälen und entdarmen; dann in dem mit Salz und Pfeffer gewürzten Zitronensaft etwa 30 Minuten marinieren. Inzwischen die Zitronenschale in sehr feine Streifen schneiden. Zwiebel und Knoblauch in Olivenöl andünsten. Mandeln mitbräunen. Abgetropfte Garnelen in die Pfanne geben und ungefähr 5 Minuten mitbraten. Zitronenschale und gehackte Petersilie über das Gericht streuen. Sofort mit Baguette servieren.

Kaninchenleber auf Salat mit Knoblauchcroutons

Zutaten für 4 Personen:

200 g	Kaninchenleber
	Mehl
	Butter
1	kleiner Kopf Lollo rosso
1	kleiner Kopf Radicchiosalat
100 g	Feldsalat
	Salz, Pfeffer
4	Scheiben Toastbrot, gewürfelt
3	Knoblauchzehen, zerdrückt
	Olivenöl
2 EL	Weißweinessig
2 TL	Senf
1 TL	Honig
6 EL	Sonnenblumenöl

Kaninchenleber waschen, mit wenig Mehl bestäuben und in Butter von allen Seiten anbraten. Noch 5 Minuten auf kleiner Flamme weiterbraten, dann salzen und warmstellen. Später in Scheiben schneiden. Brotwürfel mit Knoblauch in wenig Olivenöl goldbraun braten. Die Croutons beiseite stellen. Blattsalate putzen, waschen und in mundgerechte Stücke teilen. In einer Schüssel anrichten. Essig, Senf, Honig, Salz und Pfeffer verrühren. Mit dem Schneebesen das Öl unterschlagen. Die Vinaigrette über den Salat gießen und kurz vermischen. Croutons und in Scheiben geschnittene Kaninchenleber auf dem Blattsalat arrangieren und sofort servieren.

Lammkeule mit Kräutern

Zutaten für 4 Personen:

1 Bund	glatte Petersilie, feingehackt
1 Bund	Thymian, feingehackt
1 Zweig	Rosmarin, feingehackt
5 EL	Olivenöl
1 EL	Zitronensaft
	Salz, Pfeffer
1	Lammkeule (etwa 1,8 kg)
5	Knoblauchzehen, in feine Stifte geschnitten

Am Vortag die Kräuter mit Olivenöl, Zitronensaft, Salz und Pfeffer zu einer dicken Paste verrühren. Lammkeule mit den Knoblauchstiften spicken und mit der Kräuterpaste einstreichen. Fest in Alufolie wickeln und über Nacht im Kühlschrank durchziehen lassen.

Am nächsten Tag den Backofen auf 200° C vorheizen. Die Lammkeule in der Folie auf der zweiten Einschubleiste von unten 90 Minuten garen. Nach 30 Minuten die Temperatur auf 175° C runterstellen. Folie entfernen und Lammkeule noch etwa 30 Minuten weiterbraten. Die genaue Garzeit hängt von der Qualität des Fleisches ab. Fleisch vor dem Servieren noch 10 Minuten im abgeschalteten Ofen ruhen lassen. Mit Ofenkartoffeln und grünen Bohnen servieren.

Ofenkartoffeln mit Sesam

Zutaten für 4 Personen:

1 kg	Kartoffeln
	Olivenöl
4 EL	Sesam
	grobes Salz

Ungeschälte Kartoffeln bürsten und der Länge nach halbieren. Ein Backblech mit Olivenöl fetten und mit Sesam bestreuen. Die Kartoffeln mit der Schnittfläche nach unten auf das Blech legen. Mit wenig Olivenöl beträufeln. Etwa 40 Minuten bei 175° C zusammen mit der Lammkeule im Ofen backen. Dann mit grobem Salz bestreuen.

Grüne Bohnen mit Schafskäse

Zutaten für 4 Personen:

1 kg	grüne Bohnen
3	Tomaten, enthäutet und grob gewürfelt
	Olivenöl
250 ml	süße Sahne
	Oregano
	Salz, Pfeffer
200 g	griechischer Schafskäse, gewürfelt

Die Bohnen putzen und in Salzwasser gar kochen. Die Tomaten in Olivenöl andünsten. Mit der Sahne ablöschen, etwa 10 Minuten einkochen lassen. Mit Oregano, Salz und Pfeffer abschmecken und warmstellen. Die gegarten Bohnen abgießen und in eine Schüssel geben. Den Schafskäse über die Bohnen verteilen. Zum Schluß die Tomatensoße darübergießen.

Annemaries Zimtschaum

Zutaten für 4 Personen:

1	Vanilleschote
5	Zimtstangen
500 ml	süße Sahne
8 Blatt	Gelatine
6	Eier
100 g	Zucker
2 EL	Zimt

Vanilleschote aufschlitzen, auskratzen und mit der Sahne und den Zimtstangen aufkochen. Etwa 10 Minuten auf kleiner Flamme einkochen, dann durch ein Haarsieb gießen und etwas abkühlen lassen. Inzwischen die Gelatine in kaltem Wasser einweichen, ausdrücken und in der warmen Sahne auflösen.

Eier trennen. Eigelb mit Zucker und gemahlenem Zimt im Wasserbad aufschlagen, die Sahne unter ständigem Rühren dazugeben. Die schaumige Masse auf Eiswasser kaltschlagen. Zuletzt das Eiweiß zu Schnee schlagen und unterheben. Mindestens zwei Stunden in den Kühlschrank stellen. Zum Feigenkompott servieren.

Feigenkompott mit Portwein

Zutaten für 4 Personen:

125 ml	Portwein
3–4 EL	Zitronensaft
1 EL	Zucker
1 TL	Speisestärke
8–12	frische Feigen, entstielt und geviertelt

Portwein, Zitronensaft, Zucker und Speisestärke verrühren und einmal aufkochen. Die Feigen etwa 5 Minuten in dem Sud ziehen lassen. Anschließend abkühlen.

Der Koch, meine Schwester und das Schicksal
Birgit H. Hölscher

Wäre sie nicht ihre einzige Schwester gewesen, hätte sie Käthe wahrscheinlich verabscheut.

Das alberne Getue der dicklichen, uneleganten Zweiundsiebzigjährigen, ihre gezierte Art, sich dauernd über das weiße, ondulierte Haar zu streichen, in Gesellschaft immer eine Spur zu schrill zu lachen, sich ständig in Gespräche anderer einzumischen.

Hanne war Käthes plump-naive Art seit ihrer Kindheit zutiefst unangenehm gewesen. Sie selbst war zurückhaltender als ihre ein Jahr ältere Schwester, legte mehr Wert auf ernsthafte Gespräche, kleidete sich mit unauffälligem Chic und trug ihr grausilbernes Haar zu einem glatten Helm geschnitten. Im Stillen hatte sie sich schon immer nicht nur für die attraktivere, sondern auch für die intelligentere von ihnen gehalten. Schließlich hatte sie etwas aus ihrem Leben gemacht, war als Chefsekretärin eines Ölkonzerns um die halbe Welt gereist und nicht in einer biederen Ehe versauert. Und sie hatte ihr Gewicht gehalten – obwohl auch sie eine Feinschmeckerin war. Im Alter war sie jedoch nachsichtiger mit Käthe geworden, und seit sie beide allein waren, Käthes langweiliger Gatte Ernst war vor neun Jahren gestorben, waren sie sich über ihre gemeinsame Leidenschaft, die Kochkunst, wieder nähergekommen. Sie hatten begonnen, sich abwechselnd zu selbst zubereiteten Diners nach Rezepten ihres Vaters ein-

zuladen. Dabei hatte die heimliche Konkurrenz darum, wer von ihnen die bessere Köchin war, nicht unwesentlich zum Genuß dieser Schlemmerabende beigetragen. Doch nun war ihre Schwester tot.

Sie schaute in Käthes penibel aufgeräumtem Wohnzimmer umher. Auf den Polstern lagen Zierdeckchen aus Spitze, die Stores vor den Fenstern wirkten frisch gestärkt. Doch wenn man genau hinsah, und Hanne sah immer genau hin, bemerkte man die leichte Verwahrlosung, die sich hier im Laufe der vier Monate seit Käthes Verschwinden und dem Auffinden ihres geschundenen Leichnams vor zwei Wochen eingenistet hatte. Eine dünne Staubschicht bedeckte die Oberflächen, auf den Fensterbänken lagen zwischen den Blumentöpfen unzählige Blüten und Blätter, und das Sonnenlicht brach sich in den Spuren, die der Regen auf den stumpfen Fensterscheiben hinterlassen hatte. Ein trostloses Bild. Doch Hanne hatte die Kraft gefehlt, hier für Ordnung zu sorgen, solange die Ungewißheit an ihren Nerven gezerrt hatte. Nur den Kanarienvogel hatte sie, wenig begeistert, nach Käthes Verschwinden zu sich genommen.

Hanne schluckte trocken, trat zum Schrank und begann, methodisch und gründlich dessen Schubladen und Fächer zu durchsuchen. Ein Leben lang hatte eine halb scherzhafte, halb ernste Rivalität zwischen ihnen gestanden. Doch ermordet zu werden hatte Käthe nicht verdient. Hanne wischte mit dem Handrücken die Tränen fort, die ihr über die faltigen Wangen rollten.

Bevor sie das BUCH nicht gefunden hatte, würde sie die Firma, die den Haushalt auflösen sollte, nicht rufen können. Alle anderen Wertgegenstände waren bereits bei ihr zu Hause. Da sie die einzige Angehörige ihrer kinderlosen Schwester war, erbte sie alles.

Wo konnte das BUCH nur sein? Käthe hätte es niemals verliehen oder irgendwohin mitgenommen. Es war ihr Familienheiligtum, das sie beide nur in die Hand zu nehmen brauchten, um eine deutlich spürbare Verbindung zu ihrem seit Jahrzehnten toten Vater und seiner kulinarischen Genialität herzustellen. Daß sie es noch immer nicht gefunden hatte, war Hanne ebenso unbegreiflich wie die Tatsache, daß jemand die harmlose, alte Käthe erwürgt und ihren Leichnam auf einer Müllkippe zurückgelassen hatte. Wenn Käthe alle zwei Wochen an der Reihe gewesen war, sie zu bekochen, hatte der goldgeprägte Band immer in der Küche neben dem Herd gelegen, die aufgeschlagenen Seiten sorgfältig durch eine transparente Hülle vor Spritzern geschützt. Doch die Küche hatte Hanne schon zweimal durchsucht. Dort war die wertvolle Rezeptsammlung ihres Vaters, die eine Hälfte des Vademekums seiner Haute Cuisine, nicht. Sie wußte genau, wie das BUCH aussah, hatte sie doch nach seinem Tod die andere

Hälfte jener Rezepte geerbt, die ihm zu Lebzeiten in der Fachwelt den Ruf eines kulinarischen Zauberers und Anstellungen in den nobelsten Restaurants beschert hatten. Als sich die Schwestern nicht gütlich einigen konnten, hatte der Notar den testamentarischen Anweisungen ihres vorausschauenden Vaters Folge geleistet, und das BUCH war am Rücken entlang in zwei gleich starke Hälften getrennt worden. Beide hatten einen halben Einband aus dunkelbraunem, narbigen Leder, die Ecken mit Messingdreiecken verstärkt, die Seiten im Schnitt vergilbt und wellig. Sie würde keine Ruhe haben, bis sie dieses wertvolle Vermächtnis ihres Vaters gefunden hätte und das BUCH – endlich – wieder vereint wäre.

Was wollte die lästige Alte nun schon wieder? Er wischte sich seine vom Gläserspülen nassen Hände an der langen weißen Schürze ab, die seinen gewaltigen Bauch bedeckte, und folgte mit gerunzelter Stirn dem Winken der rundlichen alten Frau, die wie gewöhnlich ihr einsames Abendessen an Tisch drei einnahm.

»Ich habe es dabei, Bernd«, strahlte sie ihn an. Er blickte sie verständnislos an. »Na, worüber wir letztens gesprochen haben. Das BUCH!« Sie beugte sich verschwörerisch zu ihrer unförmigen Handtasche und zog ein altes, in Leder gebundenes Buch, dessen Rückwand fehlte, aus ihrer Tasche. Jetzt fiel ihm alles wieder ein. Die Rezeptsammlung, von der sie ihm vor Wochen vorgeschwärmt hatte, nachdem er ihr sein Lebensziel – Chefkoch in einem Sterne-Restaurant – offenbart hatte. Da sie ihr Versprechen, ihm das BUCH zu zeigen, so lange nicht wahr gemacht hatte, hatte er geglaubt, daß sie die Geschichte erfunden hatte.

Sie kam fast täglich zum Abendessen in das kleine, heruntergekommene Restaurant Zur Brücke, in dem er kochte und in dem, wenn er nicht die Kurve kriegte, auch bald seine ganze kulinarische Kreativität verlöschen würde. Sein Boß hatte kein Interesse an erlesenen Köstlichkeiten und ausgefeilten Speisefolgen. Die Kundschaft sollte satt werden, nicht zu lange bleiben, und billig sollte es sein. Es war das typische Restaurant für die Nachbarschaft, und er, Bernd, war, wie er sich leider eingestehen mußte, ein typischer Verlierer. Mit Ende zwanzig hatte er es noch immer nicht in ein namhaftes Restaurant geschafft, sondern murkste noch immer mit Eintöpfen, paniertem Fischfilet und Fertigpuddings herum. Man hatte ihm einfach keine Chance gegeben. Noch immer gab er einen Teil seines schmalen Gehalts für »Fortbildungen« aus: Er speiste regelmäßig in Nobelrestaurants und notierte sich die Menüfolgen und die herausgeschmeckten Rezepturen. Enttäuschenderweise schmeckte jedoch das, was er dann nachkochte, oft weniger gut als das Original.

Und dann hatte diese nervige, geschwätzige Alte, die jede Gelegenheit nutzte, ihn oder andere Gäste in ein Gespräch zu verwickeln, ihm erzählt, ihr Vater sei ein berühmter Küchenchef gewesen und habe ihr seine Rezeptsammlung vererbt. Er hatte damals zwar gedacht, sie wolle sich nur wichtig machen, hatte sie aber dennoch gebeten, ihm Einblick in die Sammlung zu gewähren.

Als jetzt dieses BUCH vor ihm lag, spürte er eine merkwürdige Unruhe. Eine unbegreifliche Intensität ging von dem ledergebundenen Band aus, er besaß eine Ausstrahlung wie eine uralte Bibel oder etwas in der Art. Während er die ersten Seiten mit zitternden Fingern aufblätterte und im dämmrigen Licht des Restaurants die handschriftlichen Aufzeichnungen zu entziffern begann, schwanden alle anderen Wahrnehmungen.

Die Alte schwieg, während er Seite um Seite wendete und stumm die Lippen bewegte. Ihn hatte die geheimnisvolle Kraft gepackt, die von den trocken knisternden Seiten ausging. Er hatte sofort erkannt, daß er einen Schatz in den Händen hielt. Das BUCH der Bücher!

»Jetzt staunen Sie, nicht wahr?« Er schreckte hoch und blickte in ihr verschmitzt lächelndes, runzliges Gesicht. Ihre Brillengläser funkelten. »Doch ich muß jetzt nach Hause. Es ist schon spät.«

»Aber, liebe Dame.« Er nahm seinen ganzen Charme zusammen, lächelte sie süßlich an. »Sie können noch nicht gehen. Nicht bevor ich alles gesehen habe.« Er war sich schlagartig bewußt geworden, daß dieses Meisterwerk für ihn Gold wert war. Erlesenste Kreationen der Kochkunst wurden da Seite für Seite vor seinem Auge heraufbeschworen. Kompositionen ausgefallenster Ingredienzen, faszinierend kühne Speisefolgen, kulinarische Schöpfungen von schlichter, genialer Eleganz.

»Möchten Sie noch einen Kaffee oder einen Espresso? Natürlich auf meine Kosten«, setzte er hinzu. Sie willigte erfreut ein, und im Verlauf des Abends ließ sie sich von ihm noch zu einem weiteren Kaffee, dann zu einem Sherry und später zu einem Glas Wein einladen. Bernd war ganz gespannte Aufmerksamkeit, während er zwischen dem Lesen immer wieder seine Küchen- und Kellneraufgaben erledigte. Dieses BUCH mußte er haben! Seine Nerven waren zum Zerreißen gespannt, je weiter er in die Aufzeichnungen des Meisterkochs vordrang. Er überlegte fieberhaft, wie er in den Besitz dieser unschätzbar wertvollen Sammlung gelangen konnte. Schließlich bot er ihr eine nicht unbeträchtliche Summe an. Doch die Alte lachte nur und gab ihm unmißverständlich zu verstehen, daß der heutige Einblick in die Schätze ihres Vaters für ihn der einzige bleiben würde. »Es wäre ihm nicht recht«, behauptete sie. »Niemand, der nicht zur Familie gehört, soll seine Rezepte benutzen. Das hat Vater in seinem Testament

bestimmt. Niemand anderes soll sich mit seinen Meisterwerken schmük-
ken.«

Es war zum Verrücktwerden. Hier war der Garant für seinen Weg zum
Olymp der Spitzenköche, und diese nichtsnutzige Alte faselte etwas von
moralischer Verpflichtung, dem letzten Willen ihres Vaters zu folgen. Er
erhöhte sein Angebot. Sie lachte nur. Verdammt, seine Zukunft stand auf
dem Spiel. Es mußte einen Weg geben! Er klappte das BUCH zu.

»Wenn Sie noch eine Sekunde Geduld haben, werde ich Sie auf Ihrem
Heimweg begleiten. Um diese Zeit ist es für ältere Damen nicht mehr sicher
auf den Straßen.« Eben fiel der Vorhang am Eingang hinter den letzten
Gästen zu. Sie wartete, während er kurz aufräumte. Bevor er die schmud-
delige Küche verließ, nahm er – obwohl das seine kaputte Leber zum Tanzen bringen würde – mehrere große Schlucke von dem Hochprozentigen,
mit dem er die Saucen verfeinerte, obwohl sein Chef das für Verschwen-
dung hielt.

Entschlossen drehte er den Schlüssel im Schloß der Restauranttür und
nahm die alte Frau beim Arm.

Monate später stieß Hanne die Tür des Restaurants auf. Alter Fettgeruch,
gemischt mit kaltem Zigarettenrauch, schlug ihr entgegen. Fleckige Tischdecken, schäbiges Mobiliar. Unvorstellbar, daß Käthe hier ihre Abende verbracht haben sollte. Entschlossen steuerte sie auf einen der Tische zu.

Seit man Käthes armen Körper auf der Müllkippe gefunden hatte, war
Hanne die Zeit lang geworden. Anfangs hatte sie oft stundenlang wie
gelähmt und voller Verzweiflung vor dem Käfig mit dem Kanarienvogel
ihrer Schwester gesessen. Immer wieder hatte sie den zuständigen Beamten der Mordkommission aufgesucht, bis er sich schließlich entnervt ver-
leugnen ließ. Monate, in denen ihre Hoffnung auf irgendeine Art von
Erklärung für das Unfaßbare jedoch nicht geschwunden war. Als sie
begriffen hatte, daß die Polizei den Fall bereits beiseite gelegt hatte und ein
verschwundenes Kochbuch sie überhaupt nicht interessierte, hatte sie
beschlossen, selbst tätig zu werden und in Käthes Umfeld nach ihren
Gewohnheiten und Bekanntschaften zu forschen.

Sie rief die Bedienung, bestellte, und kurze Zeit später wußte sie mehr.
Der hagere Kellner war sichtlich bemüht, es der eleganten Dame im Fuchs-
pelz recht zu machen.

»Aber sicher erinnere ich mich an Ihre Schwester, gnädige Frau. Sie war
ja fast jeden Abend hier. Meistens bestellte sie eine Suppe. Sie hatte sich mit
unserem damaligen Koch ein wenig angefreundet. Wenn nicht viel los war,
haben die beiden die Köpfe zusammengesteckt. Ihre Schwester wußte

immer viel zu erzählen.« Er schüttelte betrübt den Kopf. »Ein tragisches Ende! Wer tut nur so etwas?«

Als Hanne nach dem Verzehr einer labbrigen Tomatensuppe erleichtert das Restaurant verließ, war sie überzeugt, daß sie mehr herausfinden würde, wenn sie nur den Koch – er hieß Bernd Wagner – finden würde. Der sollte mittlerweile in irgendeinem Sterne-Restaurant Küchenchef sein. Die Polizei hatte ihn damals, nachdem Käthe aufgefunden worden war, vernommen, aber nicht verdächtigt. »Schade«, hatte der Kellner gemeint, »gerade als der Laden hier in Schwung kam und uns die Gäste wegen Bernds neuer Gerichte die Bude eingerannt haben, da ist er weggegangen. Für kurze Zeit waren wir so was wie ein Geheimtip.«

Es war doch seltsam, daß er solch einen riesigen Karrieresprung gemacht hatte, nachdem Käthe tot und ihr BUCH verschwunden war. Mit Vaters Rezepturen ausgestattet, wäre dies allerdings durchaus denkbar. Die Antwort auf die Frage, auf welche Weise der Mann an das BUCH gekommen war, lag dann ja wohl auf der Hand. Aber daran mochte Hanne noch nicht denken. Fröstelnd zog sie den Kragen ihres Pelzes enger um ihren Hals. Sie spürte, daß sie auf der richtigen Spur war. Sie würde den Mann finden, und wenn sie persönlich sämtliche Nobelrestaurants der Stadt abklapperte.

Das war es! Hanne legte die Gabel beiseite und schloß für einen Moment die Augen, umgeben von der dezenten Geräuschkulisse des teuren Restaurants. Auf ihrer Zunge ein unvergleichlicher Geschmack. Nirgendwo anders hatte eine Rotweinglace je so delikat geschmeckt. Sie spießte eine der gedämpften Schalotten auf und lächelte. Vaters Geheimnis der Prise Koriander und des Hauchs Kümmel. Doch hatte der Koch hier mit dem Koriander etwas übertrieben. Und insgesamt fehlte dem Gericht entschieden die unnachahmliche, begnadete Größe ihres Vaters. Sie kaute langsam und blickte versonnen zu dem glitzernden Kristallüster über ihrem Tisch hinauf. Sie hatte es geschafft. Endlich hatte sie den Mörder ihrer Schwester gefunden!

Ihre ersten Recherchen per Telefon waren erfolglos geblieben. In keinem der großen Restaurants arbeitete ein Bernd Wagner als Küchenchef. Entweder stimmte die Geschichte des Kellners nicht, oder der Koch hatte seinen Namen geändert. So hatte sie begonnen, die großen Restaurants zu besuchen, um ihn aufzuspüren.

Hier stand der erste Beweis vor ihr. Das Tagesmenü ließ keinen Zweifel mehr. Als Entree Pochierte Austern in Sahne und Champagner, danach Schalotten in Rotweinglace und Paprika-Zucchini-Brunoise, gefolgt von Cailles en Sarcophage – Wachteln im Blätterteigsarkophag. Vaters Krea-

tion! Hanne hatte sich selbst einmal an den Wachteln versucht, und sie erinnerte sich schmerzlich daran, wie Käthe und sie während des Essens gewitzelt hatten, dies sei ein rechtes Menü für eine Begräbnisfeier. Arme Käthe!

Jetzt hieß es handeln! Hanne suchte den Waschraum auf, und nach einer kleinen Manipulation an ihrem Körper schritt sie mit hoch erhobenem Kopf zurück an ihren Tisch.

»Ist alles in Ordnung, gnädige Frau?« Der Kellner beugte sich besorgt zu ihr.

»Nein, absolut nicht. Sehen Sie sich das an.« Hanne hatte ihr Gesicht in grimmige Falten gelegt und fischte mit dem Dessertlöffel nach einem großen Fingernagel, der gelblich-weiß in der dunkelbraunen Sauce zwischen den Schalotten und den winzigen Gemüsewürfeln schwamm. Sie fuhr sich unter dem Tisch mit dem Zeigefinger über die rauhe Kante ihres Daumennagels.

»Ich möchte den Küchenchef sprechen«, beharrte sie unbeirrt, und dank ihrer im Berufsleben erlangten resoluten Penetranz stand nach einer Weile tatsächlich der dicke, kummervoll blickende Chef de Cuisine vor ihrem Tisch. Er war jünger, als sie erwartet hatte.

Hanne stand in ihrer kleinen, bestens ausgestatteten Küche und rührte summend in der Sauteuse, in der sie die Sauce für das Fruchtragout zubereitete. In weniger als vier Stunden wäre der Koch hier, und sie würde ihm eine ausgeklügelte Menüfolge servieren. Nachdem sie vor drei Tagen in seinem Restaurant diesen kleinen Skandal provoziert hatte, war sie dem Küchenchef gegenüber mit einem Mal ganz leutselig geworden. Sie hatte ihm milde lächelnd angeboten, den Vorfall mit dem Fingernagel für sich zu behalten, wenn er ihrer Einladung zu einem selbstgekochten Gourmetmenü folgte. Sie wäre eine ambitionierte Hobbyköchin, der es leider an Genießern ihrer Kochkunst mangelte. Er hatte schwitzend, mit unaufrichtigem Lächeln eingewilligt. Ein widerlicher Kerl! Klar, er wollte keinen Ärger, und vielleicht wurden ihm auch mittlerweile die Rezepte knapp, da er sich anscheinend ja nur mit Vaters Kreationen über Wasser hielt.

Sie verlängerte die karamelisierte Flüssigkeit mit Fruchtsaft und füllte sie in ein Mixglas, um sie dort mit einem Eigelb kräftig aufzuschlagen. Ihr Blick wanderte währenddessen über die vor ihr aufgereihten Zutaten des Desserts. Die Schüssel mit den Orangen- und Grapefruitfilets, das Näpfchen mit der abgeriebenen Zitronenschale, die Flasche Orangenlikör, die Packung mit ihren Herztabletten. Sie hatte bewußt das Quarkomelette mit Fruchtragout als Dessert gewählt, da es eine leicht bittere Note durchaus vertrug.

Der Koch wirkte etwas derangiert. Er saß vornübergebeugt und verkrampft auf einem von Hannes Speisezimmerstühlen, wischte sich wie-
derholt mit der Serviette über das gerötete, schweißnasse Gesicht und
nahm hastige Schlucke aus seinem Weinglas. Zwischen den einzelnen Bissen kritzelte er hektisch. Gleich zu Beginn des Diners hatte er aus der
neben seinem Stuhl liegenden Umhängetasche einen Schreibblock und
einen Stift geholt und schrieb nun eifrig die Zutaten jedes Gerichts mit, die
seine Gastgeberin ihm mit zuckersüßem Lächeln diktierte. Ihre Kreationen waren wirklich köstlich. Sie war eine begnadete Köchin, das mußte der
Neid ihr lassen.

Nach dem Aperitif hatte sie ihm Pochierte Austern in Sahne und Champagner aufgetischt. Ein Gaumenschmaus. Die Austern aalten sich geradezu in der sahnigen Sauce. Danach Pain de foie de veau léger – pürierte
Kalbsleber in einer Charlottenform zubereitet, dazu Spargel mit Rotweinmayonnaise. Eine gewagte, jedoch bestechende Zusammenstellung. Er
schluckte den schweren, fruchtigen Fleury hinunter. Die Alte hatte
Geschmack! Während sie in der Küche den nächsten Gang zubereitete,
blickte er im Zimmer umher. Die dunklen, antiken Möbel waren sehr
gepflegt, der Perserteppich sicher echt. Vor dem Fenster hing an einem
hohen Messingständer ein Vogelkäfig. Er merkte, daß er aufstoßen
mußte, und konnte gerade noch seine Serviette an den Mund halten, um
den Rülpser zu dämpfen. Er sollte lieber etwas kürzer treten, er vertrug
kein Fett. Sein Arzt hatte sogar gemeint, es würde ihn eines Tages umbringen, er müsse Diät leben. Und das bei seinem Beruf!

»So, mein Lieber, das hier wird Sie für die kleine Wartezeit entschädi-
gen.« Die Alte war im Türrahmen erschienen. »Fasan im Speckmantel!«
Triumphierend stellte sie den Teller vor ihn hin, lüpfte die silberne Haube
und begann dann, eine weitere Weinflasche zu öffnen.

Das Fleisch des Fasans wurde nur noch von den darumgewickelten
Scheiben aus fettem Speck auf den Knochen gehalten. Er dachte verzweifelt an den Fettgehalt. Doch ihm blieb nichts übrig, als sich auch dieses
Rezept zu erfressen. Die Alte hatte sich, wie zuvor, ihm gegenüber hinge-
setzt und beobachtete ihn. Sie selbst aß nichts, nippte nur ab und zu mit
einem feinen Lächeln an ihrem Wein.

Wenig später ging nichts mehr. Ihm wurde schwarz vor Augen, sein Hals
schnürte sich zusammen, und seine Brust verengte sich beklemmend. Es
war das Fett! Er versuchte, tief Atem zu holen, und ließ Messer und Gabel
sinken. Es war einfach zu viel Fett! Dagegen kam seine Leber nicht an. In
seinem Leib tobte ein infernalischer Kampf gegen das üppige Essen.
Schwerfällig erhob er sich und entschuldigte sich matt bei der Alten. Sie

wies ihm den Weg zur Toilette und schien nicht zu merken, wie schlecht es ihm ging.

Nach einer Weile beruhigte sich sein Körper ein wenig. Noch immer lastete ein furchtbarer Druck in seiner Magengegend, aber er mußte zurück. Er rülpste schmerzhaft und verfluchte seine kaputte Leber. Es hatte sich jedoch gelohnt, hierherzukommen. An der offenen Küchentür hielt er inne. Nur noch einen Blick auf die Stätte, an der die Alte die ganzen unwahrscheinlichen Köstlichkeiten zauberte.

Alles war penibel aufgeräumt, nur das für die restlichen Gänge Notwendige stand auf den Arbeitsflächen. Auf dem Tisch lag eine elektrische Küchensäge. Zwischen der Kochstelle und einer riesigen Kühlgefrierkombination sah er einen Gegenstand, der ihm seltsam bekannt vorkam. Er trat vorsichtig näher, den latenten Schmerz in seinen Eingeweiden ignorierend. Das war doch nicht möglich! Vor ihm lag sein BUCH! Die Stiche in seinem Unterleib waren fast unerträglich, als er sich hinabbeugte. Kein Zweifel, dieselbe blasse Handschrift, dieselben gelblichen, leicht welligen Seiten. Nur fehlte diesem Band der Deckel. Was hatte das zu bedeuten? Ein Zufall?

Ein weiterer scharfer Schmerz durchfuhr seinen Körper, und er lehnte sich haltsuchend an den Kühlschrank. Wer war die alte Schachtel dort hinten im Eßzimmer? Was wußte sie? Lauerte schon die Polizei in der Wohnung? Seine Verzweiflung wuchs im selben Maße wie seine Schwierigkeit, beim Atemholen. Sein Blick glitt über die Gegenstände auf der Arbeitsfläche – ein Dessertteller, eine Schöpfkelle auf einer Untertasse, dahinter ein Steingutmörser –, und plötzlich weiteten sich seine Augen. Direkt neben dem Mörser stand eine große, fast leere Medikamentenpackung. Und im offenen Abfalleimer unterhalb der Arbeitsfläche erkannte er mehrere leere Blisterverpackungen, aus denen alle Tabletten herausgedrückt worden waren.

Ihm wurde schwindlig, und innerhalb von Sekundenbruchteilen begriff er, was die alte Hexe vorhatte. Sie hatte von Anfang an gewußt, daß er ihre Freundin, Schwester oder was auch immer auf dem Gewissen hatte, und wollte sich an ihm rächen. Es war nicht das Fett, was ihm so zusetzte, es war Gift! Der Schock ließ ihm den Atem stocken, seine Hand fuhr in den Hemdkragen – er brauchte Luft, er erstickte! Panisch lockerte er seine Krawatte, versuchte einen klaren Gedanken zu fassen. Er brauchte medizinische Hilfe. Doch die Todesangst lähmte ihn. Plötzlich knickten seine Beine ein. Er stürzte schwer auf die Seite. Ich muß hier raus, schoß ihm im Fallen noch durch den Kopf. Ich werde sterben, wenn keine Hilfe kommt. Er spürte seine Beine nicht mehr, und dann füllte Erbrochenes seinen Mund.

Wie von Ferne hörte er seinen Atem pfeifen und vom anderen Ende der Wohnung her eine fragende Frauenstimme. Entsetzt merkte er, daß er keine Luft mehr bekam. Mit einem letzten Wimmern sackte sein Oberkörper schwer zur Seite.

Hanne schüttelte perplex den Kopf. Sie hatte ihm den Puls gefühlt, wie sie es in ihrem Erste-Hilfe-Kurs gelernt hatte, hatte zur Sicherheit noch ihren Taschenspiegel an seine blauroten, mit Erbrochenem verkrusteten Lippen gehalten. Doch er blieb tot. Sie richtete sich verwundert auf. Es war genau das, was sie gewollt hatte. Der Mörder von Käthe war tot. Sie war am Ziel! Und dabei hatte er noch gar nicht von dem präparierten Dessert gegessen. Die Omelettemasse wartete noch in ihrer Form darauf, in den Ofen geschoben zu werden, auf der Fensterbank harrten die abgedeckten Fruchtfilets auf ihren Einsatz in der äußerst gehaltvollen, leicht bitteren Fruchtsauce, die in einer Glaskaraffe neben ihnen stand. Hanne kicherte vor Erleichterung. Ein natürlicher Tod! Die Säge brauchte sie nun nicht einzusetzen, und auch die Kühltruhe hatte sie umsonst ausgeräumt. Welch ein Glücksfall!

Sie nahm die Karaffe von der Fensterbank, und während sie die dickflüssige, gelbliche Sauce in die Kloschüssel kippte und mehrmals abzog, überlegte sie, daß sie jetzt nur noch die Adresse und die Wohnungsschlüssel des Kerls brauchte, um Käthes Hälfte von Vaters Vermächtnis zurückzuholen.

Einen Augenblick später hatte sie die im Speisezimmer stehende Tasche geöffnet und sah sich unverhofft dem BUCH gegenüber. Ihr altes Herz hüpfte vor Freude. Er hatte es bei sich gehabt! Während sie mit zitternder Hand liebevoll über den rissigen Lederdeckel strich, nahm sie sich vor, niemals wieder an der Macht des Schicksals zu zweifeln.

Menü VI – Der Koch, meine Schwester und das Schicksal

Pochierte Austern in Sahne und Champagner

Zutaten für 4 Personen:

24	Austern
½ Flasche	Champagner
2	Schalotten
¼ l	Wasser
⅛ l	Sahne
1	Eigelb
1 TL	Zitronensaft
1 EL	Wasser
	Salz und Pfeffer
	eisgekühlte Butterflöckchen

Austern vorsichtig öffnen, die Muscheln von der (flacheren) Oberschale lösen und das Austernwasser aus den unteren Schalen durch ein Sieb filtern, um eventuelle Muschelsplitter zu entfernen. Die Hälfte des Champagners mit dem Muschelwasser in einen Topf geben und erhitzen. Die Austern pochieren (nicht kochen), bevor der Sud kocht, dann beiseite stellen. Schalotten hacken. Mit dem Wasser und dem restlichen Champagner bei starker Hitze auf ein Viertel des Volumens einkochen. Sahne hinzufügen und zu einer dicklichen Sauce einkochen.

Inzwischen einen kleinen Topf ins Wasserbad stellen. Eigelb mit Zitronensaft, Wasser, Salz und Pfeffe verquirlen, bis eine Creme entsteht. Einige eisgekühlte Butterfllöckchen hineinquirlen.

Die so entstandene Sauce mit der eingekochten Sahnesauce vermengen. Die Austern in die tiefere der beiden Schalen legen und auf eine feuerfeste Platte setzen. Sauce darübergießen. Im vorgeheizten Grill sehr kurz gratinieren und sofort servieren.

Pain de foie de veau léger
Pürierte Kalbsleber

Zutaten für 4 Personen:

125 g	frisches Weißbrot
⅛ l	süße Sahne
2	Zwiebeln, feingehackt
500 g	Kalbsleber
4	Eier
4	Eigelb
½ l	warme Milch
	Salz, Pfeffer und Muskat

Weißbrot in Sahne einweichen. Zwiebeln in Butter glasig dünsten. Leber blanchieren, hacken und mit dem Weißbrot pürieren. Eier, Eigelb, Milch und Zwiebeln untermischen. Mit Salz, Pfeffer und Muskat abschmecken. In vier gebutterten Charlottenformen im Wasserbad garziehen lassen und stürzen. Dazu wird, wie nachfolgend beschrieben, Spargel gereicht.

Spargel mit Rotweinmayonnaise

Zutaten für 4 Personen:

1 kg	Spargel
2	Eigelb
je ½ TL	Salz, Zitronensaft oder Kräuteressig
	feingemahlener weißer Pfeffer
¼ l	Olivenöl
¼ l	trockener Rotwein

Spargel waschen, schälen und die unteren Enden abschneiden. Spargel im abgedeckten Topf garen, gut abtropfen lassen und auf einer Platte anrichten.

Für die Rotweinmayonnaise Eigelbe in eine große Schüssel geben und mit einem Schneebesen gut durchschlagen. Nach und nach Salz und Zitronensaft oder Essig unterrühren und mit Pfeffer würzen.

Anschließend das Olivenöl tropfenweise einrühren, bis es die flüssige Mischung andickt und Mayonnaise entsteht. Ca. 1 Stunde kaltstellen. Vor dem Servieren den Wein vorsichtig untermischen.

Fasan im Speckmantel

Zutaten für 4 Personen:

2	junge Fasane, gewaschen und abgetrocknet
	Pfeffer und Salz
160 g	fetter Speck, in breite Scheiben geschnitten
160 g	Butter
200 ml	Madeira
	Trüffelsaft (aus dem Glas)
2 EL	Fleischbrühe
2	geschälte Trüffel (aus dem Glas), in Streifen geschnitten

Backofen auf 220° C vorheizen. Fasane leicht mit Pfeffer und Salz einreiben. Mit breiten Scheiben Speck einwickeln, mit Küchengarn festbinden.

Butter in einem ofenfesten Topf erhitzen und Fasane von beiden Seiten anbraten. In den Backofen schieben und bei 220° C goldbraun braten. Dabei immer wieder mit Bratfett übergießen. Nach 30 Minuten aus dem Topf nehmen und warm stellen. Bratfett abgießen und Bratensatz mit Madeira, Trüffelsaft und Fleischbrühe aufkochen. Trüffel hinzugeben.

Dazu in Butter gebräunte Weißbrotcroutons reichen.

Quarkomelette mit Fruchtragout

Zutaten für 4 Personen:

6	Orangen
1	Grapefruit
50 g	Butter
220 g	Zucker
3 + 1	Eigelb
	abgeriebene Schale von je 1 Zitrone und Orange
2 EL	Orangenlikör
200 g	Quark
	abgeriebene Schale von ½ Zitrone
4	Eiweiß
	Butter
	Puderzucker

2 Orangen und Grapefruit schälen. Filets über einer Schüssel aus-
lösen. Restlichen Saft aus den Häuten mit den Händen über der
Schüssel auspressen. Restliche Orangen auspressen. Saft zu dem
aufgefangenen Saft in der Schüssel geben.
In einer Sauteuse Butter und 70 Gramm Zucker unter ständigem
Rühren bei mittlerer Hitze garen, bis ein hellbrauner Karamel
entstanden ist. Langsam die Hälfte des Orangensafts unterrühren. Die Mischung mit einem Eigelb in einem Mixglas kräftig
schütteln. Den restlichen Orangensaft, Zitronen- und Orangen-
schale und Orangenlikör unterrühren.
Quark durch ein Sieb in eine Rührschüssel streichen. 3 Eigelb
gründlich unterrühren. Zitronenschale untermischen.
Backofen auf 220° C vorheizen.
4 Eiweiß mit 150 g Zucker zu einer cremigen, nicht zu festen
Masse aufschlagen. Eischnee und Quarkmasse mit einem
Schneebesen vorsichtig vermengen.
Zwei beschichtete Pfannen von etwa 18 cm Durchmesser auf
dem Herd erhitzen und etwas Butter darin schmelzen lassen.
Je ein Viertel der Omelettemasse in den Pfannen verstreichen.
Die Omelettes bei mittlerer Hitze etwa 2 Minuten leicht bräu-
nen, dann etwa 8 Minuten in den Backofen (Mitte) stellen, bis sie
hellbraun sind. Orangen- und Grapefruitfilets in die Sauce geben.
Omelettes aus dem Backofen nehmen, mit je einem Viertel

des Fruchtragouts füllen und zur Hälfte zusammenklappen. Auf vorgewärmte Teller stürzen, mit Puderzucker bestäuben und rasch servieren. Dann die anderen beiden Omelettes zubereiten.

Ausgekochter Anhang

Die Schreibtischtäter bitten zu Tisch
Thomas Przybilka

»Voller Bauch denkt nicht gern«, so lautet, leicht abgewandelt, ein deutsches Sprichwort. Wie in jedem guten Sprichwort steckt hinter solchen Aussagen eine mehr oder weniger belegbare Wahrheit.

Wahr ist aber auch, daß jede Regel ihre Ausnahme kennt. Und so wage ich, für diesen speziellen Fall an der Korrektheit der Aussage des erwähnten Sprichwortes zu zweifeln.

Seit einigen Jahren liegt die komplette Organisation für die Jury des »Glauser – Krimipreis der Autoren« in meinen Händen. Dieser bedeutendste deutsche Krimipreis wird von der »Autorengruppe deutschsprachige Kriminalliteratur« DAS SYNDIKAT einmal jährlich während der Criminale, vergeben. Und zwar einmal für den besten deutschen Kriminalroman des jeweils vergangenen Jahres, dotiert mit 10 000 DM, und einmal als Ehrenpreis, kurz »Ehrenglauser« genannt, für einen Zeitgenossen, der sich um die deutsche Kriminalliteratur äußerst verdient gemacht hat, oder aber für das Lebenswerk eines Autorenkollegen.

Die Autorengruppe DAS SYNDIKAT existiert seit 1986. Im Frühjahr jenes Jahres beschlossen knapp 30 Autorinnen und Autoren im Stuttgarter Schriftstellerhaus die Gründung einer Autorengruppe Kriminalliteratur. Inzwischen zählt die ehrenwerte Gesellschaft, wie sie sich selbst gerne tituliert, mehr als 200 Mitglieder aus Deutschland, Österreich und der

Schweiz. Die Gründungsmitglieder verzichteten bewußt auf eine Präsidentin oder einen Präsidenten, so wie es bei den ausländischen Kriminalschriftsteller-Vereinigungen Usus ist, und wählten statt dessen einen Sprecher, der die Gruppe in der Öffentlichkeit vertritt.

In den letzten Jahren wurde auch die Funktion eines Jury-Sekretärs eingeführt, der einmal jährlich, wenn die Juroren zusammenkommen, zum SYNDIKATS-Koch mutiert.

Zu meiner Jury-Arbeit gehört es also unter anderem auch, die fünf Juroren einmal im Jahr in meiner Küche um den großen Küchentisch zu versammeln, um dort die anstehenden Entscheidungen, wer den »Glauser« und wer den Ehrenglauser erhalten soll, zu diskutieren. Nach all den Jahren habe ich sehr wohl und mit Freude gemerkt, daß »ein voller Bauch« hervorragend denken kann. Um den Juroren, die aus den verschiedensten Landesteilen der Bundesrepublik kommen und für zwei Tage und eine Nacht meine Küche bevölkern, die Entscheidungsdiskussion so angenehm wie möglich zu machen, wird das inzwischen berühmt-berüchtigte Jury-Essen veranstaltet.

Um die Strapazen der Anreise vergessen zu lassen und die ersten Indizien, die die Juroren auf die Spur der beiden Preisträger bringen könnten, in Ruhe wenden und durchleuchten zu können, empfiehlt sich eine kleine Stärkung durch Kaffee oder Tee und ein gutes Stück Kuchen.

Die Juroren haben sich nach dieser ersten Kräftigung entspannt, die ersten Namen möglicher Kandidaten für die Preise und die entsprechenden Argumente wurden präsentiert, gewendet, verworfen oder für akzeptabel gehalten. Man erstellt Namenslisten und begutachtet noch einmal den einen oder anderen Kriminalroman, der in die engere Wahl gezogen wurde. In der Küche hängt inzwischen ein leichter Schleier aus Zigaretten- und Pfeifenrauch, und alles wendet sich vorerst vom Thema ab, um zu begutachten, was am Herd passiert. Dann beginnt das SYNDIKATS-Dinner – wahrlich ein *Dinner worth dying for.*

Während der Vorspeise und der Hauptspeise konnte sich die Jury, trotz heftigster Diskussionen, auf die Preisträger festlegen. Die Nachspeise gibt allen Gelegenheit, die Entscheidung noch einmal zu überdenken. Der Grappa signalisiert dann den Schlußpunkt der Entscheidung. Danach sind keine Änderungen mehr zulässig. Die Nacht ist, wie immer und überall bei solchen Begegnungen, offen und lang.

Menü VII – A Dinner worth dying for

Schneller Butterkuchen (»Becherkuchen«)

Zutaten für 1 Blech:

Als Maßeinheit gilt ein Sahnebecher (250 ml)

Für den Teig

1 Becher	Sahne
1 Becher	Zucker
1 Beutel	Vanillezucker
4	Eier
2 Becher	Mehl
1 Beutel	Backpulver
1 Prise	Salz
	abgeriebene Schale einer ½ Zitrone

Für den Guß

125 g	weiche Butter
1 Becher	Zucker
1 Beutel	Vanillezucker
4 EL	Milch
200 g	Mandeln, gestiftelt

Backofen auf 200° C vorheizen.
Sahne in eine Rührschüssel gießen. Becher ausspülen und abtrocknen. Zucker mit Vanillezucker und Eiern zur Sahne geben. Gut verrühren. Mehl zufügen. Backpulver, Salz und Zitronenschale unterrühren und den Teig auf ein gefettetes und bemehltes Backblech streichen.
Auf mittlerer Schiene 10 Minuten backen. Für den Guß Butter mit Zucker, Vanillezucker und Milch verrühren. Mandeln zugeben. Kuchen aus dem Ofen nehmen, Guß gleichmäßig darüberstreichen und auf der zweiten Schiene von oben noch 10–15 Minuten goldgelb bis hellbraun backen.

Pilzsüppchen

Zutaten für 6 Personen:

500 g	Butter
2 EL	Mehl
500 g	Sahne
½ l	Wasser
300 g	frische Wiesenchampignons, in dünne Scheiben geschnitten
2	Schalotten, gewürfelt
	einige Röschen krause Petersilie, gehackt
	eine Handvoll frische Zitronenmelisse
	Salz, Pfeffer, eine Prise Zucker
	Saft einer ½ Zitrone

In einem Topf Butter schmelzen. Mehl unterrühren und mit der Hälfte der Sahne unter ständigem Rühren ablöschen. Restliche Sahne nach und nach angießen und Suppe mit ½ l Wasser verdünnen. Auf der Herdplatte warm stellen.

In einer Pfanne die Champignons und Schalotten mit etwas Butter dünsten, danach in die Suppe geben. Mit Petersilie und Zitronenmelisse verrühren und mit Salz, Pfeffer, Zucker und Zitronensaft abschmecken.

Pasta al sindacato

Zutaten für 6 Personen:

	Olivenöl
600 g	italienische Nudeln, z. B. Penne, Farfalle oder Maccaroni
6–8	Tomaten, grobgehackt
	Salz, schwarzer und weißer Pfeffer
4	Zwiebeln, feingehackt
	Milch, Butter
2 EL	Mehl
	Rotweinessig
1	Prise Muskat
6 Scheiben	gekochter Schinken, in 1 cm große Stücke geschnitten
300 g	kräftiger Käse, in feine Stifte geschnitten
250 g	Mozzarella, in dünne Scheiben geschnitten
	Parmesankäse, gerieben

Nudeln al dente kochen. Tomaten salzen und mit schwarzem Pfeffer würzen. Große Auflaufform gut mit Butter einfetten. Backofen auf 200 bis 250° C vorheizen.

In einem kleinen Topf etwa 50 g Butter auflösen und heiß werden lassen (aufpassen, daß die Butter nicht bräunt!). Zwiebeln darin glasig dünsten. Mit Mehl bestäuben und umrühren, bis sich eine flüssig-cremige Masse ergibt. Nach und nach unter ständigem Rühren mit Milch ablöschen. Es soll eine cremige Sauce entstehen. Mit weißem Pfeffer, Salz, Muskat und einigen Tropfen Rotweinessig abschmecken. Vom Herd nehmen.

Zuerst Nudeln, dann Tomatenstücke, Schinkenstücke und Käse in die Auflaufform schichten. Löffelweise Sauce darüberstreichen. Wiederholen, bis keine Nudeln mehr vorhanden sind. Auf die oberste Schicht Nudeln den Käse und die Mozzarrella-Scheiben legen und alles mit Parmesan bedecken. Oberfläche mit Butterflöckchen besetzen. In der Auflaufform 30–45 Minuten backen, bis sich eine goldgelbe, leicht angebräunte Kruste gebildet hat.

Dazu wird Salat der Saison mit frischen Kräutern, Essig und Olivenöl gereicht.

Tiramisù al sindacato
Bereits einen Tag vorher zubereiten

Zutaten für 6 Personen:

250 g	italienische Mandelplätzchen
100 ml	Mandellikör
500 g	Mascarpone
4	Eigelb
1 Päckchen	Vanillezucker
2 EL	Puderzucker
125 l	Eierlikör
5 EL	Espresso
1–2 EL	Kakao

Mandelplätzchen mit Mandellikör beträufeln und ziehen lassen. Mascarpone mit Eigelb, Vanillezucker, Puderzucker und Eierlikör cremig schlagen, den Espresso unterrühren.

Eine Schüssel mit den Mandelplätzchen auslegen, mit der Creme bedecken und so weiter Schichten bilden. Die Schüssel bedeckt über Nacht in den Kühlschrank stellen. Vor dem Servieren das Kakaopulver durch ein feines Sieb über das Tiramisù stäuben.

Sisters in Crime

1987 hatte Sara Paretsky die Idee, ein »kriminelles Netz« rund um den Kriminalroman ins Leben zu rufen. Gemeinsam mit Charlotte MacLeod und anderen wurde die Organisation Sisters in Crime gegründet. Mitglieder sind Krimifans, Autorinnen, Buchhändlerinnen und viele andere, auch Männer, die einen Mordsspaß an Krimis haben. Mittlerweile ist das Netz auf über dreitausend Sisters angewachsen, die sich in fünfzig Regionalgruppen, den sogenannten Chapters, weltweit organisiert haben und auch über das Internet in Verbindung bleiben.

Die Mörderischen Schwestern (SinC German Chapter) existieren seit 1996. Inzwischen tauschen sich die Mitglieder an Stammtischen und in Arbeitsgruppen darüber aus, wie falsche Fährten gelegt, Mitmenschen auf dem Papier um die Ecke gebracht und andere Aspekte der Krimileidenschaft ausgelebt werden können. Mehrmals jährlich erscheint ein Newsletter, in dem Veröffentlichungen von Mitgliedern, Termine für Krimiwettbewerbe und vieles mehr bekanntgemacht werden. Das Anliegen der Sisters ist es, Belange der Frauen im Bereich Kriminalliteratur besser zu vertreten. Die Vollversammlung der Mörderischen Schwestern findet jährlich während der Criminale statt, dem Jahrestreffen der deutschsprachigen Kriminalschriftsteller. Übrigens sind alle Autorinnen dieses Buches Mitglied bei den Sisters in Crime.

Fatale Flüssigkeiten

Die Mörderischen Schwestern bringen sich erstmal mit der Bloody Virgin in die richtige Stimmung, denn für ihr Handwerk brauchen sie einen klaren Kopf und flinke Finger. Später suchen sie sich mit dem verführerischen Victim's Delight potentielle Opfer und können sich danach, wie sich das gehört, eine Murderous Sister genehmigen.

Bloody Virgin

6 cl	Kirschsaft
6 cl	Johannisbeernektar
6 cl	Blutorangensaft
	Eiswürfel
	Mineralwasser
1	Orangenscheibe und
1	Rispe schwarze Johannisbeeren zum Garnieren

In einem Shaker Säfte und Nektar gut schütteln. Eiswürfel in ein hohes Glas geben. Saft darübergießen und mit Mineralwasser auffüllen. Glasrand mit einer Orangenscheibe und Johannisbeerrispe dekorieren. Mit Trinkhalm sofort servieren.

Victim's Delight

6 cl	Johannisbeernektar
4 cl	Cassis
1 cl	Limettensirup
1	Kugel Zitronensorbet
10 cl	trockener Sekt
	Eiswürfel

Eiswürfel, Nektar, Likör und Sirup im Shaker kräftig schütteln; durch ein Sieb in ein Cocktailglas gießen, Sorbet dazugeben und vorsichtig mit Sekt auffüllen. Mit einem kleinen Löffel servieren.

Murderous Sister

4 cl	Bourbon
5	Minzeblätter
	Zuckersirup
1	Minzezweig
	zerstoßene Eiswürfel

In ein hohes Glas fünf Minzeblätter geben, etwas Zuckersirup dazugießen. Die Minzeblätter mit der Rückseite eines langen Löffels im Glas gut zerdrücken. Glas mit gestoßenem Eis füllen, den Bourbon darübergießen, alles gut verrühren, mit einem Minzezweig dekorieren.

Vitale Viten

SARAH ANDREWS, Studium der Geologie, anschließend Arbeit in der Erdölbranche im Westen der USA, unterrichtet jetzt Geologie an der Sonoma University, Kalifornien. Ihre Bücher erscheinen auch auf deutsch.

CHRISTINE BART, aufgewachsen in Minneapolis, Studium der Internationalen Kommunikation und Medien. Anschließend Schauspielkarriere in Hollywood. Spielte vier Jahre die Rolle der Doctor Collins in der Krankenhausserie »General Hospital«, bevor sie nach Paris zog und ihre eigene Videoproduktionsfirma gründete. Lebt heute in Paris und der Normandie, wo sie mit ihrem Mann jenes Schloß aus dem 16. Jahrhundert restauriert, in dem die revolutionäre Mörderin Charlotte Corday lebte.

MARTINA BICK, geboren 1956 in Bremen, Studium der Philosophie, Musikwissenschaft und Germanistik, 1981 Studienabbruch. 1984 das erste Kriminalmanuskript verfaßt, seitdem schreibt und veröffentlicht sie.

VIRGINIE BRAC DE LA PERRIÈRE, geboren 1956 als Französin in Algerien. Studium der Psychologie in Boston und Paris. Erster Krimi erschien 1980, weitere Krimis und Romane folgten. Heute überwiegend als Drehbuchautorin für das Fernsehen tätig, lebt in Paris.

ANDREA C. BUSCH, geboren 1963, Diplom-Übersetzerin für Englisch und Niederländisch, freiberuflich tätig, schreibt Krimis. Vizepräsidentin der deutschen Sektion der Sisters in Crime. Sie hat einen Roman und Kurzkrimis veröffentlicht.

ANKE CIBACH, geboren 1949 in Hamburg, Studium der Anthropologie und Psychologie, eröffnete anschließend eine psychotherapeutische Praxis in Stade. Nebenberufliche Arbeit als Autorin und Rezensentin. Sie ist verheiratet und hat zwei Kinder.

SABINE DEITMER, geboren 1947 in Jena, aufgewachsen in Düsseldorf, Studium der Anglistik, Romanistik und Literaturwissenschaft; Lehr- und Wanderjahre in Bonn, Brighton, Bristol, Berlin und am Bodensee, in Dortmund Wurzeln geschlagen; dem Schuldienst entkommen; zehn Jahre hauptberuflich in der Erwachsenenbildung tätig, seit 1990 freischwebend schaffend. 1995 wurde sie mit dem Deutschen Krimi-Preis ausgezeichnet.

BENGT FOSSHAG, geboren 1940, hat Graphik-Design studiert und war Automobil-Designer bei der Opel AG, danach Art Director einer Werbeagentur. Seit 1983 ist er freier Illustrator. Er ist national und international vielfach ausgezeichnet worden, unter anderem mit dem *Silbernen Löwen* von Cannes und dem *Golden Award of Montreux*.

ANN GRANGER, studierte in London Französisch und Deutsch, unterrichtete im Ausland und arbeitete in verschiedenen Botschaften. Heirat mit einem Diplomaten, zwei Söhne. Die Familie lebte in Sambia und Deutschland, später Rückkehr nach England. Sie schrieb zunächst historische Liebesromane, dann Krimis. Ihre Bücher erscheinen auch auf deutsch.

KATE GRILLEY lebt auf den Virgin Islands (Karibik). Ihre Kurzgeschichten spielen auf der fiktiven Insel St. Chris. »Karibische Weihnacht« errang 1997 den Derringer Award for the Best Short-Short Mystery Story. Arbeitet zur Zeit an einer Serie von Kriminalromanen, die ebenfalls in der Karibik spielen.

CHARLAINE HARRIS lebt mit Ehemann und drei Kindern sowie mehreren Haustieren in Magnolia, Arkansas. Neben anderen Aktivitäten nimmt sie Unterricht in Karate und betreibt Kraftsport. Autorin von zwei Krimiserien, außerdem hat sie einen witzigen Vampirroman geschrieben.

ALMUTH HEUNER, geboren 1962, aufgewachsen in Wattenscheid. Von 1981 bis 1987 Studium Russisch und Englisch mit Abschluß Diplom-Übersetzerin, anschließend Germanistikstudium. In der Redaktion einer pharmazeutischen Wochenzeitung von 1990 bis 1998 tätig, danach selbständige Übersetzerin für Belletristik und Sachbuch (Englisch). Sie lebt in Frankfurt am Main und ist Präsidentin der deutschen Sektion der Sisters in Crime.

BIRGIT H. HÖLSCHER, geboren 1958 in Bamako (Mali). Sozialwissenschaftliche Studien. Sammelte Geschichten und Bilder aus dem Knast, der Drogenszene und dem Hamburger Rotlichtviertel St. Pauli. In ihren Erzählungen, Kurzgeschichten und Romanen bevorzugt sie Themen, die sich mit den dunklen Seiten des Lebens beschäftigen. Sie lebt als freie Autorin in Hamburg.

CARMEN IARRERA, Studium der Politikwissenschaft, beruflich als Journalistin und Übersetzerin tätig. Autorin von Kurzgeschichten über Kriminologie und Spionage, von Drehbüchern und Rundfunk- und Fernsehsendungen. Eine der wenigen Italienerinnen, die Kriminalromane schreiben. Als Auszeichnung für die beste Spionagegeschichte erhielt sie den Premio Gran Giallo Cattolica. Ihre Arbeiten sind in mehrere Sprachen übersetzt. Ihre Bücher erscheinen auch auf deutsch.

MICHAELA KÜPPER, geboren 1965, studierte in Marburg Soziologie, Psychologie, Politik und Pädagogik. Sie lebt als freie Schriftstellerin in Königswinter am Rhein.

PAULA MATTER lebt in den USA. Sie schreibt Kurzgeschichten und leitet das Compuserve-Krimi-Forum der Sisters in Crime.

CLAIRE MCNAB stammt aus Australien und ist dort bekannt für ihre Krimis und Science-fiction-Romane für Jugendliche. Sie hat mehr als 30 Bücher veröffentlicht, lebt derzeit in den USA und unterrichtet Kreatives Schreiben, speziell von Romanen und Krimis. Engagiert sich bei den Sisters in Crime. Ihre Bücher erscheinen auch auf deutsch.

JUDIE MOSSINGER lebte 20 Jahre in Deutschland. Heute unterrichtet sie Kreatives Schreiben am Palomar College, Kalifornien; schreibt Rezensionen für eine Zeitschrift und hat mehrere Kurzgeschichten veröffentlicht.

KRIS NERI, Autorin zahlreicher Kurzgeschichten, einer Krimi-Anthologie und eines Romans, erhielt den »Derringer Award for the Best Short-Short-Mystery Story«. Sie engagiert sich bei den »Sisters in Crime«. Ihre Kurzgeschichten erscheinen auch auf deutsch.

JOANNE PENCE, geboren und aufgewachsen in San Francisco, Studium der Journalistik. Sie unterrichtete in Japan und arbeitete für verschiedene Zeitschriften. Ihre Bücher erscheinen auch auf deutsch.

THOMAS PRZYBILKA, geboren 1950 in Berlin (Ost), lebt seit 1960 in Bonn. Dort als Buchhändler tätig, seit 1998 selbständig. Mitarbeit bei deutschen und internationalen Krimi-Zeitschriften und -Archiven, Rezensent und Schriftsteller. Er leitet das Bonner Krimi-Archiv Sekundärliteratur (BoKAS) und ist verheiratet.

CORA RAMOS, geboren in New York, lebte in verschiedenen Städten Kaliforniens, derzeit in Fresno. Seit 31 Jahren verheiratet, eine erwachsene Tochter. Arbeitet hauptberuflich mit behinderten Kindern, schreibt nebenbei Kurzgeschichten und hat bereits einen Roman verfaßt.

BILLIE RUBIN, eigentlich Ute Hacker, geboren 1958 in Nürnberg, lebt seit 1977 in München. Nach Lehre als Buchhändlerin und Marketingausbildung in der High-tech-Branche tätig. Sie ist Gründerin und Leiterin der Autorinnengruppe München.

NINA SCHINDLER, nach dem Studium Arbeit als Lehrerin bis Anfang der neunziger Jahre, während dessen Engagement im Bereich Kinder- und Jugendbuch als Übersetzerin, Rezensentin u.v.m., hat eigene Kinder- und Jugendbücher verfaßt. Krimifan und Herausgeberin des »Mordsbuch. Alles über Krimis«. Die Mutter von fünf Kindern lebt mit ihrem Mann in Bremen.

JANE DALTON SHAW lebt heute mit ihrem Mann in der Nähe von Philadelphia, Pennsylvania, und hat drei erwachsene Töchter. Verbrachte mehrere Jahre in New Orleans. Ihr erster Kriminalroman ist abgeschlossen, zur Zeit arbeitet sie an einem zweiten.

KATRIN SKAFTE, eigentlich Elizabet Peterzén, geboren 1938, hat viele Bücher veröffentlicht und an einer Reihe von Anthologien mitgewirkt. Sie lebt in Ösmo, Schweden. Ihre Bücher erscheinen auch auf deutsch.

ELIZABETH SYME ADAMITZ stammt aus Schottland. Ausbildung als Bibliothekarin, daneben Arbeit für das Theater und Verfasserin mehrerer Bühnenstücke. Lebt seit 25 Jahren in Ottawa, Kanada. Inzwischen pensioniert, schreibt sie Kurzkrimis und hat auch einen Liebesroman veröffentlicht. Einige ihrer Kurzgeschichten sind auch auf deutsch erschienen.

AIMÉE UND DAVID THURLO, seit 1979 verheiratet. David wuchs in einem Navajo-Reservat auf, später Studium an der Universität von New Mexico. Aimée wurde in Kuba geboren und lernte David während des Studiums kennen. Heute leben sie zusammen mit zahlreichen Haustieren in New Mexico. Gemeinsam haben sie bisher fast 40 Romane unter verschiedenen Pseudonymen veröffentlicht.

DEL TINSLEY begann ihre schriftstellerische Karriere mit Kochrezepten. Sie nahm erfolgreich an mehreren Amateur-Kochwettbewerben teil und wechselte dann in das Krimigenre. Heute lebt sie in Nashville, Tennessee.

REGULA VENSKE, geboren 1955 in Minden, aufgewachsen in Münster (Westfalen). Dr. phil., Lehrtätigkeit an verschiedenen Universitäten. Sie war als Referentin bei der Bertelsmann-Stiftung, als Literaturkritikerin bei der Zeitschrift Brigitte sowie als Verlagsleiterin bei Rotbuch tätig. Sie lebt in Hamburg und arbeitet seit 1990 als freie Schriftstellerin. 1996 wurde sie mit dem Deutschen Krimi-Preis ausgezeichnet.

BARBARA WENDELKEN, geboren 1955 in Schwanewede bei Bremen. Nach Höherer Handelsschule Ausbildung zur Kinderkrankenschwester. Sie war fast 20 Jahre in diesem Beruf tätig, anschließend kurze Mitarbeit in einem Buchladen. Schreibt seit 1990, seit 1995 als freie Schriftstellerin tätig. Sie ist verheiratet und lebt mit ihren drei Kindern in Wiesmoor, Niedersachsen.

Rasendes Register

Die Rezepte alphabetisch

Die Rezepte nach Gruppen

Fatale Flüssigkeiten

Verhängnisvolle Vorspeisen

Satanische Suppen und Eintöpfe

Mörderische Menüs

Das Mordsbuch. Alles über Krimis

Herausgegeben von Nina Schindler, 544 Seiten, gebunden

Der unverzichtbare Begleiter für jeden Krimifan. Informatives, Hintergründiges, Kluges und Witziges – alles zum und über den Krimi: über 300 persönliche Leseempfehlungen, über 200 Illustrationen, über 1.000 besprochene Bücher und Autoren, über 70 Originalbeiträge von Ingrid Noll, Georg Seeßlen, Regula Venske, Maxim Jakubowski, Sabine Deitmer, Gisbert Haefs, Gabriele Dietze und vielen, vielen anderen.

Rätselhafte Morde

Von Lawrence Treat und Stefan Wilfert, 176 Seiten, gebunden

Ein Ratevergnügen ganz besonderer Art. Doch wird es den Freunden des kriminalistischen Denksports, die sich kein Gewissen daraus machen, mit Witz und Verstand die Zeit totzuschlagen, nicht leichtgemacht, täuschen Sie sich da nicht! Und das ist noch lange nicht alles. Stefan Wilfert hat den roten Faden in den Geschichten entdeckt und in einer neuen wieder versteckt.

Kreuzverhöre. 10 Krimiautoren sagen aus

Von Jürgen Alberts und Frank Göhre mit Photographien von Rainer Griese, 240 S., gebunden, mit einer CD

Endlich sehen wir mit eigenen Augen die Tatorte, die Orte, wo die Krimiautoren ihr mörderisches Werk vollbringen, die Schreibtische und Bibliotheken, die Gärten und Häuser; und wir werden durch die Geschichte des deutschsprachigen Kriminalromans geführt. Im Kreuzverhör stehen: Hansjörg Martin, Irene Rodrian, Friedhelm Werremeier, Michael Molsner, -ky, Felix Huby, Gisbert Haefs, Peter Zeindler, Sabine Deitmer und Ingrid Noll.

Endlich hören wir mit eigenen Ohren die Antworten der ins Kreuzverhör genommenen Autoren auf CD.

Gerstenberg